함께할 때
숲이 된다

# 함께 할 때 숲이 된다

**1판 1쇄 인쇄** 2025년 6월 2일
**1판 1쇄 발행** 2025년 6월 14일

**지은이** 김용판
**펴낸이** 박현

**펴낸곳** 트러스트북스
**등록번호** 제2014 - 000225호
**등록일자** 2013년 12월 3일
**주소** 서울시 마포구 성미산로1길 5 백옥빌딩 202호
**전화** (02) 322 - 3409
**팩스** (02) 6933 - 6505
**이메일** trustbooks@naver.com

ⓒ 김용판, 2025

이 책의 저작권은 저자에게 있습니다.
저자와 출판사의 허락없이 내용의 일부를 인용하거나 발췌하는 것을 금합니다.

값 25,000원
ISBN 979-11-92218-85-4 (03340)

믿고 보는 책, 트러스트북스는 독자 여러분의 의견을 소중히 여기며,
출판에 뜻이 있는 분들의 원고를 기다리고 있습니다.

# 함께 할 때
# 숲이 된다

김용판 지음

트러스트북스

| 책머리에 |

그대가 있어 내가 있고
우리가 있어 내가 있다

  나는 "한 그루의 나무로는 숲이 되지 않는다"라는 속담을 좌우명으로 삼고 있다. 장자莊子는 말했다. "천리마는 하루에 천리를 달리지만 쥐를 잡는 데는 너구리만 못하다."
  사람은 누구나 자기만의 강점을 가지고 있다. 각자 모두 자기 인생의 주인공主人公이다. 서로가 마음을 열고 상대를 진심으로 인정할 때 진정한 '함께'가 될 수 있음은 당연하다.
  나는 그동안 5권의 책을 썼다. 모두 나름대로의 저술 동기와 주제를 가지고 있다. 먼저 최초의 저서인 『내 병은 내가 고친다』에서는 교감交感의 힘과 자연치유력의 의미를 강조하고 싶었다.

병원에서 포기한 어머니의 중병을 가족들과 함께 자연치유법으로 회복시킨 과정을 정리한 것으로, 5년 뒤에 나온 『내 건강 비법』은 이 책의 개정판이다.

그리고 서울경찰청장 재직 중에 출간한 『우리가 모른다고 없는 것이 아니다』에서는 '철학'이 조직 관리에 얼마나 중요하며, 그 철학의 바탕에는 '존중'이 숨 쉬어야 한다는 깨달음을 공유하고 싶었다.

한편 진실은 어떻게 해서 땅에 묻히며, 이에 반해 거짓은 어떻게 해서 진실로 둔갑하는지에 대한 경험 등을 정리한 『나는 왜 청문회 선서를 거부했는가』라는 책은 그야말로 '역사적 사료史料'를 남기겠다는 마음에서 피를 토하며 쓴 것이다.

『소리없는 눈물이 더 무겁다』와 『책무』에서는 박근혜 대통령 탄핵 정국과 문재인 정부의 실정失政을 지켜보며, 나름대로의 시대적 고뇌를 담담히 정리했다.

그리고 이제 세상에 나온 『함께 할 때 숲이 된다』에서는 앞에서 소개한 책들의 핵심 내용을 모두 녹여서 담고, 제21대 국회의원으로서 경험한 여러 가지 고뇌 등을 보다 의미있게 정리하려 노력했다.

특히 나와 얽힌 인연因緣이 있는 윤석열 대통령이 계엄을 선포하고 탄핵된 와중에 저술한 것이라, 그와 관련된 부분은 좀 더 무거운 마음으로 정리하였다.

『함께 할 때 숲이 된다』는 제목에서 보듯 이 책의 가장 중요한 키워드는 '함께'이다. 또한 이 '함께'와 조화를 이루며 살아가는 단어들 중 철학哲學, 존중尊重, 책무責務, 꿈Dream 등이 주요 화두로 등장한다.

그리고 이 책 각 부에는 주제별 핵심 내용을 시詩로 표현해

보겠다는 의지意志를 담아 지은 7편의 시와 시조 한 수가 소개되어 있다. 하지만 시와 시조라고 부르기에는 부끄러운 수준임을 먼저 고백한다.

   그럼에도 불구하고, 이 책과 인연因緣을 맺은 모든 분께 한 가지는 조심스럽게 말하고 싶다. "당신의 철학은 무엇입니까?"라는 질문에 답할 때, 이 책은 어느 정도 의미있는 힌트가 되리라는 것이다.

   후회와 각성, 책무와 고뇌속에서 태어난 이 책을 삼가 독자 여러분께 바칠 수 있음은, 나의 더없는 영광이다.

2025년 6월

김 용 판

## 차례

책머리에 ······································································· **4**

## 제1부
# 떨어지는 꽃잎에도 향기는 있다
어찌 사라짐이 끝이 되고 어찌 흩어짐이 잊혀짐이 될까

1 꿈이 있는 인생이 행복한 인생 ···································· **18**
   돈키호테의 변 : 꿈이 있는 사람은 행복하다 ··························· **18**
     시(詩) : 돈키호테, 꿈을 말하다
   Dum spiro, spero : 숨을 쉬고 있는 한 희망은 있다 ················ **21**
   동류수만절필동(東流水萬折必東)과 톨스토이의 3가지 질문 ········ **23**

2 국회의원과 서울경찰청장 중 어느 때 보람이 더 컸나요 ··· **27**
   왜 경찰이 되었나요? ························································· **28**
   치안철학의 정립 : 4대 전략과 3대 관점 ································ **30**
   철학이 구현될 때 보람 또한 커진다 ···································· **41**

3 떨어지는 꽃잎에도 향기는 있다 ································· **46**
   "후회는 인간을 발전시킨다" ················································ **46**
   이 또한 지나가리라 ·························································· **50**
     시(詩) : 떨어지는 꽃잎에도 향기는 있다

제2부

# 주폭대첩(酒暴大捷)을 아십니까?

### 이제야 나라 같고 이제야 경찰 같습니다

1 나 주폭(酒暴)이야, 동네의 제왕인 나를 누가 감히 건드려 · 56
    주폭의 권력 ·················································· 56
    주취자에게 무너진 공권력을 바로 세워주세요 ······· 63

2 주폭(酒暴)의 척결은 '오죽하랴 검법(劍法)'으로 ········ 65
    달서경찰서장 때 시행했던 오토바이 폭주족 수사기법을 그 모태로 ······· 65
    주폭척결은 폭주족 척결 기법에 '오죽하랴 검법'을 보태시오 ······· 74

3 주폭은 누가 키웠는가 ···································· 77
    우리사회의 관대한 음주문화와 경찰의 단면적 대처가 그 주범 ······· 77
    공권력이 무너지면 법질서가 무너지고, 법질서가 무너지면
    사회적 약자 순으로 피해를 보고, 나쁜 놈 순으로 득을 본다 ······· 79

4 이제야 나라 같고 이제야 경찰 같습니다 ············ 82
    "서울역과 서울시내 공원이 확 달라졌네요" ············ 82
    주폭척결의 최고 수혜자는 누구였을까 ·················· 91

5 주폭척결과 함께 일군 충북경찰청의 국가생산성 대상 · 96
    35년 역사에서 중앙행정기관으로는 최초, 국가생산성대상 수상 ······· 96
    이란의 무라바크철강 임직원의 충북경찰청 견학 방문 ······· 99

6 주폭시책에 대한 도전과 응전, 그리고 성공 ········ 102
    "그러면 술장사 하는 사람 장사 되나" ··················· 103

| | |
|---|---|
| 주폭이 사회적 약자라구요? | **105** |
| 주폭은 단속만이 능사는 아니라고 했습니까 | **107** |
| 교도소에서 온 편지 | **110** |
| 충북에서 서울로, 그리고 전국으로 | **111** |

## 7 술에 너그러운 문화, 범죄 키우는 한국 · **114**

| | |
|---|---|
| 조선일보 양상훈 편집국장의 한마디 : "함께 합시다!" | **115** |
| 세계적 관심을 끈 주폭척결시책 | **118** |
| 바람직한 음주문화는 주폭 개념의 선구자인 공자의 주무량 불급란(酒無量不及亂) | **119** |
|    시(詩) : 주폭(酒暴)은 아니되오 | |

# 제3부

# 정치는 생물이며 강물이다

### 영원한 적(敵)도 없고 영원한 친구도 없다

## 1 4류 정치는 더 이상 안 됩니다 · **124**

| | |
|---|---|
| 악마(惡魔)의 공약 | **124** |
| 이건희 삼성그룹회장의 돌직구 : 경제는 2류, 행정은 3류, 정치는 4류 | **125** |
| 국회의 정치문화에 왜 조폭(組暴)의 꼬붕문화가 어른거립니까 | **126** |

## 2 선악(善惡)의 2분법으로 다스려지는 사회는 없다 · **134**
### - 보수와 진보는 이념이 아닌 태도의 문제

| | |
|---|---|
| 인센티브와 무임승차, 어떤 폭군과 어떤 성군 | **135** |

보수와 진보는 이념이 아닌 태도의 문제 ·················· **138**
흔들리지 않는 철학을 가진 지도자, 국민이 행복한 나라 ············ **141**
    시(詩) : 이런 사람은 언제나 그립다

## 3 정치는 생물이다, 강물이 흐르듯 인연도 흐른다 ········· **145**

나는 왜 청문회 선서를 거부했는가 ···················· **145**
윤석열 전 검찰총장에 대한 입장문 ···················· **153**
    -과물탄개(過勿憚改)의 과정을 거쳐야-
윤석열 국민의힘 대선후보의 나에 대한 사과와
이복현 검사의 금융감독원장 취임에 대한 나의 축하 ············ **161**

## 4 제21대 국회, 국민의힘 의원총회에서 토해낸 나의 3대 발언 **164**

대선을 코앞에 둔 지금은 이준석 당 대표를 탄핵할 때가 아닙니다 ······ **165**
이태원 참사 사고관련 국정조사 합의안 파기는 명분도 없고 실리도 없습니다 · **169**
'낙동강 하류세력 뒷전'이라 하며 영남인을 폄하한
인요한 혁신위원장은 정중히 사과해야 합니다 ··············· **176**

## 5 입법복지(立法福祉)는 험난한 여로(旅路) ············ **180**

국회의원은 국민의 대표이자 지역구의 채무자 ··············· **180**
주폭 관련 법률안의 안타까운 운명 ···················· **182**
사기범죄 방지를 위한 '컨트롤 타워' 설치는 시대적 과제 ·········· **183**
승강기산업진흥법 국회 통과, 승강기산업육성의 초석 ············ **187**
군위군의 대구시 편입 법안 국회 통과의 의미(意味) ············ **189**

## 6 지역활동은 생활정치이며 우리 삶의 이야기 ··········· **195**

생활정치는 현실적이고 즉각적인 변화를 바란다 ·············· **196**
「두류젊코상권 르네상스사업」이 선정되기까지, 그리고 그 후 ······· **197**
나의 생활정치,『김용판 의원과 함께 하는 민원의 날』··········· **199**
두류공원에 황토길을 만들어 주세요」·················· **204**
아! 대구시 신청사 건립이여! ······················ **206**

제4부

# 철학이 있는 곳에 에너지가 결집된다
#### 4대 전략과 3대 관점을 논하다

1 **당신의 철학은 무엇입니까** ·········· 214
   철학은 인생관이며 고뇌를 통해 정립된다 ·········· 214
   철학이 있는 지도자는 언제나 그립다 ·········· 216
   4대 전략과 3대 관점으로 에너지를 결집하다 ·········· 223

2 **존중문화 없는 조직은 사상누각이다** ·········· 225
   왜 존중이어야 하나 ·········· 225
   며느리와의 계약 ·········· 227
   왕자의 분노 ·········· 230
   시골 병사를 위한 축배 ·········· 232
   도끼는 잊어도 나무는 잊지 않는다 ·········· 233
   구텐베르크의 금속활자와 존중의 대중화 ·········· 236

3 **엄정은 접점추진체로 구현된다** ·········· 238
   아내의 진단서, 엄정은 증거로 말할 뿐이다 ·········· 238
   「깨어진 유리창 이론」은 현실이다 ·········· 239
   사랑에 빠진 사자 ·········· 241
   현장 접점추진체의 정예화 여부가 승패의 분수령 ·········· 243
   믿더라도 확인해야 ·········· 248

4 **한 그루의 나무로는 숲이 되지 않는다** ·········· 250
   못 박힌 도마뱀, 비행기보다 빠른 것, Ubuntu ·········· 250

| | |
|---|---|
| 왜 그렇게 많은 협약을 맺나요 | 253 |
| 서울경찰청장 퇴임 직전 CJ CGV와 맺은 협약, 사라짐이 끝이 아닙니다 | 254 |
| 시(詩) : 우리는 이제 숲이라오 | |

## 5 담장을 허물 때 이웃은 다가온다 ····· 258

| | |
|---|---|
| 장님 거지와 팻말, 제 위왕과 미남 재상, 딸이 준 상장 | 258 |
| 공감이 있어야 소통이 온다 | 263 |
| 한 수 배우러 왔습니다 | 270 |

## 6 힘과 지혜는 책무(責務)에서 나온다 ····· 275

| | |
|---|---|
| 휴가는 권한인가 책무인가 | 275 |
| 공인에게는 오직 책무만 있을 뿐이다 | 277 |
| 시조(詩調) : 천년 뿌리 책무로세 | |

## 7 관점이 달라지면 처방도 달라진다 ····· 279

| | |
|---|---|
| 목화상인과 고양이 | 279 |
| 의사와 아들 | 282 |

## 8 우리가 모른다고 없는 것이 아니다 ····· 284

| | |
|---|---|
| 구중궁궐이 몰라도 백성의 아픔은 있다 | 284 |
| 정조대왕의 격쟁(擊錚:징 두드리기) 제도를 현대적으로 재해석해야 | 288 |

## 9 자기주도형 행정문화를 강력 추천합니다 ····· 291

| | |
|---|---|
| 충북경찰의 브랜드 가치를 10배 높이겠습니다 | 291 |
| 자기주도형 근무는 주민의 시각에서 업무를 재해석 하는 것 | 293 |

## 10 성주군 명예군민은 어떻게 되었나요 ····· 297

| | |
|---|---|
| 가야산 칠불봉과의 인연 | 297 |
| 칠불봉 바위틈 용송과의 인연 | 305 |
| 시(詩) : 칠불봉 용송, 바람을 노래하다 | |

## 제5부

# 나의 人生, 나의 꿈

### 인생은 왕복 차표를 발행하지 않는다

1  영원한 월배 촌놈, 입춘날 세상에 나오다 ·················· **310**
   의기(義氣)의 소년, 각성(覺醒)의 청장년기 ······················· **310**
   주폭(酒暴) 개념 창시로 경찰에 빚진 마음을 덜다 ················ **313**

2  국민의힘 보좌진협의회에서 준 감사패의 의미 ············ **318**

3  영월 법흥사에서의 38일, 그리고 나의 꿈 ··············· **321**
   - 수필가 등단 작-

4  문화경찰에서 문화예술인을 꿈꾸며 ···················· **330**
   왜 문화경찰인가 ······································· **330**
   문화예술인을 꿈꾸며 ··································· **336**
      시(詩) : 별과 꽃, 그리고 사랑

5  "네가 정말로 나를 살리려 하는구나!" ··················· **341**
   정성이 지극하면 돌 위에도 꽃이 핀다 ······················· **341**
   어머니, 빛이 보이는 길을 따라 편하게 가세요 ················ **348**

6  건강이 최고의 선(善)이다 ··························· **350**
   100세의 손기창 명예회장을 예방하고 인생과 건강에서 동기부여를 받다 ··· **350**
   이미지(Image)요법과 자기충족적 예언 ······················· **352**
   우리 시대 건강의 기인(奇人)들 ····························· **355**

**맺음말**
나뭇가지가 흔들릴 때는 바람을 보라 ················ **358**

찾아보기(인명) ················································ **360**

제1부

# 떨어지는
# 꽃잎에도
# 향기는 있다

―
어찌 사라짐이 끝이 되고
어찌 흩어짐이 잊혀짐이 될까
―

# 꿈이 있는 인생이
# 행복한 인생

## 돈키호테의 변 :
## 꿈이 있는 사람은 행복하다

세르반테스Cervantes의 대표작인 『돈키호테』에서, 돈키호테가 그의 충실한 종자從者인 산초와 나눈 대화를 잠깐 살펴보자.

"산초여, 세상은 악과 불의로 가득 차 있지만 나는 기사로서 그것을 바로잡을 운명을 타고 났노라, 이 검劍과 내 신념으로 세상을 구하리라."

"주인님 저 앞에 보이는 건 거인이 아니라 그냥 풍차인데요, 세상을 바꾸려 하는 것도 좋지만 우선 현실을 바로 보셔야 하지 않겠습니까요?"

"현실이라 말하는 그곳에는 희망이 없네. 내가 보는 것은 세상의 불의와 싸워야 할 나의 사명일세! 산초여, 비록 이 싸움에서 내가 쓰러질지라도 정의를 위한 나의 투쟁은 결코 헛되지 않을 것이야. 패배하더라도 싸움 자체가 나의 승리라네."

"그렇다 해도 주인님께서는 항상 쓰러지기만 하시는 것 같습니다. 사람들은 주인님을 조롱하고 세상은 변하지 않습니다."

"허허, 산초여! 중요한 것은 세상이 나를 이해하느냐가 아니라, 내가 내 신념을 지키느냐 하는 것이라네."

세르반테스는 돈키호테를 통해 현실과 이상의 충돌이라는 인간의 모순을 풍자적으로 재미있게 그려내고 있다. 지금 세상의 사람들은 무모한 행동을 하는 사람을 두고 '돈키호테 같은 놈'이라 비난하고 있다.

그렇지만 내가 돈키호테에게 관심을 가지고 지켜보는 부분은 '꿈과 희망'이라는 측면이다. 끊임없이 역경과 부딪치면서도 일관되게 나타나는 그의 이상추구적 행동은 '꿈과 희망'이라는 단어가 인생에서 얼마나 큰 동력을 가져오는가 하는 것을 역설적으로 보여주고 있다는 것이다.

나는 돈키호테의 꿈을 시로 한번 정리해 보았다.

### 돈키호테, 꿈을 말하다 / 김용판

나는 돈키호테
세상은 나를 미쳤다 하네
커다란 풍차를 거인이라 부르고
지나가던 양떼를 적군이라 부르며
녹슨 창으로 돌진하는 실성한 자라고

그러나 나는 묻노니
진정한 현실은 무엇인가?
빛나는 황금에 눈 멀고
달콤한 권력에 귀 먼 자들이여!
과연 그대들은 진정
현실을 잘 아는 현명한 자인가?

오늘도 나는 꿈을 꾸네
정의와 사랑, 그리고 희망의 속삭임을
그 길이 험하고 멀지라도
그 꿈이 이룰 수 없음을 알아도
나 돈키호테, 결코 멈추지 않으리

그 꿈의 나라 별을 향해 묵묵히
무소의 뿔처럼 나아가리

## Dum spiro, spero! : 숨을 쉬고 있는 한 희망은 있다

로마의 시인 베르길리우스<sup>Vergilius</sup>는 그의 장편 『아에네이스<sup>Aeneis</sup>』에서 로마의 건국 신화를 웅대하게 노래하고 있다. 이 작품 속 주인공인 아에네이스<sup>Aeneis</sup>는 트로이 왕족의 혈통을 받은 용사 안키세스<sup>Anchises</sup>와 미의 여신 비너스<sup>Venus</sup> 사이에서 태어났다.

그는 트로이 전쟁에서 크게 용맹을 떨쳤으나 트로이가 그리스에게 패망함에 따라 부하들과 함께 해상으로 도피한다. 나아가 이탈리아의 라티움<sup>Latium</sup>에서 새로운 왕국을 건설하게 될 운명이라는 예언을 듣고 부하들과 함께 라티움을 향해 머나먼 항해를 시작한다.

하지만 트로이인들을 증오하는, 결혼과 가정의 여신 주노<sup>Juno</sup>의 방해로 폭풍을 만나 배가 난파되고 가까운 사람들이 목숨을 잃는 등 끝없는 고난과 풍파를 겪게 된다.

그러나 아에네이스는 아무리 험난한 처지에 놓여도 결코 좌절하지 않는 모습을 보여준다. 그때마다 그는 이렇게 외친다.

"Dum spiro, spero!"[1]

"숨을 쉬고 있는 한 희망은 있다"는 외침은 부하들과 자신에 대한 격려이자 불굴의 다짐이다. 그는 천신만고 끝에 라티움에 도착하고 마침내 자신의 희망대로 새로운 왕국인 로마의 창설자 역할을 훌륭히 완수하게 된다.

생명이라는 대리석이 있는 이상 어떤 형상이든 조각할 수 있다. 중요한 것은 '지금 생명이 있느냐 없느냐'라는 것이다.

칼라일T. Carlyle의 『프랑스 혁명사』는 두 번 쓴 것으로 유명하다. 밀J.S Mill에게 읽어줄 것을 부탁하며 건네준 원고를 그 집 하녀가 그만 불쏘시개로 써버렸다. 절망에 빠져있던 그가 책을 다시 쓰게 된 계기는 건축 공사장의 석공이 작은 벽돌을 한 장한 장 쌓아서, 높고 긴 벽을 만들어가는 모습을 보고 나서였다.

생명이 있는 한 희망은 있다. 희망은 삶의 원동력이다. 희망을 잃지 않으면 그 자리에 어떤 씨를 뿌려도 싹이 튼다.

---

1  Dum(둠)은 ~하는 동안, spiro(스피로)는 '숨을 쉬다', spero(스페로)는 '희망한다'는 의미의 라틴어이다.

## 동류수만절필동(東流水萬折必東)과
## 톨스토이의 3가지 질문

　　　　　　나는 결혼하고 큰 딸을 낳은 다음 해인 1982년, 26살의 나이에 육군 일반병으로 입대했다. 강원도 철원에 있는 최전방 부대인 15사단 38연대였다. 지금이야 군에서의 구타문화가 사라졌지만 당시만 해도 구타는 일반적인 군대문화였다. 나의 직속 고참이 나보다 무려 5살이나 적었으니 나의 마음고생이 어땠을지 짐작이 갈 것이다.

　그뿐 아니라 부대에 갓 배속되었을 때 전역이 얼마 남지 않은 고참들이 신참들에게 농담 삼아 끊임없이 괴롭히던 말이 있었다.

　"너 제대 얼마나 남았냐? 내가 너 같으면 자살하겠다."

　이런 말을 여러 차례 듣던 어느 날 드디어 나는 대형 사고를 치고 말았다.

　"잘난 사람이나 못난 사람이나 시간이 지나면 누구든 다 전역은 합니다. 중요한 것은 누가 전역을 빨리 했느냐가 아니라, 군대생활을 얼마나 의미있게 보내었느냐 하는 것 아니겠습니까?"

　순식간에 주위가 조용해졌다. 갓 들어온 새까만 이등병 녀석이 하늘같은 고참인 말년병장에게 이런 말을 했으니 어떤 일이 일어났을까?

그날 저녁은 식기 점검을 핑계로 고참들에 의한 고달픈 단체기합이 있었음은 물론이다. 난데없이 덩달아 기합을 받은 다른 전우에게는 미안하게 되었지만, 이 사건을 계기로 신참에게 '너 제대 얼마 남았냐'라는 고참의 폭언은 우리 내무반에서 사라진 것 또한 사실이다.

어쨌든 이런 식으로 다소 힘들게 군 생활을 시작했으나 주어진 일을 정말 열심히 하여 주위의 인정을 받는 등 보람 있는 군 생활을 보냈다고 생각한다.

당시의 신병 시절에 〈전우신문〉을 읽다가 '동류수만절필동東流水萬折必東'이라는 구절을 우연히 발견했다. 5,464km의 중국 황하黃河가 남북으로 수만 번 꺾이고 굽이치지만 결국은 동쪽으로 흐른다는 뜻이다. 중국의 지형은 서쪽이 높고 동쪽이 낮은 서고동저西高東低이기 때문이다. 이에 반해 우리나라는 동고서저東高西低의 지형이다.

이 말은 내 영혼을 뜨겁게 달구었다. 그날 이후 이 문구는 나의 청년 시절의 좌우명이자 수호신이 되었다. 나는 그 어려운 최전방 군 생활 중에도 틈만 나면 공부하고 사색하기를 게을리하지 않았다. 그리고 1985년 2월, 29살의 나이에 육군 병장으로 만기 전역한 후 이듬해 제30회 행정고시에 합격했다.

## 톨스토이는 왜 3가지 질문을 던졌을까?

그대에게 가장 중요한 순간은 언제인가?
그대에게 가장 중요한 사람은 누구인가?
그대에게 가장 중요한 일은 무엇인가?

톨스토이Tolstoy는 3가지 질문을 던지고, 친절하게도 정답까지 우리에게 말해 주었다.

"가장 중요한 순간은 바로 지금이고, 가장 중요한 사람은 지금 그대와 함께 있는 사람이며, 가장 중요한 일은 지금 그대와 함께 있는 그 사람에게 선행善行을 베푸는 것이라오!"

서양철학과 동양철학뿐 아니라 기독교, 불교, 도교 등에도 깊은 관심을 보였다는 톨스토이는 '3가지 질문'을 통해 "현재에 충실하고 이웃을 사랑하라"라는 것으로 인생 철학을 총정리했다고 생각된다.

그런데 톨스토이보다 훨씬 전에 활동했던 고대 로마의 시인 호라티우스Horatius도 '카르페 디엠Carpe Diem'을 외치며 오늘에 충실해야 함을 노래했다. 그렇다면 호라티우스 이전에는 없었을까? 문득 불교의 아함경阿含經에 나오는 어떤 경구가 떠오른다.

지나가 버린 것을 슬퍼하지 않고

오지 않는 것을 기대하지 않고
현재에 의하여 생존할 때
그 안색은 깨끗해지나니

오지 않는 것을 탐하여 찾고
지나가 버린 것을 슬퍼할 때
어리석은 사람들은 그로 인하여
베어진 푸른 갈잎처럼 시드네

어떤 인생이 성공한 인생이고 행복한 인생일까? 라는 화두에 대한 답은 수없이 많을 것이다. 나는 이때까지 살아온 나의 지난날을 돌이켜보면서 다음과 같은 말에 깊이 공감하며 동의한다.

"명예나 재산, 권력을 많이 가지고 있는 사람이 꼭 성공한 인생이라 할 수 없으며, 행복한 인생이라 할 수 없다. 정말 성공한 사람이자 행복한 사람은 아직도 꿈과 희망을 품고 있으면서 이를 이루기 위해 하루하루를 성실하게 사는 사람이다. 목표가 있는 사람은 성실하고, 꿈이 있는 사람은 행복하다."

## 2
# 국회의원과 서울경찰청장 중 어느 때 보람이 더 컸나요?

    나는 1986년 제30회 행정고시에 합격한 후 일반 행정부처 사무관을 거쳐 고시 출신 경정 특채로 1990년 경찰에 투신했다. 그리고 2013년 4월 2일 서울경찰청장을 끝으로 임명직 공직 생활은 마무리되었다.

    그리고 2020년 4월 15일에 있었던 제21대 총선에서 대구 달서구 병 지역구 국회의원으로 당선되어 2024년 5월 29일까지 4년간 국회의원이라는 정무직 공직을 수행했다.

    경찰 재직 중에는 "왜 경찰이 되었어요?"라는 질문을 많이 받았고, 국회의원 시절에는 "서울경찰청장 할 때와 비교해 어느 게 더 나은 것 같아요?"라는 질문을 참 많이도 받았다.

| 왜 경찰이 되었나요

　　　　　　　"왜 경찰이 되었어요?"라는 질문에는 궁금증과 함께 일말의 의구심도 담겨 있다. 즉 경찰에 대한 부정적 시각이 은연중 내포되어 있는 것이다. 사실 경찰이야말로 서민들 가까이에서, 알게 모르게 그들의 삶에 큰 영향력을 미치고 있는 조직이다. 그러다 보니 조금만 소홀하다 보면 '민중의 지팡이'에서 '민중의 몽둥이'라는 오명을 뒤집어쓰기 쉽다.

　당시 면접관이 응모 동기에 대해 물었고 그 상황이 아직도 기억에 생생하다.

　"일반 행정직이 편안하고 승진하기도 좋을 텐데 왜 고생을 많이 하는 경찰에 지원했는가?"

　나는 정말 내가 생각하고 있는 그대로 솔직하게 대답했다.

　"경찰은 국민의 생명과 재산을 지키고 공공의 안녕과 질서를 유지하는 등 국가 공권력을 상징하는 우리나라의 핵심 중추 기관입니다. 앞으로 치안 수요는 더 커질 것이고 경찰도 더 발전할 수밖에 없다고 확신합니다.

　저는 경찰의 발전에 보탬이 되면서도 조직의 발전과 제 개인의 발전이 조화될 수 있는 곳이 경찰이라 판단했습니다. 그리고 솔직히 경찰은 무엇보다도 서민을 배려할 수 있으면서도 경찰서장 등 지휘관이 될 수 있는 매력이 있어, 저의 적성에도 잘 맞으리라 생각해 지원했습니다."

몇몇 면접관이 고개를 끄덕이는 모습을 볼 수 있었다. 면접시험 때 내가 했던 그 말과 그때의 마음은 경찰을 떠난 지금도 변함이 없다. 나아가 경찰 조직은 그간 엄청나게 발전해 왔고 그 속에서 나도 참 많이 성장한 것 또한 사실이다. 고마운 일이다.

경찰에 투신한 후 주어진 위치에서 나름대로 열심히 근무했지만 어느 정도 시간이 흐르자 참으로 많은 아쉬움을 느끼게 되었다. 그것은 바로 내가 모시던 경찰서장과 지방경찰청장이 과연 치안철학을 제대로 갖추고 있는지에 대한 의구심이 커졌기 때문이었다.

물론 인격적으로 훌륭한 분들이 적지 않았지만, 개인의 인품과 치안철학은 별개라 생각한다. 이런 말을 하는 나를 두고 "네 철학은 뭐가 그리 대단하며, 너는 뭐 그렇게 잘 했느냐"라며 비판하는 사람들도 적지 않을 것이다.

물론 나도 여러 면에서 많이 부족함을 스스로 잘 알고 있다. 다만 한 가지 확실한 것은 나는 경찰 재직 중 제대로 된 내 나름의 치안철학을 정립하기 위해 수많은 노력을 기울였다는 사실이다. 경영서적을 비롯한 여러 분야의 많은 책을 읽는 것에 시간을 아끼지 않았다. 오랜 시간 적지 않은 시행착오를 거치는 가운데 '후회後悔와 각성覺醒'도 참으로 많이 했다. 실제 '후회와 각성, 책무와 고뇌'는 내 철학의 화두이자 창조적 에너지의 원천이라 생각한다.

그리고 마침내 '4대 전략'과 '3대 관점'으로 요약되는 치안철학을 정립했다. 그로 인해 나의 경찰 생활은 큰 보람을 느끼는 즐거운 여정이었다고 감히 말하고 싶다.

"지능이 좋은 사람보다는 그것을 좋아하는 사람이, 좋아하는 사람보다는 그것을 즐기는 사람이 한 수 위"(知之者不如好之者 지지자불여호지자, 好之者不如樂之者 호지자불여낙지자)라는 『논어』의 말을 조금은 실감하는 나날이었다고 생각된다.

4대 전략과 3대 관점을 중심으로 한 나의 치안철학이 처음 제대로 적용되고 성과를 낸 시기와 장소는 바로 2010년 충북경찰청장으로 재직할 때부터였다. 4대 전략과 3대 관점의 구체적 적용례를 비롯한 철학적인 면에 대해서는 이 책의 「제4부 철학이 있는 곳에 에너지가 결집된다」에서 보다 상세히 언급하고 있다. 여기서는 그 개략적 흐름만 정리하였다.

## 치안철학의 정립 : 4대 전략과 3대 관점

4대 전략과 3대 관점은 무엇인가? 존중·엄정·협력·공감이 바로 4대 전략이다. 4대 전략은 4대 가치라고

도 명명했다.

### 존중(尊重)

4대 전략 중 가장 중요한 핵심 가치는 바로 존중이다. 내가 오랜 고뇌 끝에 내린 결론은 '존중문화'가 없는 조직은 사상누각沙上樓閣이라는 것이었다.

말로만 '존중합니다'가 아니라 존중을 보다 구체화하고 업무로 정착시켰다는 것이 핵심 포인트다. 보통 '존중과 배려'라고 통칭되고 있지만 나는 존중의 속성을 보다 구체화하여 인정·칭찬·예의·배려가 그 속성이라 규정했다. 배려도 존중의 중요 속성으로 인식한 것이다. 직원들은 '인칭예배'로 외웠다는 이야기를 나중에야 들었다.

'존중 그 자체를 업무로!'
'작은 열쇠가 큰 철문을 연다'
'도끼는 잊어도 나무는 잊지 않는다'
'귀를 기울이면 마음을 얻는다'
'자기 주도형 근무는 자신을 주인공으로 만든다' 등으로 대변되는 존중문화는 엄청난 파급 영향을 가져왔다.

이 존중과 관련해 충북경찰청 출입기자들이 나에게 질문한 것과 나의 답변을 소개한다.

"청장님 자신부터 이러한 존중을 잘 실천하고 있다고 생각합니까?"

나는 이렇게 대답했었다.

"『중용』에 보면 성자천지도야誠者天之道也 성지자인지도야誠之者人之道也라는 말이 있지요. 진실함은 하늘의 도리이고 진실해지려고 노력하는 것은 사람의 도리다, 라는 뜻일 겁니다.

저는 덕장의 DNA를 타고난 사람은 분명 아닙니다. 오히려 용장 스타일이지요. 그래서 부지불식간 아직도 남에게 상처를 주기 일쑤입니다. 하지만 존중을 실천하려 끊임없이 노력하고 있는 것은 사실입니다. 아직도 많이 부족하지만 오늘보다는 내일, 내일보다 모레는 좀 더 나아질 것입니다. 이것이 제 대답입니다."

## 엄정(嚴正)

경찰은 공권력의 상징인 법집행기관Law Enforcement Agency이다. 엄정한 법 집행은 경찰의 생명 그 자체라 해도 과언이 아니다. 그러나 과연 불법폭력세력들에게 제대로 엄정하게 대처했는가에 대해서는 예나 지금이나 의문 부호가 남을 것이다.

엄정은 말로 하는 것이 아니다. 치밀하게 증거를 수집하고 끈질기게 접근해야 한다. 나는 현직에 있는 동안 직원들에게 늘 이런 말을 했다.

"경찰·검사·판사가 처벌하는 것이 아니라 증거가 처벌한다, 티끌이 모여 태산이 된다. 꺼진 불도 다시 보는 관점에서 제대로, 입체적으로 증거를 수집해야 한다."

"작은 개미구멍이 큰 둑을 무너뜨린다."

"깨어진 유리창 이론은 현실이다."

"믿더라도 확인해야 한다."

이러한 엄정의 기치 아래 당시 이시종 충북지사가 '신화神話적 시책'이라고 표현했던 주폭酒暴척결시책이 태동되었던 것이다. 이는 너무나 중요한 부분이기 때문에 「제2부 주폭대첩을 아십니까? 이제야 나라 같고 이제야 경찰 같습니다」에서 보다 의미있게 정리하였다.

### 협력(協力)

협력은 힘을 합하여 서로 돕는 것이다. 『장자』에 "천리마는 하루에 천리를 달리지만 쥐를 잡는 것은 너구리만 못하다"라는 말이 있듯 누구나 자기만의 강점이 있기 마련이다. 각자의 다양한 지혜와 경험, 강점이 의미 있게 결집될 때 더 큰 지혜가 도출된다. 당연히 그 성과도 좋을 수밖에 없다.

정치권에서 여야 '협치協治'를 하겠다는 이야기를 심심찮게 하고 있지만 과연 협치가 제대로 되고 있을까?

협치·협업 등 협력할 '협協'자만 들어가면 우선 그럴듯하게 보이지만 이 협력에는 반드시 전제 조건이 있다. 진실로 상대에 대한 존중이 있어야 한다는 것이다. 상대를 무시하면서 협력하자는 말은, 말이 협력이지 굴복하라는 말과 같다.

나는 충북경찰청장을 할 때부터 서울경찰청장에 이르기까지 나 자신이 직접 많이 실행했을 뿐 아니라 산하 경찰서장들에게도 유관기관과의 협약 맺기를 적극 장려했다. 총 횟수는 너무 많아 얼마나 되는지 헤아리기도 어려웠다.

왜 그렇게 협약을 많이 맺게 했을까. 협약이란 대등한 주체적 당사자로서 각자의 목표 달성을 위해, 각자의 역할을 진지하게 고민하며 맺는 하나의 계약이다. 마지못해 협조하는 것은 진정한 '함께'가 아니다. 협약의 가장 중요한 의미는 상호 존중을 대전제로 하여 자발적, 주체적으로 동참한다는 것이다.

"빨리 가려면 혼자 가고 멀리 가려면 함께 가라."
"우리 모두보다 더 현명한 자는 아무도 없다."
"존중이 없이는 자발적·주체적 동참도 없다."
"한 그루의 나무로는 숲이 되지 않는다."

필자의 좌우명 〈한 그루의 나무로는 숲이 되지 않는다〉(글씨, 율산 리홍재)

아무리 잘난 사람이라 하더라도 혼자 할 수 있는 일이 얼마나 있겠는가? "한 그루의 나무로는 숲이 되지 않는다"라는 나의 좌우명은 앞으로도 변함없이 나와 함께 할 것이다.

### 공감(共感)

공감은 남의 의견이나 감정에 자기도 그렇다고 느끼는 행위이다. 상대의 말에 고개가 끄덕여질 때의 그 상태라고 보면 된다. 한마디로 공감은 가슴을 여는 것이다.

의미 있게 알릴 때 공감은 시작된다. 물론 "입은 닫고 귀는 열어라"라는 말이 있듯 경청傾聽이 중요함은 말할 것도 없지만 알릴 때는 의미 있게 제대로 알려야 한다. 이성보다는 감성에 호소할 때 더 강한 공감을 자아내는 경우 또한 적지 않다.

이러한 맥락에서 나는 경찰서장과 지방경찰청장 재직 때 월간신문 형태로 《경찰 25시》를 만들었다. 그리고 21대 국회의원일 때는 《의정보고 25시》를 만들어 온라인에서 매월 말 지역 주민들에게 배포했다. 보다 자세한 내용은 제4부에서 다루었다.

의미있게 알릴 때 공감은 시작된다는 말은 결코 과장된 말이 아니다. 그리고 공감이 먼저냐, 소통이 먼저냐? 라는 말이 있는데 당연히 공감이 먼저이다. 같은 눈높이라 할 수 있는 공감이 있어야 소통은 원활해지고, 소통을 통해 공감의 폭은 더욱더 깊어지고 넓어지는 것이다.

담장을 허물어야 이웃이 다가온다. 공감의 에너지 결집 능력은 아무리 강조해도 지나치지 않을 것이다.

### 신뢰(信賴)

신뢰는 믿고 의지함이다. 어떤 기대를 실망시키지 않았을 때 신뢰는 쌓인다. 그래서 신뢰는 역사다. 나는 4대 전략에 신뢰를 포함시키지 않았다. 그 이유는 신뢰는 4대 전략이 성공적으로 수행되면 자연스레 따라오는 결과치 개념으로 보았기 때문이다.

"저를 신뢰해 주세요"라고 해서 신뢰를 받을 수 있겠는가? 신뢰는 말과 행동에서 진정으로 믿음이 쌓일 때 자연스럽게 다가오는 역사적 축적물이라고 지금도 변함없이 확신하고 있다. 공자孔子도 정치의 요체를 무신불립無信不立, 즉 "신뢰가 없으면 설 수 없다"라고 설파했다.

따라서 신뢰를 잃었다면 모두를 잃는 것이라 해도 과언이 아닐 것이다.

### 3대 관점은 무엇인가

'우리가 모른다고 없는 것이 아니다'라는 관점
단면적·부분적이 아닌 입체적·종합적 관점
권한·권력이 아닌 책무의 관점

존중·엄정·협력·공감의 4대 전략을 똑같이 추진한다 해도 어떠한 관점을 가지고 접근하느냐에 따라 큰 차이가 있다.

그래서 나는 '우리가 모른다고 없는 것이 아니다'라는 관점, 단면적·부분적이 아닌 입체적·종합적 관점, 권한이 아닌 책무의 관점이라는 소위 3대 관점을 제시하였다.

특히 서울경찰청장으로 있을 때는 3대 관점을 매우 강조했기 때문에 서울청 소속 34,000여 명의 직원 중 숙지하지 못하는 이는 거의 없을 정도였다.

나는 왜 이렇게 3대 관점을 강조했을까? 내 스스로 그런 관점에서 늘 고뇌했기 때문에 주폭척결과 같은 획기적 시책을 창안할 수 있었던 것이다.

이 3대 관점은 업무처리에서뿐 아니라 일상생활에서도 자신을 한 번 더 되돌아보게 하는 에너지를 가지고 있다고 생각한다. 실제 직원들로부터 그런 평가를 많이 들었다. 이 3대 관점은 4대 전략과 함께 나의 치안철학을 관통하는 핵심 개념이다.

먼저, '우리가 모른다고 없는 것이 아니다'라는 관점에 대해 그 의미가 어렵다고 생각하는 사람들이 적지 않았다. 이제 '우리'라는 말 대신 무슨 말이든 넣어보자.

경찰이 모른다고 피해자의 영혼을 파괴하는 어떤 범죄가 없는 것이 아니다. 부모나 선생님이 모른다고 자녀들이나 학생들의 아픔이 없는 것이 아니다. 박 기자가 모른다고 특종 사건이 없는 것이 아니다.

이 관점이야말로 치안복지治安福祉 개념을 설명하고 주폭을 척결하기 위해 내가 고심하여 만든 것이다.

다음으로, 단면적·부분적 관점이 아닌 입체적·종합적 관점에 대해서는 누구나 쉽게 수긍한다. 그렇지만 이제껏 단면적·부분적 관점에 젖어 있었다는 것을 인정해야 한다. 이 단면적·부분적 관점은 편견, 선입견과 상통된다.

코끼리 몸의 일부분만 만져보고는 전체 코끼리의 모습을 묘사할 수 없듯, 우리의 삶에서 올바르고 현명한 판단은 입체적·종합적 시각에서 나온다. 선입견, 편견, 고정관념으로는 전체의 맥을 제대로 찾기 어렵다.

마지막으로 권한보다는 책무의 관점에 서야 한다는 것이다. 사실 세상의 모든 공무원들에게 가장 강조하고 싶은 관점이다. 경찰을 포함한 모든 공무원은 국민 위에 군림하기 위해 존재하는 것이 아니다.

헌법 제7조에서 규정했듯, 공무원은 국민 전체에 대한 봉사자이며 국민에 대하여 책임을 져야 한다. 이는 공무원의 역사적 소명이다. 따라서 공무원을 비롯한 공인은 당연히 국민의 관점에서 일해야 한다.

하지만 소위 힘 있는 권력기관일수록 말로는 국민을 위해 일한다고 외치면서 부지불식간에 권한과 권력의 관점에서 세상을 바라보고 있다는 것을 우리는 현실에서 너무나 많이 목격하고 있다.

이 세 가지 관점이 제대로 녹아나 세상에 태어난 것이 제2부에서 정리한 주폭酒暴척결시책이다.

## 4대 전략과 3대 관점은 공·사 조직 어디에서나 적용 가능한 경영기법

이러한 나의 치안 철학은 공·사 조직 어디서나 적용 가능하고, 사기업의 혁신적인 경영기법과도 맥락을 같이 하는 수준 있는 철학이라는 평가를 받았다. 이것은 내가 특강했던 모 기업체의 대표로부터 직접 들은 말이기도 하다.

실제 나의 치안철학을 나름대로 계승하여 직원과 주민들로부터 큰 호응과 높은 평가를 받은 대표적 경찰 간부로는 충북경찰청장과 인천경찰청장을 지낸 윤종기씨와, 경남경찰청장과 부산경찰청장 및 해양경찰청장을 지낸 조현배씨가 있다.

이들은 모두 내가 서울경찰청장 재직 시 경무관으로서 각각 경비부장과 정보부장으로 근무했었다. 특히 윤종기씨는 내가 충북경찰청장으로 이 치안철학을 구현하고 있을 때 차장으로서 함께 동참한 인연이 있다.

이들 모두 자신들이 지방경찰청장이 되면 나의 치안철학, 특히 '존중尊重'의 철학을 그대로 구현해보고 싶다는 마음을 노래 부르듯 말하며 의지意志를 불태우던 사람들이다.

내가 국회의원으로 있을 때 이들은 모두 퇴직해 있었고 여의도 식당에서 만나 옛날이야기를 안주삼아 기분 좋게 막걸리를 마신 기억이 지금도 새롭다.

## 철학이 구현될 때
## 보람 또한 커진다

이제 국회의원 할 때와 서울경찰청장 할 때를 비교해서 어느 때가 더 좋았느냐, 어느 때 더 보람을 느꼈느냐 라는 질문에 답할 때가 되었다.

나는 큰 망설임 없이 말할 수 있다. 어느 때가 더 좋았느냐는 물음은 대답할 의미가 없는 말이고, '어느 때가 더 보람 있었느냐'라는 질문에는 청장할 때가 훨씬 더 보람이 있었다고 답할 수 있다.

충북경찰청장과 서울경찰청장 재직 시에는 나의 치안철학을 제대로 구현할 수 있었고, 그만큼 보람도 컸기 때문이다.

나는 제21대 국회(2000. 5. 30~2024. 5. 29)에 들어와서 열심히 일했다고 자부한다. 전반기 2년은 문재인 정부 때였고 후반기 2년은 윤석열 정부와 함께 했다.

국회의원의 가장 중요한 책무는 입법활동이다. 나는 입법을 통해 국민의 삶의 질에 보탬이 된다는 입법복지立法福祉의 기치 아래 의미있는 법안을 발의하기 위해 보좌진들과 함께 늘 고뇌했고 많은 성과를 냈다.

지역구에서는 시·구 의원들과 함께 매달 민원의 날을 빠짐없이 개최하여 지역 주민들을 위한 생활정치<sup>生活政治</sup>에도 게을리하지 않았다.

행정안전위원회 위원으로 4년간 활동하면서 소관 부처인 행안부, 경찰, 소방, 선관위, 시·도자치단체 등등에 대해 지적할 것은 지적하는 가운데 그 부처의 발전과 국민 편익에 도움을 주기 위한 입법활동 등을 책무의 관점에서 소홀히 하지 않았다 생각한다.

특히 〈승강기산업진흥법〉을 제정, 발의하여 결국에는 통과시킴으로써 승강기 산업의 진흥에 중요한 발판을 마련했다는 보람 또한 작지 않다. 특히 내 상임위 소관은 아니었지만 섬유산업을 뿌리산업으로 지정하는 법안을 발의하였고, 비록 법안 통과는 무산되었으나 그 차선책으로 산업자원부장관 고시 개정을 통해 뿌리산업으로 지정하는 성과도 거두었다. 최병오 한국섬유산업연합회 회장으로부터 감사패를 받는 자리에서 그 분야를 대표하는 분들의 고마워하던 모습이 지금도 눈에 선하다.

최병오 한국섬유산업연합회 회장과 함께

그 외에 의미 있는 국정감사 활동 등 보람 있게 보낸 4년이라 생각한다. 그럼에도 내가 충북청장과 서울청장 시절에 더 보람을 느꼈다고 말하는 것은 제2부에서 소개할 주폭酒暴척결 시책과 밀접한 관련이 있다.

나는 이 주폭척결시책으로, 그동안 주폭으로 인해 위축되었던 경찰공권력이 크게 회복됨으로써 법질서가 확립되는 데 획기적으로 기여했다는 자부심을 가지고 있다. 실제 경찰조직 내·외에서 그런 평가를 받았다.

그런데 국회에 들어와 주폭을 척결하는 데 큰 도움이 될 수 있는 법안을 제1호 법안으로 정하고, 심혈을 기울여 제정법안을 마련 발의하였으나, 국회 행정안전위원회의 문턱을 넘지 못하고 폐기되고 말았다.

"인권이 침해될 우려가 있다. 예산이 지나치게 많이 소요된다"라는 등의 반대 논리가 생각보다 거셌다. 이 중 인권침해 논리는 처음 충북경찰청장으로 부임해 주폭척결시책을 펼치기로 했을 때 난색을 보이던 참모들의 논리와 유사했다.

당시 나는 술의 힘을 빌려 상습적으로 폭력을 가하는 주취폭력배를 주폭酒暴이라 명명하고 이들을 척결하지 않는 것이 바로 '직무유기'라 강조했다. 나아가 이들의 행패로 인해 피해를 보는 지구대 경찰관이나 식당, 노래방 등 서민들의 인권침해를 애써 외면하는 것이야말로 진정한 인권침해라고 설파하며 주폭척결시책을 강력하게 추진했던 것이다. 그 결과는 그야말로 상상을 초월할 정도로 큰 성과를 냈다.

주폭척결의 의미와 성과에 대해서는 제2부에서 구체적으로 다루었다.

나는 의정 활동을 하면서 뼈저리게 느낀 사실이 하나 있다. 바로 "정치와 행정은 상호보완적 관계에 서야 국민이 행복해진다"라는 명제이다.

국회의원이 국정감사나 대정부 질의 등을 통해 장관에게 어떤 지적을 할 경우 대부분은 국회에서의 지적을 동력으로 삼아 행정의 새로운 발전을 모색해 간다. 이러한 과정을 거쳐 정치와 행정은 보다 발전되고, 국민 또한 보다 행복해진다고 생각한다.

물론 법을 만드는 입법기관이라 해서 모든 일을 할 수 있는 것도 아니고 국회의원의 지적이 다 맞는 것도 아니다. 오히려 이념 논리에 매몰되어 말도 되지 않는 법안이 통과되거나 국민을 위해 꼭 필요한 법안임에도 여당, 야당, 정부 중 어느 한쪽이라도 반대하면 거의 통과되지 않는다는 것을 실제 경험으로 알게 되었다.

나는 오랜 고뇌 끝에 창안해서 강력하게 시행했던 주폭척결 시책이, 얼마나 태어나기 어렵고, 얼마나 대한민국의 음주문화를 바꾸는 데 큰 역할을 한 가치있는 시책이었는지 하는 것을 국회 의정활동을 하는 와중에 더 크게 깨달았다는 사실은 참으로 아이러니하다.

이러한 관점에서 나는 국회의원 때보다 충북청장과 서울청장 때가 더 보람 있었다고 되뇌어 보는 것이다.

인연이 있어 이 책을 접하는 모든 분은 자신의 일에 충분히 자긍심을 느끼면서 맡은 바 분야에서의 블루오션Blue Ocean을 개척하기 위해 깊이 고뇌해 주실 것을 정중히 부탁드리고 싶다.

# 3

## 떨어지는 꽃잎에도 향기는 있다

"후회는 인간을
발전시킨다"

우리 옛 선인先人들은 "꽃이 피니 봄이 왔구나"라고 읊으며 꽃이 핌을 사계절의 시작으로 보았다. 한편으로는 "꽃이 지니 꽃씨가 맺히도다"라고 하며 자연의 순환과 희망을 노래하기도 했다.

2025년을 맞이한 나는 이제 완전한 60대 후반이 되었다. 지난날을 돌이켜보면 참으로 아쉬움이 많다. 이러한 사람의 심리를 파고들어 웹 사이트에는 회귀소설回歸小說이 적지 않게 나오고 있는 것 같다. 일정 시점의 과거로 되돌아가 2회차 인생을 살게 될 때 다시는 후회하지 않는 삶을 살겠다고 다짐하며 열심히 살아간다는 그런 이야기니 스트레스 해소용 글로는 제법 의미가 있으리라 생각된다.

 내가 지난날을 돌이켜보며 아쉬움을 느끼는 것 중 가장 큰 것은 무협소설에 지나치게 탐닉耽溺했다는 것이다.

 초등학교 6학년이던 1969년 어느 날, 외갓집에 놀러 가 외사촌 누나가 보던 무협소설 『정협지』를 우연히 읽어본 이래 내 학창 시절은 학교 공부는 뒷전으로 내몰리고 무협소설 탐독으로 도배되었다.

 그때 이래 무협소설을 잠시라도 끊은 때는 1985년 행정고시 1차를 합격하고 그 이듬해인 1986년 2차 시험을 칠 때까지의 1년이 유일하다. 그 덕분인지 그해 제30회 행정고시에 최종 합격했다.

 낙이불음樂而不淫! 즐기되 빠지지 말라는 인생의 대교훈을 지키지 못했던 아쉬움은 지금도 크게 남아있는 것이다. 이런 이야기를 제21대 국회의원 때 고등학교 동창들과의 술자리에서 이야기한 적 있었는데 그중의 한 친구가 이렇게 말했었다.

 "자네가 무협소설을 많이 본 것이 꼭 나쁜 것만은 아니라고 보네, 누구보다 의기義氣가 높고 글도 잘 쓰고 하는 것은 무협소설을 많이 본 덕도 있을 거야, 무엇보다 국회의원도 되었고 의정활동 또한 할 말도 하면서 잘하고 있는 것을 보면 그리 큰 손해는 없는 것으로 생각되네"

고등학교 3년 내내 같은 반이었던 고령 출신 이강석 친구의 말이었다.

국회의원을 잘하고 있다는 말은 그 친구의 의례적인 덕담이었겠지만, 다른 부분은 그런 시각에서 볼 수도 있겠구나 하는 생각도 들었다. 그렇지만 과유불급過猶不及이라는 말이 있다. 국어사전에는 "지나침은 모자람만 같다"라고 되어 있는데 그 개념은 적절치 않고, "지나침은 오히려 모자람만 못하다"라고 바꾸는 게 현실에 맞는 해석이라 생각한다.

어쨌든 한창 공부에 매진해야 할 중고등학교 시절에 무협소설을 보는 데 너무나 많은 시간을 허비했다는 것은 정말로 반성하고 후회後悔할 일임은 분명하다. 실제로 난 후회를 하고 있다.

그런데 나는 '후회'에도 다양한 색깔이 있다고 생각한다. 후회를 통해 성찰하고 발전해 나간다면 그때의 후회는 의미 있는 후회가 될 수 있다. 내가 충북경찰청장 재직 때 이러한 관점에서 '후회와 각성'이 내 발전의 원동력이었다고 설파하고 있을 무렵에 이를 과학적으로 주장하는 어떤 글을 보고 무릎을 쳤다.

### 후회는 인간을 발전시킨다

세계 뇌과학의 선두 주자로 꼽히는 미국 예일대의 이대열 교수가 2011년 〈신동아〉 9월호에서 한 말이다. 그는 후회Regret란 인간이 갖는 가장 고차원적 감정이라 말했다. 실망Disappointment은 단순히 기대에 못 미칠 때 나타나는 감정이지만, 후회는 자유의지自由意志에 의한 선택을 전제로 하여 기대에 못 미칠 때 나타나는 감정으로, 향후 행동에 영향을 준다는 것이다.

그는 원숭이가 과연 후회하는지, 한다면 후회할 때 뇌 속의 뉴런은 어떻게 변하는지 실험을 통해 밝혀냈다. 그는 결론적으로 이렇게 말하고 있다.

"인간의 삶은 후회를 거듭하며 만들어가는 과정이다."

이대열 교수의 연구 결과로 볼 때는 '후회는 아무리 빨리해도 늦다'라는 격언의 설득력은 떨어질 수밖에 없다.

중요한 것은 후회를 후회로만 끝나게 해서는 안 되고, 다시는 후회할 그런 행동을 하지 않겠다는 단호한 의지로 자기성찰을 모색하는 것이라 생각한다. 인생을 살아가며 한번도 후회하지 않는 선택을 한 사람이 어디에 있겠는가.

## 이 또한 지나가리라

떨어지는 꽃잎에도 향기는 있다. 땅 위에 떨어진 꽃잎은 더 이상 빛나지 않아도 그 잔향殘香은 여전히 남아 우리에게 생명의 여운을 일깨워 주고 그의 의미意味를 되새겨 준다.

국회의사당 뒤편에는 멋진 벚꽃길이 있다. 2024년 4월 초 벚꽃이 떨어져 내리는 길을 제21대 국회의원으로서는 마지막으로 걷고 있을 때, 꽃잎이 떨어지는 모습 또한 '참 멋지구나!' 하는 생각을 했다. 그때 감동을 되새기면서 '떨어지는 꽃잎에도 향기는 있다'라는 제목으로 시 한 편 지어 읊어본다.

### 떨어지는 꽃잎에도 향기는 있다 / 김용판

마파람에 실려 내려오는 꽃잎
그 짧은 춤사위 속에서도
숨결처럼 간직한 너의 향기

땅 위에 살포시 잠든 꽃잎이여
더 이상 빛나지 않는다 해도

오래도록 묻어나는 너의 향기


어찌 사라짐이 끝이 되고
흩어짐이 잊혀짐이 될까
너를 유혹하는 바람도 땅도
너의 잔향에 온몸으로 취해 있음을


너의 빛은 하늘가에 스며들고
너의 숨결은 흙 속으로 스며들며
너의 향기는 영원토록
우리들의 가슴 속에 살아 숨 쉬고 있으리


  솔로몬은 그의 아버지인 다윗 왕을 위하여 반지를 바쳤다. 그 반지에 새겨져 있는 어떤 마법의 주문은 정말 많은 사람들에게 그 어려움을 극복할 수 있는 어떤 영감을 주었다. 그 마법의 주문은 무엇이었을까?
  바로 '이 또한 지나가리라'였다
  우리는 누구나 자기만의 십자가를 가지고 있다. 어떤 어려움과 어떤 아픔이 전혀 없는 사람이 어디 있을까. 우리의 선인先人은 말했다.

"인생의 가장 큰 영광은 한 번도 쓰러지지 않는 것이 아니라, 쓰러질 때마다 일어나는 것이다."

나는 억울한 재판도 받아보고, 선거에 실패도 해보았다. 다른 사람들이 나를 걱정스러운 시선으로 바라볼 때도 나는 그들이 생각하는 것만큼 그렇게 좌절한 것은 아니었다. 나에게는 '이 또한 지나가리라'라는 마법의 주문이 있고, 꿈과 희망을 주는 몇 편의 시詩가 있기 때문이었다.

나는 소위 국정원 여직원 댓글 사건과 관련하여 나를 기소한 검찰에 의해 1심에서 4년을 구형받았다. 그리고 법원의 1심 선고를 이틀 앞둔 2014년 2월 4일 입춘날, 서울 관악산에 아침 일찍 등정하였다.

사실 내가 태어난 날이 입춘날이었다. 그날은 공교롭게도 내가 태어난 날과 똑같이 음력 생일, 양력 생일, 입춘날 등 모두가 일치하는 의미있는 날이었다. 그날 날씨는 조금 흐렸는데 관악산 정상에 올랐을 때는 사방에 안개가 자욱하여 도대체 어디가 어디인지 알 수 없었다.

그런데 조금 시간이 흐르자 거짓말처럼 안개가 흩어지며 산의 모양이 나타나는 것이었다. 그때 불현듯 나태주 시인의 '안개가 짙은들'이란 시가 떠올랐다. 정말 이 시에서 묘사한 그대로를 경험했던 것이다.

### 안개가 짙은들 / 나태주

안개가 짙은들 산까지 지울 수야

어둠이 깊은들 오는 아침까지 막을 수야

안개와 어둠 속을 꿰뚫는 물소리, 새소리,

비바람 설친들 피는 꽃까지 막을 수야

   안개가 사라지는 관악산 정상에서 읊은 이 시는 나에게 깊은 감동과 함께 어떤 힘을 주었다. 등산한 날로부터 이틀 후에 있었던 법원의 1심 선고뿐 아니라 2심, 대법원 모두 무죄를 선고받았음은 물론이다.

   내가 억울한 재판을 받고 있을 때 나를 위해 제목도 없는 어떤 격려激勵의 시詩를 특별히 지어주신 나태주 시인과, 하루도 빠짐없이 나를 위해 기도해 주신 관음성(김연재) 회장께 진심으로 존경과 감사의 마음을 드리지 않을 수 없다.

제2부

# 주폭대첩
# (酒暴大捷)을
# 아십니까?

이제야 나라 같고
이제야 경찰 같습니다

# 나 주폭(酒暴)이야,
# 동네의 제왕인 나를 누가 감히 건드려?

### 주폭의 권력

　　　　　　2012년, 서울시 구로구에 있는 구로리 공원을 자신의 소굴로 삼고, 주변의 슈퍼나 해장국집을 제 집인 양 드나들며 그 주인을 종 부리듯 하던 어떤 주폭(酒暴)이 있었다. 그는 대한민국 그 누구도 무섭지 않았다. 그 누구에는 물론 경찰도 포함되어 있었다.

　그는 공원 인근에 있는 가게에서 외상이라며 그냥 가져온 소주로 구로리 공원에서 동료 주폭들과 얼큰하게 한잔 걸친 후 요란한 소리를 내며 해장국 집에 들러 스스럼없이 냉장고 문을 열어젖혔다. 그리고 소주 한 병을 끄집어내 식기세척기에 던져 깨버렸다.

얼이 빠진 주인은 그 주폭을 상전 대하듯 모시며 수년간이나 해장국을 바쳤다. 물론 돈은 받지 못했다. 식기세척기는 수리할 생각도 할 수 없었다. 수리해 봐야 어차피 또 쭈그러질 것이 뻔했기 때문이었다.

수년 동안이나 이런 일에 지속되었다니 얼마나 기가 찰 노릇인가?
주인은 그동안 경찰에 신고도 하지 않았다는 말인가?
신고 받은 경찰은 도대체 무엇을 했단 말인가?

물론 해장국집 사장은 초기에는 경찰에 신고를 했다. 출동 나온 경찰은 가해자를 불러 조사했지만 그뿐이었다. 사실 술에 취해 욕설을 하며 경찰에게도 달려드는 주폭을 제압하기에는 경찰은 너무나 연약했다.
처벌한다 한들 겨우 벌금을 물리는 정도에 그쳤다. 경찰서를 바로 나온 그 주폭은 다시 술이 얼큰하게 취한 상태에서 자신을 신고한 해장국집에 들러 난장판을 벌였다. 보복 범행을 한 것이다.
다시 주인이 신고했을 때 출동한 파출소 경찰관은 어제와 다른 사람이고 조사한 형사도 물론 어제와 다른 사람이었다.

이들은 어제 이 주폭이 행한 사건에는 큰 관심이 없고, 오늘 신고된 건에 대해서만 조금이라도 빨리빨리 처리하고 싶을 뿐이었다. 술 냄새를 진동시키면서 욕설하며 달려드는 주폭에게 시달릴 대로 시달려 다른 일도 못할 정도로 지쳐 있었기 때문이었다.

이 주폭은 경찰의 약점을 잘 알았다. 자신들이 경찰에게 아무리 욕설을 하고 행패를 부려도 자신들을 어찌할 수 없다는 것을 경험을 통해 알게 된 것이다. 그 주폭은 벌금이 나오면 벌금 통지서를 가지고 신고한 가게에 가서 오줌 몇 번 누고 행패 부리면 장사를 계속 해야 하는 주인은 울며 겨자 먹는 마음으로 벌금까지 대신 내준다는 것을 경험으로 너무 잘 알고 있었다.

그들은 주위에 공공연히 이렇게 떠들어댔다.

"나는 잡혀가도 금방 나온다. 경찰도 나를 어떻게 할 수 없다. 누가 감히 나를 건드린단 말인가"

실제 그들의 말대로 된다는 것을 주변 사람은 경험으로 알고 있었다.

때로는 지나치게 행패 부린 결과로 경찰서에서 구속영장을 청구했을 때는 영장 실질심사를 하는 판사에게는 술에 취해 자기도 모르게 저지른 실수였다면서 반성하는 자세를 보이며 눈물만 살짝 흘리면 청구된 구속영장은 바로 기각되었다. 이 주폭은 벌금 전과 하나 더 늘어나는 정도는 신경도 쓰지 않았다. 전과가 이미 38범이나 되는데 벌금 전과 하나 더 붙는다 해서 무슨 대수겠는가?

구속영장 서류를 검토하는 검사나 판사들은 이 주폭의 상습성常習性을 몰랐다. 단일 사건의 기록만을 볼 뿐이었다. 왜냐하면 경찰 단계에서부터 수사 서류에 이 주폭이 얼마나 상습적으로 행패를 부렸는지에 대한 증거를 제시하지 않았기 때문이었다. 담당 형사는 문제의 그 한 건에 대해서만 수사 기록을 작성했을 뿐이었다.

결국 이 주폭이 얼마나 상습적으로 상인들의 피를 빨아먹고 서민들에게 크나큰 공포를 주었는지에 대해서는 일선의 경찰이 큰 관심을 보이지 않았고 서류로만 살펴보는 검사, 판사들은 너무나 자연스레 몰랐던 것이다.

해장국집 주인은 경찰에 신고해 봐야 별 뾰족한 처리를 못해준다는 것을 알게 되고 나아가 신고 후에 오는 보복 후유증이 더 크다는 것을 확실히 깨닫게 되었다. 그리고는 대한민국의 법을 원망하며 경찰에 신고하는 것을 포기하게 되었다. 결국 주폭에게 굴복하게 된 셈이었다.

이렇게 끝날 줄 몰랐던 '주폭들의 군림천하君臨天下'는 어떻게 해서 종말을 고하게 되었을까? 때가 되어서 그냥 저절로 없어진 것일까?

이 질문에 답하기 전에 주폭에 시달리던 당시 경찰의 모습을 2012년 6월 9일 조선일보에 실린 기사를 통해 한 번 더 살펴보자.

[술에 너그러운 문화, 범죄 키우는 한국]

**경찰이 취객에게 맞는 나라, G20 국가 중 한국 말고 또 있나**

주폭酒暴은 경찰을 두려워하지 않는다. 신고를 받고 출동한 경찰이 주폭들에겐 술주정 대상일 뿐이다. 수갑을 차고 경찰서에 와서도 경찰에게 입에 담지 못할 욕설을 퍼붓는가 하면, 발길질도 서슴지 않는다. 문제는 이 같은 모습이 매일 밤 전국의 경찰서, 지구대에서 흔히 볼 수 있는 풍경이란 것이다. 대부분이 '잡범雜犯'인 주폭이 공권력公權力의 상징인 경찰에 도전하고 있는 것이 우리의 현주소다.

**욕먹고, 맞고, 물어뜯기는 경찰**

본지 취재팀은 지난 2주 동안 서울청 소속 경찰서와 지구대를 동행 취재하면서 경찰에 입건된 주폭이 오히려 경찰을 '만만히' 여기는 모습들을 생생히 볼 수 있었다. 지난달 24일 0시 3분 서울광진경찰서 화양지구대에 대학생 이모(25)씨가 붙잡혀 왔다. 택시비를 내지 않고 도망가다 붙잡히자 택시기사의 목을 조른 혐의였다. 조사 결과 이씨는 소주 4병을 마셨다. 이런 이씨가 지구대에 들어서자마자 한 일은 경찰관을 향해 욕설을 퍼붓는 것이다. "하여간 병신들이야. 아주 ×새끼들이야. 이따위로 하니까 경찰이 욕을 먹는 거야", "내가 다 징계 먹여줄게. 월급들 까이고(깎이고) 싶지?"

**"일할 의욕이 뚝뚝 떨어진다"**

주폭들은 왜 경찰을 조롱의 대상으로 여기고 폭행까지 일삼는 것일까. 서울의 한 경찰서 형사과장은 "경찰서에서 난장을 피우고 덤벼도 경찰이 속수무책이란 점을 주폭들이 잘 알고 있기 때문"이라고 했다. 경찰관들의 푸념은 숫자로도 나타난다. 경찰을 폭행하는 등 공무집행방해 혐의로 입건한 뒤 구속영장을 신청해도 기각되기 일쑤다.

2006년 33.9%였던 공무집행방해 혐의에 대한 구속영장 기각률은 2007년 45.1%, 2008년 50.6%, 2009년 53.6%로 증가하다 2010년 39%를 기록했지만 같은 기간 전체 범죄에 대한 영장 기각률보다 2배 이상 높았다. 서울의 한 경찰서 형사는 "기각될 것을 뻔히 알기 때문에 맞아서 어디 하나 부러지지 않으면 웬만해선 공무집행방해 혐의로 구속영장을 신청하지도 않는다"고 했다.

폭행을 당해도 구속영장이 발부되기 어려우니 경찰들이 욕설을 듣고 참는 것은 당연하다. 형법에는 '모욕죄'가 명시돼 있지만 경찰들에게는 '다른 나라의 법'이나 마찬가지다. 모욕죄가 성립하기 위해서는 불특정 다수가 인식할 수 있는 상황이라는 '공연성公然性'이 핵심이다. 그런데 지구대나 경찰서는 공연성이 없다는 게 법조계의 중론衆論이라 경찰서 안에서 아무리 심한 욕설을 퍼부어도 죄가 되지 않는 것이다.

서울의 한 경찰서 형사팀장은 "얻어맞는 것보다 일할 의욕을 뚝뚝 떨어뜨리는 건 입에 담을 수도 없는 욕설을 듣고 있어야만 하는 것"이라고 했다. 김용판 서울지방경찰청장은 "경찰이 취객에게 얻어맞는 나라가 G20 국가 중에 한국 말고 또 있겠나"라고 말했다.

- 〈조선일보〉, 2012년 6월 9일

## 주취자에게 무너진 공권력을
## 바로 세워주세요

행정고시 시험 과목 중의 하나로 행정학이 있고 정책결정과정론도 그 한 분야이다. 정책 결정을 하기 위해 가장 급선무인 것은 '문제의 인지'이며 문제를 인지하는 방안으로 가장 효과적인 것이 설문조사라는 것을 고시 공부할 때 알게 되었다. 수험생 입장에서도 고개가 끄덕여지는 가르침이었으며 언젠가 기회가 되면 직접 실행해 보리라 다짐할 정도로 공감한 부분이었다.

나는 경북성주경찰서장, 대구달서경찰서장, 서울성동경찰서장과 충북 및 서울경찰청장 등 지휘관으로 근무할 때 약간의 차이는 있었지만, 지역 내의 현안을 파악하기 위한 다양한 형태의 설문조사를 실시했다. 그중 충북경찰청장 재직 시에 실시한 설문조사에 대한 기억이 지금도 가장 생생하다.

2010년 9월 9일 충북청장으로 부임하자마자 3,000여 명의 전 직원들과 12,000여 명에 달하는 주민들을 대상으로 설문조사를 실시했다. 설문지는 90% 이상 회수되었으며 많은 의견을 접할 수 있었다.

응답한 설문조사 중 경찰관과 주민 모두에게서 가장 많은

표를 받은 건의사항은 무엇이었을까? 바로 공권력 확립이었다. 특히 주취자의 공무집행방해 행위는 도를 넘어섰고 이들을 뒤치다꺼리하느라 시간을 다 빼앗겨 주민들은 뒷전이라는 이야기가 수도 없이 많았다.

　예상했던 일이었다. 주취자에게 시달리는 경찰관의 초라한 모습은 어제오늘의 일이 아니었다. 나는 세 곳의 경찰서장을 거치면서 이러한 상황을 실감하고 있었고 나름대로 강력하게 대응해 왔던 것도 사실이다.

　경찰관서에 단골로 와서 행패를 부리는 자는 근무일지에 상세히 기록하여 상습성常習性이 인정되는 자는 무관용 원칙으로 대응토록 해 보기도 했지만 근본적인 대책은 아니었다. 어디까지나 경찰관의 입장에서 바라본 것이다.

## 2
# 주폭(酒暴)의 척결은
# '오죽하랴 검법(劍法)'으로!

### 달서경찰서장 때의
### 오토바이 폭주족 수사기법을 그 모태로

새로운 시각에서 새로운 접근을 해야 했다. 어떻게 이들을 척결하고 공권력을 바로 세울 것인가? 어떻게 해야 경찰력의 낭비를 막을 것인가? 어떻게 해야 선량한 주민들의 편안한 일상을 지켜줄 수 있을까? 고뇌는 깊어만 갔다. 그러다 불현듯 답을 찾았다. 답은 이미 내가 가지고 있었다. 가끔 암송하던 옛 스님의 한 오도시悟道詩가 새삼 가슴에 다가오는 순간이기도 했다.

永日尋春不見春(영일심춘불견춘)
芒鞋踏罷瓏頭雲(망혜답파롱두운)

歸來笑撒梅花臭(귀래소살매화취)

春在枝頭已十分(춘재지두이십분)

종일토록 봄 찾아도 봄은 보지 못하고
짚신만 다 닳은 채 구름 밟고 다녔네
뜰 앞에 돌아와서 매화 향기 맡으니
봄은 이미 가지 끝에 무르익어 있는 것을

그 답은 2001년 7월, 나의 고향을 관할하는 대구달서경찰서장에 부임하자마자 시행해서 대성공을 거두었던 오토바이 폭주족을 척결한 수사기법이었다.

수사에는 하나의 격언이 있다. "범죄를 처벌하는 것은 경찰, 검사, 판사가 아니라 '증거'이다"라는 말이다. 제대로 된 증거만 수집할 수 있으면 처벌은 자연스레 따라오는 것이다.

### 도심의 무법자 폭주족을 무슨 수로?

폭주족은 도심의 무법자다. 공원이나 도심을 엄청난 소음을 내며 떼지어 질주하는 오토바이 폭주족을 한 번이라도 겪은 사람은 그 무법천지의 횡포에 경악했을 것이다. 그들이 질주하는 동선에 있는 운전자들과 주민들은 엄청난 굉음에 치를 떨며 분노하는 한편 이들을 제어하지 못하는 무기력한 경찰에도 분노를 표출한다.

　1996년 여름 어느 날 저녁, 택시를 타고 가다가 서울의 화곡동 사거리에서 어림잡아 100대는 훨씬 넘는 오토바이 폭주족과 맞닥뜨린 적이 있다. 그때 도로 위의 차들을 가죽 채찍으로 후려치면서 중앙선을 넘나드는 오토바이 폭주족들의 폭력적 행태를 지금도 잊을 수 없다.

　그때부터 저 무법천지의 오토바이 폭주족을 어떻게 척결할 것인지에 대한 화두(話頭)를 스스로에게 던지고 고심을 거듭해 왔다. 바리게이트를 치고 막거나 쫓아가 단속하는 방법은 그야말로 미봉책에 불과하고 자칫 큰 사고로 이어진 사례가 종종 발생했기 때문이다.

　2001년 7월 초, 대구달서경찰서장으로 부임했다. 당시 인구가 60만에 달하는 달서구 전체를 관할했으며 대구 전역을 누비는 오토바이 폭주족들의 집결지인 두류공원도 달서구 관내에 있었다.

　사실 달서구 월배는 나의 고향이었기 때문에 내가 이곳의 경찰서장으로 가게 된다면 어떤 일을 우선적으로 할 것인가에 대해 평소에 많이 생각했었다. 그리고 최우선으로 해야 할 일은 바로 오토바이 폭주족을 척결하는 것이라 생각하고 있었다.

나는 부임 3일째 되는 날 경위 이상 간부 67명을 소집해 '폭주족 척결'이라는 의제를 꺼내놓고 좋은 의견을 물었다. 모두 묵묵부답이었다.

1개월 후 폭주족 척결이 대성공리에 끝났을 때, 나는 이렇게 말했다.

"애초에 성공하리라 생각했던 사람이 있으면 솔직히 손 한 번 들어보세요."

당시 방범순찰대장으로 있던 소순영 경감 딱 한 사람만 믿었다고 했다. 내가 성주경찰서장 재직 시 과장으로 함께 근무했던 분이었다.

오토바이 폭주족을 단속하는 이유는 그 자체가 위험한 불법 행위이고, 나아가 소음 등으로 시민들에게 피해를 주며 차량흐름을 고의로 방해하기 때문이다. 또 10대들이 오토바이를 타고 폭주족이 되면 책임분산責任分散이라는 군중심리에 따라 범죄심리가 작용할 가능성이 더 높아진다.

실제 새벽에 2인 1조로 오토바이를 타고 다니면서 행인들의 가방을 날치기하거나 심야에 혼자 귀가하는 여성의 가방을 날치기하는 범죄 중에서 상당수가 10대들로서 오토바이 폭주족의 일원임이 조사 결과 밝혀졌다. 이처럼 폭주족 척결은 도시 치안 안정과 범죄 예방 등 일석이조의 효과를 낸다.
 나는 평소에 생각했던 폭주족 척결 방안에 대해 달서경찰서 간부들에게 이렇게 말했다.

"폭주족은 보는 각도에 따라서는 강도 등 강력범죄보다 훨씬 더 큰 피해를 불특정 다수의 주민에게 입힌다. 이들을 강력범죄로 규정하고 척결해야 한다. 방법은 간단하다.
 첫째, 선채증先採證, 후체포後逮捕의 원칙하에 먼저 증거수집에 주력해서, 상습적常習的이고 악질적인 폭주족은 구속한다.
 둘째, 그들이 금이야 옥이야 보물로 여기는 오토바이를 몰수해 공매 처분한다.
 셋째, 구속되고 공매 처분된다는 사실을 알 수 있도록 전방위적으로 널리 알린다."

이때껏 범칙금 통보밖에 하지 못한 폭주족을 무슨 수로 구속한단 말인가? 경찰관들의 눈빛은 그렇게 말하고 있었다. 그러나 나는 이러한 지침을 공유하고 실무적으로 처리할 추진체推進體를 가동했다.
 수사 경험이 많은 김원석 수사과장을 사령탑으로 하여, 김수환 강력1팀장을 포함한 강력1팀 전원과 정보·교통 요원이 포함된 17명으로 대규모 검거전담반을 편성했다. 전담반 직원들은 최소한 1개월은 다른 업무를 일체 배제하고 폭주족 척결 업무에만 전념토록 했다.

### 폭주족 때문에 유산된 어머니

달서경찰서 모든 직원이 참석한 가운데 발대식을 거행했다. 주사위는 던져진 것이다. 당시 폭주족 대책은 그야말로 주먹구구식이었다. 바리케이트를 쳐서 막거나 따라가는 방법인데 위험에 비해 거의 실효성이 없었다. 이는 전국적인 현상이었다.

폭주족 단속법규는 크게 두 가지다. 먼저 소음기 제거는 자동차관리법의 불법구조변경에 해당되어 1년 이하의 징역에 처할 수 있다. 불법 수리업자도 당연히 처벌된다. 다음으로는 2대 이상이 정당한 사유 없이 앞뒤로 또는 좌우로 도로에서 줄지어 달릴 경우, 도로교통법의 공동위험행위가 되어 2년 이하의 징역에 처할 수 있다.

이때껏 위험을 무릅쓰고 무리를 쫓아가 검거해 보았자 겨우 1~2명이었고 그마저도 공동위험행위를 했다는 객관적 증거마저 부족해 통상 난폭운전으로 범칙금만 부과하는 것이 통례였다. 자동차관리법 위반으로 입건하는 경우도 매우 드물었다. 그러다 보니 경찰을 전혀 두려워하지 않게 된 것이다. 경찰을 두려워하지 않는 자들이 무슨 짓을 못하겠는가?

폭주족 전담반의 활약은 눈부셨다. 지역 주민을 대상으로 출몰 지역과 피해자 실태를 면밀히 수집했다. 그중에는 폭주족의 굉음에 놀라 유산流産을 했다는 30대 여성의 분노어린 진술도 있었다.

### 발상의 전환, 선(先)채증 후(後)체포

차근차근 폭주족의 계보가 파악되기 시작했다. 촬영된 폭주족 무리들을 판독하는 한편, 주로 출입하는 오토바이 상회를 압수수색하여 심층적 증거도 수집하면서 분석을 거듭했다.

이렇게 하여 대구와 경북 전역을 누비며 도심의 공적公敵으로 시민들의 치를 떨게 했던 폭주족의 실체가 서서히 드러났다.

총두목을 비롯해 '지휘'와 '후미 주자' 등 군대조직과 같은 체계를 갖춘 52명의 폭주족 계보를 완성하고 검거 작전에 돌입했다. 두목급을 비롯한 핵심 폭주족 6명에 대해서는 사전영장을 발부받아 구속하고, 나머지는 불구속 처리했다. 특히 상습성常習性이 인정된 16명에 대해서는 오토바이 16대 모두를 몰수해 공매 처분했다. 다수의 폭주족 구속과 오토바이 몰수 공매 처분은 경찰사에서 처음 있는 일이라는 평가를 들었다.

대규모 폭주족을 검거했다는 소식이 전해지자, 주민들의 격려 전화가 쇄도했다. 언론의 반응 또한 매우 뜨거웠다.

SBS-TV는 2001년 8월 9일, 8시 전국 뉴스를 통해 '경찰, 폭주족과의 전쟁 시작'이라는 특집방송을 보도했다. 인상적인 것은 이 방송에서 일본 경찰이 경찰봉으로 폭주족을 후려치면서 제압하는 모습과 함께 한국 경찰은 '선 채증 후 체포' 기법으로 전혀 충돌 없이 척결했다고 높이 평가한 부분이다.

특히 두류공원 주변 상인들의 반응은 거의 폭발적이었다. 한마디로 '속이 다 후련하다'며 칭찬과 격려를 아끼지 않았다. 대구경찰청 112지령실에 그렇게 많이 들어오던 폭주족 신고가 거의 없어졌다. 당연히 오토바이 절도, 날치기 등도 현저히 줄어들었다. 경찰청에서도 '우수한 수사기법'이라 칭찬하며 전국에 하달했다. 그러나 그 공문을 제대로 읽어본 경찰지휘관이 과연 몇 명이나 되었을까?

나는 성과에 만족하지 않고 폭주족 척결을 전방위적으로 홍보하는 한편 폭주족들을 지속 관리했다. 최소한 내가 달서경찰서장으로 재직한 2003년 2월까지, 1년 8개월 동안은 대구 전역에서 폭주족 무리는 사라졌다. 간혹 철모르는 동네 폭주족 1~2대가 활보하기는 했어도.

비록 처음 방향은 내가 잡았지만 추진 과정에서 직원들이 보여준 뜨거운 열정과 창의적인 업무처리는 놀라웠다. 특히 총괄 지휘한 김원석 수사과장과 김수환 팀장의 수사지휘 역량은 팀원들을 하나로 묶는 데 결정적 역할을 하면서 괄목할 성과를 이끌어냈다. 검거전담반의 해단식 때 기분 좋게 마신 한 잔 술의 추억이 지금도 잊히지 않는다.

폭주족 이야기가 나오니 서울경찰청장 재직 때의 일화가 떠올라 이 자리에서 소개할까 한다. 2012년 서울에도 폭주족이 있었다. 특히 뚝섬과 여의도 일대는 폭주족의 놀이터였다. 여의도에 살고 있는 지인이 내가 서울청장으로 부임했을 때 하소연했다.

"여의도 일대는 폭주족들 때문에 시민들이 너무 힘들어요. 못 살겠어요. 제발 강력하게 단속해 주세요."

서울청 담당 부서에서 달서경찰서의 폭주족 수사기법을 벤치마킹하고서 더 세련된 기법으로 뚝섬과 여의도를 포함한 서울 전역의 폭주족을 제압했음은 물론이다.

시간이 흘러 어느 날 폭주족 단속 민원을 제기했던 그 지인에게 물었다.

"요즘도 여의도 일대에 폭주족들이 출몰하던가요? 그들로 인해 아직도 불편한가요?"

그 지인의 대답이 재미있었다.

"아참, 그러고 보니 요즘은 진짜 폭주족들의 굉음을 못 들었네요. 단속되었나봐요. 고맙습니다."

그 지인은 바로 전·의경어머니회장, 의용소방대장 등 경찰과 소방뿐 아니라 '재소자在所者의 어머니'라 불릴 정도로 교정矯正 등 다양한 단체에서 왕성한 봉사활동을 하고 있던 송희순 회장이었다.

치안治安은 공기空氣와 같다. 치안이 좋아지면 왜 좋아졌는지에 대해 생각하는 사람은 거의 없다. 그러나 나빠지면 당장 불편하기 때문에 짜증이 나고, 경찰은 뭐 하냐, 하며 비난하게 되는 것이다. 그래서 어떤 일을 잘했으면 주민들에게 '자랑' 차원이 아니라 '공감' 차원에서, 의미 있게 알려야 한다. 공감이 지속되어야 신뢰가 보다 쉽게, 깊이 쌓일 수 있기 때문이다.

## 주폭척결은 폭주족 척결 기법에 '오죽하랴 검법'을 보태시오

엄정은 결코 말로 하는 것이 아니다. 과학적으로 증거를 수집해야 하며 범죄심리 또한 전략적으로 제압해가야 한다. 충북청에서 처음 주폭척결을 시작할 때, 대구달서 경찰서장 때의 이 폭주족 일망타진 기법을 설명하면서 그와 같은 방법으로 접근토록 했던 것이다.

다만 거기에 보복을 두려워하는 피해자들에게 제대로 된 진술을 받기 위해서는 주폭이 확실하게 처벌된다는 것과 보복 범행은 꿈도 꾸지 못하게 될 것이라는 믿음을 확고히 심어줘야 한다는 것을 거듭 강조했다.

이제껏 주취자에 의한 경찰관 폭행 등에 대해서는 무관용 원칙으로 강력하게 대응하라는 상부의 지시는 구속영장 청구로 받아들여졌고 실제로 그 맥락에서 구속영장 청구를 한 사례가 많았다. 그러나 경찰관이 심각한 부상을 입었고 공무집행이 분명하게 방해되었음에도 50%나 가까이 검사와 판사에 의해 영장이 기각되었다.

"죄는 중하나 취중 우발적 행위였고…"

이는 가장 많이 등장하는 기각 사유였다. 하나의 사건이 발생했을 때 그 사건을 단일 건으로만 처리하다 보니 판·검사의 입장에서 볼 때는 그렇게 판단할 여지가 충분히 있었다. 기각한 판·검사를 탓하고 욕할 일이 아니라고 말했다. 주폭이 얼마나 '상습적으로' 폭력을 가하는지에 대한 증거를 입체적으로 확보해 제시하지 못한 우리 경찰관에게 1차 책임이 있음을 스스로 성찰해야 함을 강조했다.

여기서 등장한 것이 '오죽하랴' 검법劍法이었다. 술에 취해 경찰서에까지 찾아와 총을 차고 있는 경찰관에게 욕설을 퍼붓고 폭행을 가할 정도의 성향이라면, 힘없는 동네 주민들이나 가족들에게는 '오죽했겠느냐'라는 주민의 입장에 서서 피해 사례를 입체적으로 철저히 확인하라고 기회 있을 때마다 직원들에게 외쳤던 것이다.

"지금은 수사권이 있느니 없느니 하는 보검寶劍 타령을 할 때가 아니다. 비록 철검이고 목검이라 해도 검법을 제대로 익히는 것이 중요하다. 힘없는 주민들에게는 오죽했겠느냐? 라는 시각에서 만든 이 검법 명칭을 '오죽하랴 검법'이라고 칭하겠다. 이것을 제대로 익히면 상습적인 주취폭력배를 충분히 척결할 수 있다."

'법'타령 하지 말고 판·검사 탓하지 말고, 지금 우리가 할 수 있는 것을 제대로 잘하자고 강조했던 것이다. 어쨌든 지금은 상식이 된 수사기법이지만 2010년 9월만 해도 60년이 넘는 경찰 역사에서 주취폭력배에게 이러한 시각으로 접근한 적이 과연 있었을까?

# 3

# 주폭은
# 누가 키웠는가?

## 우리 사회의 관대한 음주문화와
## 경찰의 단면적 대처가 그 주범

주폭酒暴이란 말은 내가 충북경찰청장으로 재직할 때 간부회의에서 주취폭력배의 해악성害惡性에 대해 조직폭력배와 비교 설명하는 과정에서 무의식적으로 나의 입에서 나와 창조된 신조어이다.

"조직의 힘을 빌려 상습적으로 폭력을 가하는 조직폭력배를 조폭組暴이라 한다면, 술의 힘을 빌려 상습적으로 폭력을 행사하는 주취폭력배는 바로 주폭酒暴이라 이름 붙여야 한다."

이 주폭이라는 용어는 '심리제압'이라는 측면에서 상당한 에너지를 가지고 있다는 평가를 받았다. 주폭 단속이 한창 진행

될 때 파출소에 연행되어 온 주취자들은 자기 입으로 먼저 "저는 주폭 아닙니다"라고 말한 사람이 많았다 하니 그 효과는 입증된 셈이다.

김난도 교수의 〈트렌드 코리아 2012〉에서 2011년 사회분야 신조어로 소개된 주폭은 그 용어뿐 아니라 주폭의 개념, '상습성 입증'을 필수로 하는 수사기법까지 나 자신이 독창적으로 정립하여 세상에 내놓은 것이다. 물론 세부적 수사기법은 직원들이 정말 열심히, 창의적으로 개발했다.

이제 "주폭은 누가 키웠는가?"라는 물음에 답할 차례가 되었다.

나는 단정적으로 잘라 말했다.

"우리 사회의 관대한 음주문화와 경찰의 단면적 대처가 주폭을 키운 주범이다"

이때껏 주취폭력배, 즉 주폭을 척결하지 못한 데에는 주취자를 바라보는 시각을 입체적·종합적으로 가지지 못하고 단면적·부분적으로 보았기 때문이었다.

우리 사회의 관대한 음주문화는 주취자를 바라보는 시각에서 극명하게 나타난다. 술에 취하면 누구라도 사고 칠 수 있는 존재가 바로 인간이기 때문에 일단은 '보호'해야 되는 존재로 인식하는 것이다.

과문한 탓인지는 몰라도 내가 주폭척결을 시동 걸 때까지는 주취자에 대해 '척결 대상'과 '보호 대상'의 개념으로 구분해 접근한 연구논문을 본 적이 없다.

## 공권력이 무너지면 법질서가 무너지고, 법질서가 무너지면 사회적 약자 순으로 피해를 보고, 나쁜 놈 순으로 득을 본다

주폭척결이 성공할 수 있었던 이유 중 하나는 내가 먼저 주폭척결의 개념을 명확히 정립한 다음, 충북경찰과 서울경찰 모두가 공유할 수 있도록 아래 4가지 사항을 철저히 강조했기 때문이었다.

"첫째, 주취자 폭력에 대해서는 크게 척결 대상과 보호 대상으로 나누어 접근한다. 척결과 보호의 갈림길은 상습성常習性 여부에 있다. 상습성이 있다는 말은 그냥 두면 또다시 재범再犯하고 보복한다는 말과 상통하기 때문이다.

둘째, 상습성 여부를 파악하기 위해서는 경찰의 관점에서 벗어나 주민의 입장에서 피해 사례를 찾아가 확인하고 구증해야 한다. 소위 '오죽하랴 검법劍法'을 발동시켜야 된다. 영장이 기각될 것을 뻔히 알면서도 괘씸한 마음만으로 접근해서는 안 된다. 원칙적으로 불구속 상태에서 증거를 수집해야 한다. 이때껏 이러한 발상을 하지 못한 이유는 항상 경찰관 입장에서 공권력 도전 행위 자체에만 초점을 맞추었기 때문이다.

강도나 절도범을 검거했을 경우 여죄를 수사하는 것은 수사관의 당연한 책무이며 상식이다. 그런데 술에 취해 상습적으로 행패를 부리는 자들에 대한 여죄는 왜 수사할 생각조차 하지 않았는가? 우리가 모른다고 없는 것이 아니다.

주폭척결은 바로 이러한 자기성찰을 바탕으로 시작되어야 한다. 미국美國처럼 공권력의 권위가 존중받는 나라에서는 상상도 할 수 없는 일이지만, 공권력이 경시되는 우리나라에서 공권력에 도전했기 때문에 강력히 척결하겠다고 하면 틀림없이 국민적 저항을 받는다.

하지만 발상을 전환해 술에 취해 경찰을 폭행하는 이들의 성향이라면 보통의 서민들에게는 오죽했겠느냐는 시각에서, 그들의 반사회적·반인격적 범죄 사실을 입증해 '주민을 위해' 강력 척결하겠다는 접근법은 주민의 지지를 받는다.

그리고 상습성을 입증하기 위해서는 이를 전담하는 접점추진체接點推進體 개념으로 소위 〈주폭수사 전담반〉의 구성은 필수적이다.

셋째, 술에 취해 상습적으로 폭력을 일삼은 자는 구속되고 척결된다는 것을 전 직원과 전 주민들에게 알려야 한다. '무식하면 용감하다'라는 말이 있듯, 모르기 때문에 용감해질 수 있다. 심리적으로 압도해야 한다.

3살 아기부터 100살 노인에게까지 알린다는 방침에 따라 전방위적으로 홍보되어야 한다. 내가 '주폭'이라는 용어를 적지 않은 개인 비용을 들여 특허 신청한 것도 홍보의 한 맥락으로 한 것이다. 주폭척결은 대한민국의 국격國格이 걸린 문제다. 결코 멈추어서는 안 된다.

넷째, 공권력이 무너지면 법질서가 무너진다. 법질서가 무너지면 누가 득을 보고, 누가 피해를 볼까? 나쁜 놈 순으로 득을 보고, 사회적 약자 순으로 피해를 본다. 사회적 약자는 누구인가? 바로 노약자, 부녀자, 어린이, 장애인이고 서민이다. 주폭척결은 '선주민, 후경찰'이라는 관점에 있는 시책임을 결코 잊어서는 안 된다."

이 중에서 내가 가장 많이 강조하고 수시로 한 말은 바로 주폭이 공권력을 무너뜨리고 결국은 그 피해가 고스란히 서민에게 돌아간다는 말이었다.

# 이제야 나라 같고,
# 이제야 경찰 같습니다.

## "서울역과 서울시내 공원이 확 달라졌네요"

주폭전담반 형사는 '주폭에게는 저승사자, 피해자에게는 수호천사'라는 말을 듣게 될 정도로 주폭척결시책은 큰 호응을 얻었다. 그러나 모두 우호적 시각만 있는 것은 아니었다.

소위 인권단체에 몸담은 자 중에서는 주폭시책은 보수 언론과 함께 사회적 약자인 노숙자만 처벌하는 보수 우익적 시책이라며 근거 없는 인권 문제를 줄기차게 제기한 이들도 있었다. 도대체 그들이 말하는 '인권'은 어떤 인권인지 지금도 궁금하다.

실제 서울청장 재직 시절 구속시킨 주폭 655명 중 노숙자 주폭은 58명에 불과했다. 그들이 바로 공원 주변과 서울역 등에서 제왕 노릇을 하던 자들이다.

그뿐인가? 일부 언론에서는 "주폭은 파리에 불과하므로 파리채로 잡으면 충분한 것을 화염방사기로 잡는 격이다"라며 개념 없는 비판을 서슴지 않았다. 이 얼마나 한심한 일인가! 이들이 정말 현장에 직접 나가서 그 주폭들로부터 영혼이 파괴되는 고통을 겪고 있는 피해자들을 직접 만나 보았더라면 결코 그런 '비판을 위한 비판'은 하지 못했을 것이다.

다시 한번 말하지만 주폭은 결코 사회적 약자가 아니다. 때로는 약자인 척하면서 온갖 나쁜 짓을 자행하는 중범죄자이다. 그들로부터 피해를 본 자들이야말로 진정한 사회적 약자인 것이다.

2012년 6월 18일 대법원 양형위원회는 전체 회의를 열고 만취 상태에서 상습적으로 폭력을 일삼는 주폭에 대해서는 가중처벌을 할 수 있도록 양형 기준을 변경하였다.

### 주폭 제1호 구속자는 어떤 사람이었는가?

그렇다면 주폭이 척결됨으로써 우리 사회에 어떤 변화가 나타났을까?

먼저 충북에서 〈주폭 제1호〉로 구속된 자의 이야기를 잠깐 살펴보겠다.

2010년 10월 6일 충북청장으로서 홍덕경찰서 사창지구대를 현장 방문한 나는 지구대장으로부터 피의자 김○○가 술만 취하면 관할 지구대에 찾아와 온갖 욕설과 경찰관 비하 발언을 하는 등 행패를 부리고 있지만 그간 제대로 처리하지 못했다는 보고를 받았다.

나는 "파출소나 지구대, 경찰서에 와서 행패를 부릴 정도의 성향이라면 가정이나 동네 주민에게는 오죽했겠느냐"라며, 종래의 소극적 수사에서 벗어나 적극적 수사로 엄정 대처할 것을 지시하였다.

이에 따라 수사전담반이 편성되어 인근 주민과 가족들을 상대로 수사한 결과 피의자는 평소 칼을 소지하고 다니며, 술만 취하면 이유 없이 욕설을 하고 행패를 부려 주민들을 불안케 했다는 것이 확인되었다. 특히 70대 노모에게 "××년아! 나가 죽어라"는 욕을 하며 주먹과 발로 폭행하는 등 전후 13회에 걸쳐 폭행과 상해를 가한 사실이 또한 밝혀졌다.

이 주폭이 구속된 후, 무려 20여 년간 상습적으로 폭행을 당해온 어머니는 담당형사에게 "아들이 아니라 악마였다"라고 말할 정도로 제1호 주폭 구속자는 대표적인 사회적 패륜범이

2010년 10월 15일자 충북일보 기사

었다.

위 내용은 충북 지역 언론에서 크게 보도되었고, 이 주폭 구속 사건을 계기로 담당형사가 피해자들에게 피해 진술을 보다 더 쉽게 받을 수 있었다는 이야기를 나중에 들었다.

### 무법천지 서울역은 어떻게 정화되었을까?

다음으로 서울역 이야기를 하지 않을 수 없다.

서울역은 우리나라 관문역이다. 2025년 지금의 서울역 모습은 비교적 무난하다. 그렇다면 13년 전인 2012년까지의 서울역 모습은 어땠을까? 한마디로 무법천지無法天地라는 말이 어울리는 장소가 바로 서울역이었다. 당시 서울역의 모습을 목격한 외국 관광객 등은 지금도 우리나라에 대해 부정적 인상이

뇌리에 남아있을 가능성이 높다고 생각한다.

술에 취한 노숙자들의 고함소리와 깨어진 소주병, 이들의 집요한 구걸 행각, 진동하는 구린내와 지린내...

한마디로 내가 서울경찰청장으로 부임할 때인 2012년 5월의 서울역 모습은 필설로 형용하기 어려울 정도로 국제적 망신을 자초하며 국격國格을 떨어뜨리던 엉망진창의 무법천지였다.

서울청장 부임 100일쯤에 보도된 〈조선일보〉 2012년 8월 13일의 신문 내용을 살펴보면 서울역의 변화를 알 수 있을 것이다.

### 서울역이 확 달라졌다

노숙자 주폭이 사라지자 서울역의 풍경이 확 달라졌다. 술에 취해 소란을 피우고 행패 부리는 노숙자들의 숫자가 눈에 띄게 줄어든 것이다. 변화는 노숙자들 사이에서 우두머리 격으로 통하던 주폭 5명이 쇠고랑을 차면서 시작됐다.

주폭과의 전쟁을 시작한 서울경찰은 술만 마시면 서울역 인근에서 상인과 행인 등을 상대로 행패를 부린 전과 48범 나모(53)씨 등 평균 전과 29범인 서울역 주폭 5명을 구속했다. 이후 서울역 주변에 머무는 노숙자들 숫자도 작년보다 절반 가까이 감소했다.

"석 달 전만 해도 엉망이었어. 요새 많이 깨끗해진 거야. 노숙자들이 술만 취하면 식당 앞에서 토하거나 바지를 홀렁 벗고 똥 싸고 신문지로 덮어둬. 그러면 술병을 들고 비틀거리던 다른 노숙자가 그걸 밟아 미끄러지고…"

서울역 광장 곳곳에서 풍기는 술 냄새와 지린내… 대한민국 교통 중심인 서울역을 오갈 때마다 내국인은 물론 외국인들마저 인상을 찌푸리게 하던 풍경이 점차 사라지고 있다.

- 〈조선일보〉, 2012년 8월 13일

서울역 정화와 관련된 에피소드 한 가지를 소개하고 싶다.

2012년 11월 2일, 나를 포함한 서울경찰청 간부 몇 명과 최교일 서울중앙지검장을 비롯한 차장검사들과의 간담회 자리가 있었다. 거기서 내가 주폭척결시책에 대해 열변을 토하면서 서울역을 정화한 사례도 소개했다.

그때 참석자 중 한 명이었던 윤갑근 3차장 검사가 깜짝 놀란 듯한 모습으로 아래와 같은 취지의 말을 한 것으로 기억된다.

"나는 고향이 충북이라 서울역에서 기차를 타고 가끔 내려가는데, 엉망진창이던 서울역이 어느 날인가부터 깨끗해져서 어떻게 된 일인가 무척 궁금했습니다. 이제 보니 김 청장께서 하신 일이었군요. 잘하셨습니다."

윤갑근 변호사는 2024년 12월 윤석열 대통령이 국회에 의해 탄핵소추 되자 그 변호인으로 TV를 통해 많이 알려진 분이다.

주폭시책을 펼치던 때인 충북경찰청장 재직 시, 일이 있어 서울역을 이용할 때마다, 내가 만약 서울경찰청장이 된다면 주폭개념으로 100일 이내에 이 무법천지의 서울역을 얼마든지 정화할 수 있다고 생각했던 그대로의 결과였다.

그런데 서울역 정화는 경찰력만으로 된 것이 아니다. 서울 중구청과 코레일을 비롯한 유관기관뿐 아니라 서울역 주변의 상인회 등 주민들과도 협약協約을 맺어 긴밀히 협력했다, 노숙자 문제에 정성을 기울이던 음성꽃동네의 오웅진 신부와도 협약을 맺어 협력관계를 긴밀히 하는 등 입체적·종합적으로 대응한 것도 큰 힘이 되었다.

하지만 무엇보다도 노숙자 중의 주폭들을 구속함으로써 음주 행패 분위기를 제압한 것이 결정적 요인이었다.

서울역의 변화와 마찬가지 맥락으로 서울 시내에 있던 1,883개의 공원이 시민의 품으로 되돌아갔다.

이제 앞에서 소개했던 구로리 공원과 그 주변의 해장국집을 괴롭혔던 주폭들의 운명이 어떻게 되었는지 살펴볼 때가 되었다. 당연하게 그들도 나의 서울경찰청장 부임 이후 몰아친 주폭척결의 태풍을 피해 가지 못했고, 6명이나 되던 구로리 공원 주폭들은 모조리 구속되었다. 덕분에 구로리 공원과 주변의 상가는 평화를 되찾았다.

2012년 7월 18일 〈조선일보〉에 실린 기사가 당시 상황을 잘 묘사하고 있다.

### 확 바뀐 서울 구로리 공원

주폭 사라진 공원… '엄마는 유모차 끌고 나왔고, 가게는 문 활짝 열었다'
한 달 전만 해도 노숙 주폭 50명 '공원이 내 집', 지금은 산책 나온 주민들로 붐벼

2012년 7월 17일 오후 4시, 구로구 구로리공원은 산책 나온 주민 100여 명으로 붐볐다. 유모차를 끌고 나온 엄마들과 자전거를 타며 휴식을 취하는 주민들이었다. 이날 구로리공원은 '주민들의 쉼터'였지만 한 달 전만 해도 전혀 딴판이었다. 노숙 주폭 50여 명이 마치 주인인 양 상주했다. 공원 바닥에 앉아 술을 마시고 소리 지르며 싸웠고, 아무 데서나 오줌을 쌌다. 구로

리공원은 주민공원이 아닌 오줌 냄새와 술 냄새가 섞여 썩은 냄새가 진동하는 주폭공원이었다.

또 상인들은 주폭들의 행패에 날마다 몸서리쳐야만 했다. 노숙자 중 두목 격인 전과 38범의 김모(50)씨가 거리를 지나면 상점이 죄다 문을 잠글 정도였다. 그는 매일같이 음식점을 돌아다니며 행패를 부렸으나 상인들은 보복이 두려워 신고는커녕 자포자기할 뿐이었다.

방치됐던 구로리공원은 '서민 잡는 주폭을 척결해야 한다'는 사회적 분위기가 형성되며 달라지기 시작했다. 구로경찰서는 최근 두 달 사이 구로리공원 일대에서 노숙하며 행패를 부린 주폭 6명을 구속했다. 두목격인 김씨가 구속되자 노숙자들은 하나둘 구로리공원을 떠났다.

공원이 제 모습을 찾아 주민들이 우선 반겼다. 주민들은 "예전에는 노숙자 때문에 공원에 올 생각을 하지 못했다"며 최근에는 아주 깨끗해져 매일같이 찾는다"고 말했다. 주폭들에게 시달렸던 상인들도 두 손을 들고 환영했다. "가게 사정도 훨씬 나아지고 마음도 편해서 신바람이 난다"고 웃음을 지었다.

- 〈조선일보〉, 2012년 7월 18일

내가 서울경찰청장으로서 이 구로리공원을 방문했을 때 구로구 구의회 의원을 포함한 인근 주민들은 이렇게 말했다.

"정말 이런 날이 올 줄은 꿈에도 몰랐어요. 상전벽해桑田碧海가 이를 두고 하는 말 같습니다. 고맙습니다."

나는 피해 해장국집 유창해 사장(당시 55세: 가명)도 면담하고 위로했다. 류진형 구로경찰서장과 간부들이 배석해 있는 자리에서 내가 그에게 물었다.

"솔직히 그전에 그렇게 주폭에게 영혼이 파괴되는 행패를 당했음에도 도움을 주지 못하는 경찰을 보고 무엇을 느꼈습니까?"

유 사장의 답은 명쾌했다.

"네, 그때는 진짜 나라가 있는 건지 없는 건지, 우리 같은 힘없는 서민은 뭘 믿고 살아야 하는지 참으로 암담했던 게 사실입니다. 경찰에 대한 원망도 많았습니다. 이제야 정말 나라 같고, 이제야 경찰 같습니다. 지금은 경찰이 너무 고맙습니다."

## 주폭척결의 최고 수혜자는 누구였을까?

주폭의 활동 무대는 대부분 정해져 있다. 자신이 사는 동네의 파출소, 주민센터를 비롯해 약국, 핸드폰 판

매소, 병원, 음식점, 슈퍼, 시장, 호프집, 미용실, 공원 등을 배회하며 수시로 난동을 부리고 소란을 떤다. 특히 그들은 서민들의 작은 가게를 공략한다.

그리고 구로리공원의 사례에서 보듯 마치 옛날의 산적山賊들처럼 공원을 소굴로 삼아 온갖 행패를 부린다. 힘없는 서민이 그 피해를 고스란히 받았던 것이다.

바로 이러한 서민과 사회적 약자들이 그 피해로부터 벗어났다. 특히 주폭척결로 인해 주취 상태에서 발생하기 쉬운 성폭력·가정폭력이 현저히 줄어드는 효과를 가져왔으며, 조폭組暴과 학교폭력의 발호에도 의미 있는 제압 효과를 가져온 것이 사실이다.

특히 "취중폭력! 조폭組暴과 다름없는 주폭酒暴입니다"라는 조폭과 비교되는 플래카드가 많이 걸렸고 이는 조폭의 범죄 심리를 제압하는 이중적 효과를 가져왔다는 이야기를 정말 많이 들었다.

그렇지만 뭐니 뭐니 해도 최고의 수혜자는 지구대와 파출소의 지역 경찰관이었다. 주폭에게 시달리는 것을 숙명으로 받아들이며 체념하다시피 한 지구대와 파출소에 근무하던 지역 경찰관들은 주폭척결 이후 주취자 스스로 먼저 "저, 주폭 아닙니다"라고 말하며 숙이고 들어오는 문화로 바뀌었다고 이구동성으로 말했다.

그 여유 공간만큼 주민들에게 혜택이 돌아감은 당연하다. 주민센터의 기초수급 등 복지담당 공무원에게도 비슷한 혜택이 돌아갔다.

병원은 어떤가?

병원에서 발생하는 주취자의 소란과 행패는 우리 국민 모두가 알고 있다. "세상에 저런 놈들이 있나" 싶을 정도로 난동을 부리는 모습이 TV를 통해 여러 차례 방영되었다. 병원에서의 난동은 전국 어디에서나 결코 만만치 않다.

2011년 7월에는 충북도병원회 임승운 회장으로부터 감사패를 받았고, 2013년 1월에는 서울시병원회 박상근 회장으로부터 감사패를 받았다. 응급실에서의 주취자 폭력이 현저하게 사라져 고맙다는 마음을 담았다는 것이다.

주폭척결과 관련된 감사패 중에서는 특히 기억에 남는 것이 있다. 서울청장으로서 한창 주폭척결과 공원 정화를 진두지휘하고 있던 2012년 7월 중순경, 생각지도 않았던 감사패를 가지고 온 분들이 있었다. 이심 대한노인회 회장과 이정익 부회장을 비롯한 대한노인회 임원들이었다.

한마디로 주폭을 시원하게 척결하고 있는 것을 보고 '속이 하

대한노인회 감사패

도 시원해서' 엄청 무거운 옥돌로 만든 귀한 감사패를 준다는 것이었다. 주폭시책을 인정하고 격려해 준 그 고마운 마음은 지금도 나의 가슴 깊이 간직되어 있다.

주폭척결시책은 공권력과 관련된 두 가지 문제를 동시에 해결했다. 그전에는 엄정한 법질서를 중시하는 보수층으로부터는 무력한 공권력이라 비판받았고, 인권을 중시한다는 진보층으로부터는 공무집행 방해사범에 대한 구속영장 기각률이

50% 이상이나 되는 사례를 들어 공권력 남용에 따른 인권 침해가 심하다는 비판을 받고 있었다.

이는 매년 있는 경찰청에 대한 국회 국정감사장에서도 마찬가지였다. 진보 진영과 보수 진영의 국회의원들은 똑같은 맥락으로 모두 경찰청장과 지방경찰청장들을 질타했던 것이다.

그런데 공무집행방해 사범은 절대다수가 주폭이었다. 주폭 척결 이후 주폭에 의한 공무집행방해 사범에 대한 구속영장 청구의 기각률은 거의 0%에 가까웠다. 주폭의 상습성을 입증하여 그 피해의 심각함을 판검사들에게 의미있게 제시했기 때문임은 물론이다.

국정감사장에서 여야 국회의원으로부터 동시에 난타당하던 연례 행사적인 모습에서 자연스레 벗어난 셈이었다.

## 5

# 주폭척결과 함께 일군 충북경찰청의 국가생산성 대상

### 35년 역사에서 중앙행정기관으로는 최초, 국가생산성대상 수상

2011년 9월 9일, 서울 코엑스 오디토리움에서 제35회 국가생산성 대상 시상식이 열렸다. 이 자리에서 충북경찰청은 1975년 제1회 대회가 개최된 이래 35년 역사에서 중앙행정기관으로는 최초로 국무총리 표창(종합상)을 수상했다. 3,500여 명의 충북경찰청 소속 직원과 충북 도민들이 한마음이 되어 함께 일구어낸 쾌거였다.

국가생산성 대상은 무엇인가?

지식경제부가 주최하고 한국생산성본부가 주관하는 포상제도다. 체계적 경영 활동을 통해 모범적인 생산성 향상을 이룩한 기업 및 기관에 수여하는 국내 최고 권위의 생산성 향상 분야 포상제도다. 이 상은 국무회의 의결과 대통령의 재가를 거쳐 최종 결정된다.

국가생산성 대상을 받기 위해서는 먼저 리더십, 전략기획, 고객과 시장, 측정과 분석, 인적자원 중시, 프로세스 등 다양한 분야에서 최신 경영기법 등이 담긴 복잡한 서류심사 관문을 통과해야 한다.

이후에는 권위 있는 전문 교수진 등으로 구성된 현지 심사단으로부터 아침부터 저녁까지 하루 종일 감사원 감사 내지 대기업 신입사원 면접과 똑같은 분위기에서 실사를 받는다. 혈기血氣만으로 결코 도전할 수 없으며, 특별한 성과 없이는 꿈도 꾸기 어렵다. 심사위원들은 전문적이기도 할 뿐 아니라 냉철

국가생산성 대상 수상 기념, 충북경찰청 직원과 함께(2011.9.9)

하고 끈질기기도 하다.

2011년 6월 13일, 홍익대 김형욱 교수 등 6명의 전문가로 구성된 심사단은 충북경찰청을 방문해 직원들을 대상으로 현지 실사를 진행하였다. 충북청장이던 나 또한 리더십 부문에서 담당 심사위원으로부터 두 시간에 걸쳐 심도있는 심사를 받았다. '치안철학이 무엇이냐?'는 질문을 필두로 '주민을 위해 실제로 행한 정책은 무엇인가', '어떤 성과를 올렸는가' 등 다양한 질문을 받았다. 한 심사위원은 이렇게 물었다.

"생산성 대회에 응모한 동기는 무엇입니까."

나는 자신있게 대답했다.

"도전하면서 준비하고, 준비하면서 배우고, 배우면서 발전한다는 믿음으로 응모했습니다."

심사단은 심사를 마친 뒤 강평에서 몇 가지 시책에 대해 아래와 같이 높이 평가했다.

첫째, 존중尊重 자체를 업무로 규정하고 존중문화를 실천해가는 것은 일반 기업에서도 보기 드문 시책이다.

둘째, 일선 현장에 권한 위임을 전제로 한 자기주도형 근무를 시행함으로써 창의적 성과를 내는 것은 매우 바람직한 방향이다.

셋째 '치안복지 창조'라는 공감받는 비전과 존중·엄정·협력·공감이라는 실행 가치를 전 직원들이 이해하고, 마음을 합하여 함께 실천해 가는 것이 인상 깊다.

넷째, 무엇보다도 주폭개념을 최초로 창시해 사회적·경제적 비용을 크게 절감시켰을 뿐 아니라 주폭척결 운동이 전국적으로 확산될 수 있는 계기를 마련한 것은 Best Practice 수준이 아닌 World Class 수준이다.

공식 행사가 끝난 후 사적인 대화에서도 심사위원들은 주폭척결시책에 대한 깊은 관심을 보였다. 심사위원장이었던 김형욱 교수와는 그때의 인연으로 인해 지금도 좋은 인연을 이어가고 있다.

당시 충북경찰의 혁신을 선도했을 뿐 아니라 국가생산성대회에 철저하게 준비한 김성훈 치안만족관리팀장을 비롯한 팀원들의 노고가 정말 컸다. 이 자리를 빌려 감사드린다.

## 이란의 무바라크철강 임직원의 충북경찰청 견학 방문

국가생산성대상을 수상한 지 2개월이 조금 지난 2011년 11월 23일, 이란의 최대 철강회사인 무바라크철

이란 무바라크철강 임직원의 충북경찰청 견학(2011.11.23)

강Moba-rakeh Steel Co. Ltd. 임직원 12명이 충북경찰청을 방문했다.

이들은 아시아생산성기구Asian Productivity Ogranization 초청을 받아 수상 기관의 성공 사례를 벤치마킹하기 위해 순회 방문하는 중이었다.

특히 주목할 점은 이들 방문단이 공공기관 부문에서 대통령 표창을 받은 기관도 아니며 기업도 아닌 충북경찰청을 찾아왔다는 사실이다. 그 이유는 한국생산성본부의 적극적인 추천뿐 아니라 방문단 스스로가 충북경찰청을 꼭 방문하고 싶다는 요청이 있었기 때문이었다고 한다.

그들은 충북경찰청의 치안복지治安福祉 사례와 주폭척결 등 고정관념을 깬 발상의 전환을 통해 주민 위주의 치안 시책을 펼친 혁신에 매우 놀랐다는 소감을 쏟아냈다. 물론 의례적 인사말일 수도 있지만 진지한 눈빛과 여러 질문들을 통해 진정으로 감탄했다는 것을 피부로 느낄 수 있었다.

충북경찰에서 한걸음 더 나아가 대한민국 경찰의 높은 수준을 국제적으로 인정받은 기회가 되었다는 점에서 모든 직원들과 함께 감동을 느낀 보람의 시간이었다.

# 7
# 주폭척결시책에 대한 도전과 응전, 그리고 성공

　앞에서 주폭시책이 성공할 수 있었던 이유로 나 자신이 주폭개념을 명확히 정리하고 수사 방향과 큰 틀의 수사기법을 직원들 모두와 공유했기 때문이라고 말한 바 있다.
　물론 이 점은 분명한 사실이다. 주폭은 오랜 고뇌 끝에 철학적 바탕에서 창시된 개념이지 그냥 대충대충 해서 만들어진 것이 아니다. 그렇다 해서 이것만으로는 결코 성공할 수 없었을 것이다. 전국적 파급 영향을 미치기에는 역부족이었음은 말할 것도 없다.
　그렇다면 주폭시책이 성공할 수 있었던 결정적 이유 내지 배경은 무엇이었을까? 언론이 호응해 주고 함께 해주었기 때문이었다고 분명히 말할 수 있다. 내가 노래 불렀던 "의미있게 알릴 때 공감은 시작된다"라는 말이 실감나는 현장이기도 하였다.

여기서 나는 먼저 주폭시책에 대해 방해하거나 이해하지 못하던 이들, 즉 도전세력에 대해 먼저 정리해 보고 싶다.

## "그러면 술장사하는 사람 장사되나!"

첫째, 주폭개념의 의미를 제대로 알지도 못하면서, 선입견에 젖어 비판한 사람들이 적지 않았다는 것이다. 특히 주폭의 피해를 거의 입지 않는 사회지도층 인사들이 편견에 젖어 비판하는 경우가 적지 않았다. 사례 하나를 소개한다.

2011년 7월 7일, 나는 당시 서기석 청주지방법원장(나중에 헌법재판관을 지냈다)의 초대로 법원장 사무실에 있었다. 충북경찰청장이던 나 이외에 이시종 충북도지사와 이기용 충북도 교육감, 국민수 청주지검장 등도 함께 있었다. 이용훈 대법원장의 청주지방법원 격려 방문에 맞추어 도 단위 기관장이 초대된 것이었다.

나를 소개하는 차례가 되었을 때 서기석 법원장은 이렇게 운을 뗐다.

"김용판 청장은 술 먹고 행패 부리는 주취폭력배를 강력 단속하고…"

그런데 채 말이 끝나기도 전에 이용훈 대법원장은 말을 가로채며 이렇게 말했다.

"그러면 술장사하는 사람 장사되나!"

분위기가 조금 어색해지자 이시종 지사가 주폭에 대해 부연 설명을 했다. 그 무렵은 주폭척결을 시작한 지 10개월 쯤 되었고 가시적 성과가 넘칠 때였다. 드디어 내가 말할 기회가 되자 차분하면서도 분명하게 말했다.

"주폭이란 단순히 술 먹고 행패 부리는 자가 아니라, 술의 힘을 빌려 상습적으로 폭력을 일삼는 자를 말합니다. 그리고 이들을 척결함으로써 술장사 하는 사람들은 정말 좋아하고 장사도 더 잘 된다고 합니다."

그제야 이용훈 대법원장은 "아 그래요?" 하며 짧게 말을 맺었다.

내가 이 자리에서 이런 이야기를 하는 것은 누구를 폄훼하기 위해서가 아니다. 자신이 경험하지 못한 것에 대해 이해하기는 정말 어렵고, 누구나 부지불식간 편견에 젖어 세상을 보는 경향이 있다는 것을 말하고 싶을 뿐이다.

앞에서도 잠깐 언급했듯이 우리나라에서 알아주는 모 신문에서도 "주폭은 파리에 불과하므로 파리채로 잡으면 충분한 것을 화염방사기로 잡는 격"이라며 개념 없이 주폭시책을 비판한 것도 같은 맥락일 것이다.

## 주폭이 사회적 약자라구요?

둘째, 주폭척결을 마치 약자의 인권을 탄압하는 시책인 듯한 관점에서 비판하는 이들이 적지 않았다는 것이다. 물론 이러한 비판이 제기되리라는 것은 처음부터 예상한 것이었다. 그래서 무엇보다도 법절차를 철저히 준수하며 단속하게 했던 것이다.

충북경찰청장으로 부임해 와서 주폭을 강력히 척결해야겠다는 나의 방침에 대해 충북청의 참모들은 처음부터 쌍수를 들고 환영했을까? 답은 '아니올시다'이다. 단속 과정에서 직원들이 진정이나 고소를 당할 우려가 있다 하며 소극적 반응을 보인 것이 대부분이었다. 성공에 대한 확신이 있는 참모는 거의 없었던 것으로 기억된다.

이때까지 주폭들의 뒷주머니에는 인권위원회나 각종 시민단체, 언론기관, 경찰청 감찰부서 등의 전화번호가 적힌 메모지가 꽂혀 있다는 소문이 파다했었다. 실제 일부는 사실로 판명되었다. 인권을 탄압받았다는 취지의 진정을 함으로써 경찰을 무력화시키는 것이 자신들의 입지를 강화하면서 살아가는 데 용이하다는 진리를 주폭 선배들로부터 전수받아 잘 알고 있었던 것이다.

역시 참모들의 우려대로 주폭에 대한 단속이 강화되자 이들의 저항과 함께 진보 성향의 인권단체와 정치권에서의 공격이 시작되었다.

주폭시책은 힘없고 불쌍한 노숙자 중심으로 처벌하는 반인권적 시책이라는 비판이었다. 불쌍한 노숙자들의 조그마한 일탈 행위를 침소봉대시켜 인권을 탄압하는 이 시책을 당장 멈추어야 한다는 취지의 비판을 꾸준히 제기했던 것이다.

과연 주폭시책이 비판자들이 주장하는 것처럼 약자를 탄압하는 시책인가? 물론 절대 아니었다.

앞에서도 잠깐 살펴보았듯 내가 진두지휘하던 때, 충북경찰청에서 구속시킨 100여 명의 주폭이나, 서울경찰청에서 구속한 655명의 주폭 중에서 구속되지 않을 만한 범죄 사실로 구속된 자가 1명이라도 있었을까?

평균적으로 주폭 1명당 수십 건의 범죄 사실을 달고 있었다. 상습범은 보복범죄 등 재범을 하는 사람을 의미한다. 이러한 관점에서 상습성이 입증되지 않은 자는 주폭으로 분류되지도 않았던 것이다.

그리고 서울청에서 구속시킨 655명의 주폭 중 노숙자 주폭은 58명에 불과했으며, 이 중 7명은 바로 서울역을 무법천지로 만든 주범들이었다.

주폭의 인권을 옹호하기 이전에 이들로부터 영혼이 파괴되는 피해를 입은 피해자被害者들의 인권을 먼저 옹호하려는 열린 자세가 더 필요함은 2025년 지금 이 순간에도 너무나 자명한 사실이다.

## "주폭은 단속만이 능사가 아니라고 했습니까?"

셋째, 여·야를 포함한 국회의원들의 비현실적이며 단면적인 비판도 들지 않을 수 없다.

나는 충북경찰청장과 서울경찰청장 재직 시 두 차례 국정감사를 받았다. 그리고 제21대 국회의원이 되어 행정안전위원회 위원으로서 경찰청(지방경찰청 포함)에 대해 4차례의 국정감사를 실시했다.

특히 2010년, 충북청장 때 피감기관으로 국정감사를 받을 때는 세상에 없던 주폭척결시책에 대해 여·야 국회의원들의 집중 질의가 쏟아졌다.

그때 나는 국회의원들이 주폭개념에 대해 제대로 공부도 하지 않아 뭐가 뭔지도 모르면서 말도 되지 않는 질의를 한다고 생각했고, 그들의 질의가 끝나자마자 "의원님, 그렇지 않습니다. 그런 게 아니고요"라는 식으로 되받아쳐서 이인기 행정안전위원장으로부터 지적을 받기도 했다.

어쨌든 여·야 의원들이 공히 지적한 것 중에는 "주폭은 단속만이 능사는 아니다, 단속에만 치중하지 말고 그들의 치료에 대해서도 신경을 써야 한다"라는 것이었다.

물론 좋은 말이다.

그런데 주폭들에 대한 치료의 영역은 경찰 몫이 아니다. 치료에는 예산이 수반되는데 이것이야말로 정치권의 영역 아니겠는가? 그럼에도 국회의원들은 자신들이 해야 할 일에는 애써 외면하면서 '질책을 위한 질책'에는 도(道)가 튼 모습에는 실소를 금하지 못했다.

내가 국회의원이 되어 주폭에 대한 처벌 강화와 함께 주폭들에 대한 국가적 차원의 치료 의무를 부과하는 법안을 제정하여 발의한 것도 이와 같은 맥락에서였다. 물론 앞에서 언급했듯 이 법안은 인권침해 우려와 예산 문제 등의 이유로 행정안전위원회의 문턱조차 넘지 못하고 폐기되고 말았다.

천주교 서울대교구 염수정 대주교와의 MOU 체결 (2012.8.13)

어쨌든 나는 경찰 차원에서 한계는 있지만 주취자에 대한 재활을 돕기 위한 나름의 노력도 기울였다.

2012년 6월에는 서울시병원협회와, 같은 해 8월에는 천주교 서울대교구(대주교 염수정: 후에 추기경이 됨)와 업무협약을 체결했다. 또한 2012년 7월에는 국공립의료기관인 국립중앙의료원, 보라매병원, 서울의료원 등과 협력하여 병원 내에 '주취자 원스톱센터'를 설치한 것도 모두 같은 맥락이었다.

그런데 솔직히 말해 주폭에게 가장 좋은 치료 방법은 이들이 죗값을 치르며 교도소에 수감되는 것이다. 교도소 내에서는 술을 마실 수 없기 때문이다.

이와 관련된 사례 한 가지를 소개한다.

## 교도소에서 온 편지

2012년 12월 초, 서울경찰청장실로 의미있는 편지 한 통이 배달되었다. 교도소에 주폭으로 수감되어 있는 이철수(가명, 당시 42세)씨로부터 특별한 편지를 받은 것이다.

편지의 핵심 내용은 처음에는 자신을 주폭으로 구속한 나를 많이 증오하였지만, 시간이 흐를수록 오히려 자기를 되돌아보는 계기를 만들어 준 내가 고맙다는 내용이었다. 그리고 받은 형기(1년 6개월)가 만료되어 출소하게 되면 자식에게 떳떳한 아버지로 되돌아가기 위해서라도 귀농해서 제대로 살아보고 싶으니 귀농에 도움이 되는 책을 좀 보내달라는 것이었다. 그러면서 자기의 가정사를 담담하게 말하고 있었다.

이철수씨의 아버지는 전형적인 주폭이었기 때문에 자신은 절대 아버지 같은 사람이 되지 않겠다는 다짐을 거듭하였고 실제 어엿한 가장으로 잘살고 있었다고 한다. 그런데 1998년 IMF를 맞으며 사업이 급격히 어렵게 되면서 술에 의존하다 보니 자신도 모르게 그렇게도 싫어했던 아버지의 모습을 닮아갔고 결국 가족과도 헤어진 채 교도소에 와 있게 되었다는 내용이었다.

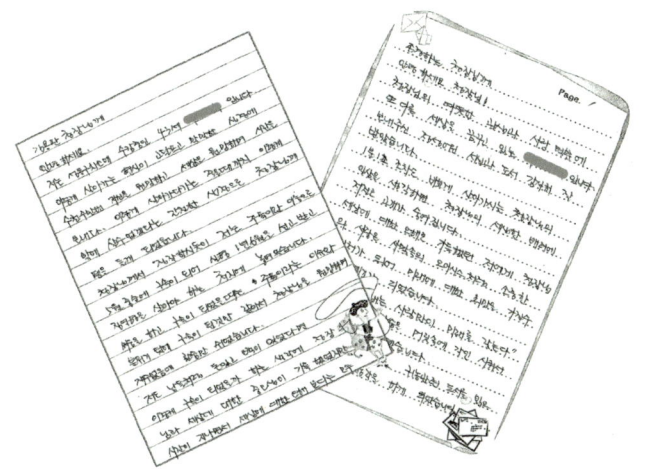

주폭으로 교도소에 수감된 이철수씨로부터 받은 편지(2012.12)

확인해 보니 중랑경찰서에서 2012년 5월 말에 전형적인 주폭으로 구속된 사람이었다. 책을 보내주었고 다시 답장을 받았다. 사람은 강물처럼 흐른다. 이철수씨는 틀림없이 새사람으로 거듭났을 것이다. 이 자리를 통해 이철수씨의 행운을 다시 한번 기원한다.

## 충북에서 서울로, 그리고 전국으로!

### 충북에서 대박 난 주폭척결시책이 전국으로는?

충북에서 처음 시작된 주폭척결시책은 충북도민과 충북경찰에게 절대적 사랑과 신뢰를 받았다. 당시 이시종 충북도지사는 주폭시책을 '신화神話적인 시책'이라고 극찬하였다.

충북청을 떠날 때 전 직원을 대상으로 한 무기명 설문조사에서 한 직원은 이렇게 표현하기도 했다.

우리나라 역사에 3대 대첩이 있는데
첫째가 을지문덕 장군의 살수대첩이요
둘째가 이순신 장군의 명량대첩이며
셋째가 김용판 청장의 주폭대첩이다.

충북에서 획기적으로 성공한 이 시책이 전국적으로 파급되지 못한 이유는 두 가지로 드러났다.

첫째, 내가 〈주폭척결백서〉까지 만들어 경찰청 본청을 비롯하여 전국의 경찰서장급 이상의 지휘관에게 배포하고, 경찰청장 주관의 전국 지방경찰청장 회의 시에 성과를 상세히 보고했음에도 경찰청 차원의 관심이 거의 없었다는 것이다.

당시 충북경찰청 주폭시책의 담

당계장으로서 정말 고생했던 최기영 경정(2025년, 현재 경무관)으로부터 그 내막을 보고받고 나니 정말 기가 차서 말이 나오지 않았다. 경찰청장이 직접 지시해서 만든 시책이 아니었다는 것이 가장 큰 이유였다. 그리고 주무부서인 수사국에서 자체 개발한 시책도 아니어서 관심도가 현저히 떨어지기 때문이라는 것이었다.

둘째, 충북 도민들에게는 다소 섭섭하게 들리겠지만 충북 시골에서 성공한 시책이 뭐 그리 대단하겠느냐고 하는 다소 냉소적 시선이 적지 않았다는 것이었다. 충북 언론에서의 호응은 상당했지만, 지역 언론에 불과하니 전국적으로 알리는 데는 한계가 있었다는 것도 같은 맥락의 이야기였다.

내가 만약 서울경찰청장으로 부임하지 못했더라면 주폭시책은 그냥 역사의 뒤안길로 사라졌을 것이다. 내가 서울청장으로 부임하고 서울에서 시행하자 비로소 중앙언론이 주폭문제를 제대로 보도하기 시작했다. 무엇보다도 조선일보에서 [술에 너그러운 문화, 범죄 키우는 한국]이라는 주폭에 관한 특집기사를 깊이 있게 다루었기 때문에 주폭시책은 날개를 달게 되었고, 전국적으로 엄청난 파급 효과를 가져왔다.

## 8

# 술에 너그러운 문화,
# 범죄 키우는 한국

2011년 11월말 충북경찰청장을 마치고, 경찰청 보안국장을 거쳐 2012년 5월 7일 제27대 서울경찰청장으로 취임했다.

부임과 동시에 유관기관과 언론사를 방문하여 부임인사를 했다. 나는 인사하는 곳마다 서울경찰청장으로서 가장 우선적으로 시행할 시책으로 공권력을 무너뜨리는 주폭을 척결하여 법질서를 바로 잡겠다는 포부를 밝혔다. 충북에서의 성공사례를 간략히 소개하기도 했다.

당시는 이명박 정부였다. 대통령 주재 수석비서관 회의를 마치고 나오는 하금열 대통령비서실장을 비롯한 수석비서관들을 한꺼번에 만나 위와 같은 포부를 말하며 인사를 드렸다. 내 말을 가만히 들은 하금열 비서실장은 미소 지으며 "잘해 보시오!"라고 짧게 말했다. 아마 큰 기대는 안 했으리라 추정된다.

하지만 서울에서의 주폭시책이 큰 성과를 내자 이명박 대통령이 크게 칭찬하고, 나를 식사에 초대하겠다는 말까지 했다는 것을 치안비서관으로 있던 백승엽 치안감으로부터 전해 들은 기억이 있다. 맹형규 행안부 장관도 나에게 몇 차례 전화를 걸어와 주폭시책에 대해 높이 평가하며 칭찬했었다.

## 조선일보 양상훈 편집국장의 한마디 : "함께 합시다"

언론사를 방문했을 때도 나는 똑같은 얘기를 했고, 편집국장이나 보도국장들은 이구동성으로 "잘되기를 바란다"라는 단순한 덕담 정도로 화답했다,

그런데 조선일보를 방문하였을 때는 완전히 달랐다. 양상훈 편집국장은 무릎을 치면서 "나도 크게 공감하는 부분입니다. 우리 함께 제대로 해 봅시다"라고 말하는 것이었다.

그날 다른 언론사 방문 인사를 마치고 약간 늦은 저녁 시간에 서울경찰청 집무실에 도착했다. 그런데 서울경찰청 출입기자인 김성모 기자가 부속실에서 나를 기다리고 있었다. 양상훈 편집국장이 직접 지시를 내렸다는 것이다.

나는 다소 걱정스런 표정의 김성모 기자에게 걱정할 것 전혀 없다고 말하며 충북경찰청에서 만든 〈주폭척결백서〉를 한

권 선물했다.

그리고 20여 일이 지난 2012년 5월 31일, 드디어 〈술에 너그러운 문화, 범죄 키우는 한국〉이라는 주폭척결사에 길이 남을 특집기사가 세상에 최초로 나왔다.

이후 8개월 동안 50여 차례에 걸쳐 소설의 연재물처럼 연재기사가 실려 우리 사회의 잘못된 음주문화에 큰 경종과 함께 엄청난 파급 영향을 가져왔다. 경찰의 주폭시책도 큰 힘을 받았음은 말할 것도 없다. 이 조선일보의 특집기사로 인해 주폭의 심각성에 대한 국민적 공감共感이 크게 일었기 때문이었다.

이 자리를 빌려, 2025년 현재 조선일보의 주필로 있는 양상훈 당시 편집국장께 진심으로 존경과 감사의 마음을 전한다. 아울러 우리 사회의 잘못된 음주문화를 바꾸기 위해 함께 고생했던 조선일보 주폭 취재팀에게도 감사의 마음을 전하고 싶다.

2020년 5월, 내가 제21대 국회의원에 당선된 후 취재팀의 한 명이었던 이인열 기자를 만났을 때 그는 나에게 이렇게 말했다.

"양상훈 편집국장의 지시로 특집기사를 내기는 했지만 한 일주일 정도만 쓰면 기삿거리가 없을 것이라 처음에는 생각했습니다. 그런데 〈주폭척결백서〉를 보고 나서는 취재거리가 무궁무진하다는 것을 알게 되었고, 정말로 열심히 취재했지요. 그리고 정말로 큰 보람을 느꼈습니다."

서울경찰청장에 부임한 지 한 달 정도 지난 2012년 6월 9일, 조선일보 사회면에는 "서민이 서민잡는 범죄가 酒暴, 서울서 1,000명만 잡아들이면 세상이 확 달라질 겁니다"라는 나의 인터뷰 기사가 그야말로 대문짝만하게 실렸다.

이 기사를 표구한 액자는 지금도 나의 집 거실 벽에 걸려 있다. 이 액자는 충북경찰청에서 당시 주폭척결을 실무적으로 총지휘했던 김창수 총경이 만들어 보내주었다. 조선일보에 실린 내 기사를 보고 감동받아 그 기사를 표구해 보냈다는 것이다.

필자의 거실벽에 걸려있는 표구된 조선일보 기사(2012.6.9)

## 세계적 관심을 끈 주폭척결

주폭척결은 국내에서만 관심을 끈 이슈가 아니라 외신의 관심도 자못 컸다. 중국의 〈법제일보〉에서 2012년 7월 중 두 차례나 보도하였는데 나의 프로필과 함께 인터뷰 기사를 실었다.

주폭척결은 중국뿐 아니라 미국에서도 관심을 끌었다. 세계적인 일간지 〈뉴욕타임스〉는 2012년 7월 24일 기사에 서울경찰의 주폭시책을 자세히 소개했고, 〈월스트리트저널〉은 2012년 12월 1일 기사에서 주폭을 'JUPOK'이라 표기하면서 한국 사회의 오랜 관행이었던 일그러진 음주문화를 설명하고 주폭척결 이후의 최근 변화상을 보도했다.

사실 주폭척결 이후 대학가 오리엔테이션의 음주문화가 획기적으로 바뀌었을 뿐 아니라 일반 직장에서의 회식문화까지 바뀌는 등 사회 전방위적으로 끼친 영향이 지대하였음은 사실이다.

뉴욕타임즈 기사(2012.7.24)

## 바람직한 음주문화는 주폭개념의 선구자인 공자의 '주무량 불급란(酒無量 不及亂)'

다시 한번 강조하지만 술에 취해 몇 번 실수한 사람을 주폭이라고 하지는 않는다. 주폭은 술의 힘을 빌려 상습적常習的으로 폭력을 행사하는 자를 지칭하는 것이다.

나는 주폭개념을 설명할 때마다 주폭개념의 선구자는 공자라고 이야기했다. 공자는 일찍이 음주법에 대해 이렇게 정리했다.

주무량 불급란 酒無量 不及亂

술은 미리 양을 정해놓고 마시는 것은 아니지만, 난잡함에 이르도록 마셔서는 안 된다는 의미이다. 그런데 나는 공자가 말한 '주무량 불급란'을 조금 다르게 의역해 보고 싶다.

한 잔 마셔 가슴을 열면 그 얼마나 즐거우랴
어찌 딱 한 잔만, 딱 두 잔만 하며 그 양을 정하리오
하지만 음주에도 예(禮)가 있고 도(道)가 있나니
어찌 술에 먹히는 주폭을 용납하리오

나는 이 주폭시책은 경찰청에서 보다 지속적으로 추진해야 한다고 생각한다. 아직까지 도처에서 주폭이 출몰하고 있음 또한 사실이다. '깨어진 유리창 이론'에서 보듯 사회에서 방치된 사소한 무질서 하나가 큰 무질서와 범죄를 촉발하는 것이다.

나는 나름대로 고심하여 주폭에게 경종을 울리는 '주폭은 아니되오'라는 시詩 한 편을 지었다. 부족한 시심詩心이지만 이 시에 주폭의 의미와 역사를 담으려 노력했다.[2]

### 주폭(酒暴)은 아니되오 / 김용판

"오늘 한잔합시다"
술은 닫힌 가슴을 열게 하고
끈끈한 우정을 불러오니
어찌 신선주가 아니겠소?

한데 주폭이 웬 말이오
어찌 술의 힘을 권력으로 삼아
가슴 아닌 주먹을 여는 것이오?

---

[2] 〈주폭(酒暴)은 아니되오〉는 제 369회 종합문예지 월간『문학세계』"시(詩) 부문"에 응모, 당선된 시이다. (2025. 3)

어찌 따뜻한 우정은 외면하고

욕설과 분노로 죄를 쌓는 것이오?


술에 타서 마시는 세상이 만만했소?

고함 한 번에 허둥대던 경찰이 우스웠소?

술의 힘이 그리도 엄청난 권력으로 즐거웠소?

그래서 세상이 그토록 좁아 보였소?


사는 게 너무 힘들다 핑계 대지 마시오

장삼이사 우리 모두 힘들게 살아간다오

다만 분노가 아닌 우정으로

폭력이 아닌 넉넉한 가슴 열며

그렇게 함께 살아간다오


이제 너그러운 세상 눈뜨고

그 허둥대던 경찰도 눈을 떴소이다

그렇다면 이제 누가 눈을 떠야 할 시점이겠소


그렇소, 이제 때가 되었소

주폭(酒暴)은 결코 아니되오

제3부

# 정치는
# 생생물이며
# 강물이다

영원한 적(敵)도 없고
영원한 친구도 없다

# 4류 정치는
# 더 이상 안 됩니다

 전 세계에 회자되는 정치에 관한 격언과 속담 그리고 유머 중에서는 정치와 정치인을 긍정적으로 묘사한 것은 거의 없다. 정치인은 한마디로 강(江)이 없음에도 다리를 놓겠다는 등의 엉터리 약속을 하는 부류라는 것이다.

## 악마(惡魔)의 공약

 어느 날 어떤 정치인이 갑작스러운 사고로 죽어 하늘나라 문 앞에 섰다.
 천사가 말했다.
 "당신이 천국에 갈지, 지옥에 갈지 스스로 선택해야 합니다. 하루씩 해서 모두 둘러보세요."

정치인은 먼저 지옥에 갔다. 지옥의 풍경은 자기 생각과 달랐다. 사람들이 골프를 치고, 파티를 즐기며 웃고 떠들고 있었다.

다음으로 천국에 갔다. 천국에서는 사람들이 자연 속에서 평온하고 고요한 음악을 감상하며 지내고 있었다. 정치인은 고민 끝에 "지옥을 선택하겠습니다"라고 말했다. 정치인이 다시 지옥문을 열었을 때, 화염과 고통 속에서 비명을 지르는 사람들이 보였다.

"이게 뭐죠? 어제는 그렇게 좋았는데요!"

악마가 씨익 웃으며 말했다.

"어제는 선거운동이었고, 오늘은 자네가 투표한 그 결과일세."

## 이건희 삼성그룹 회장의 돌직구: 경제는 2류, 행정은 3류, 정치는 4류

1995년 중국을 방문 중이던 삼성그룹의 이건희 회장이 한마디 했다.

"대한민국의 경제는 2류, 행정은 3류, 정치는 4류이다."

이 말은 보도를 통해 즉시 많은 사람들에게 알려졌다. 김영삼 대통령이 매우 화가 나서 삼성그룹이 잠시 어려움을 겪었다는 후문도 돌았다. 그러나 대다수 국민은 그의 말이 전적으로 옳다고 여겼다.

그런데 그로부터 30년이 지난 2025년 지금, 대한민국의 정치는 몇 류일까?

이건희 회장이 환생해 2025년 지금의 대한민국을 지켜본다면 그 수준을 어떻게 평가할까? 더욱이 계엄선포와 대통령 탄핵소추³ 그리고 서로가 선善이라고 주장하는 극과 극을 달리는 국민들의 시위 현장을 보고 있노라면, 30년 전에 4류라고 평가했던 그때의 정치 수준보다도 지금이 더 떨어졌다는 평가를 내리지 않을까 하는 생각이 든다.

나도 여의도 정가에서 한때나마 활동했던 정치인의 한 사람으로서 대한민국의 정치격政治格이 더 이상 떨어지지 않기를 바랄 뿐이다.

## 국회의 정치문화에 왜
## 조폭(組暴)의 꼬붕문화가 어른거립니까

"까라면 까"라는 말이 있다. 묻지도 따지지도 말고 무조건 시키는 대로 하라는 의미이다. 그 어원은 옛날 군대에서 "××로 밤송이를 까라고 해도 까야 한다"는 말에서 유래

---

3  헌법재판소는 2025년 4월 4일 11시 22분, 헌법재판관 전원일치 결정으로, 국회에 의해 탄핵소추된 윤석열 대통령에 대해 파면을 선고했다.

되었다는 게 통설이다. 말도 되지 않는 이 저급한 말은 아직까지도 사회 도처에서 갑질이라는 용어와 맥락을 같이 하며 쓰여지고 있다.

특히 조직폭력배 세계에서는 일본어인 '고분子分(하급자)'에서 유래된 '꼬붕'이라는 말과 결합하여 엄청난 힘을 발휘하고 있다.

상명하복上命下服이라는 핵심 세계관을 가지고 있는 조폭 세계에서 "까라면 깐다"는 꼬붕문화는 당연한 것이라고도 할 수 있다. 그런데 가장 수평적이면서 가장 민주적 조직이라 할 수 있는 우리나라 국회에서 그리고 정당에서, 이 조폭의 꼬붕문화가 어른거린다는 비판이 심심치 않게 제기되고 있는데 왜 그런 얘기가 나오고 있는 걸까?

우리나라의 국회를 폄훼하는 말로 '통법부', '거수기'라는 말이 있다. 당론黨論이라는 이름하에 법안을 영혼 없이 통과시킨다는 것을 비판한 말이다. 여대야소與大野小, 즉 대통령이 다수당 소속일 때는 이 말은 상당한 일리가 있지만, 윤석열 정부가 맞이했던 것처럼 야당인 민주당이 여당인 국민의힘보다 훨씬 많은 의석을 가진 여소야대 정국에서는 '통법부', '거수기'니 하는 말은 전혀 어울리지 않는다.

다만 여당이든 야당이든 당론黨論이라는 지침을 만나게 되면 개개인 국회의원의 선택 공간은 거의 사라지게 된다. 이는 112 신고가 떨어지면 그 신고 내용이 진짜든 가짜든 일단 출동해야만 하는 경찰의 모습과 일맥상통한다.

더욱이 그 당론이, 집권여당의 경우 대통령의 요구에 의해 이루어지거나, 야당의 경우 힘을 가지고 있는 당 대표 등의 요구에 의해 모아진 것이라면 아무리 다른 소신을 가진 국회의원이라 하더라도 그 당론을 따르지 않기는 참으로 어렵다. 실제 당론을 따르지 않아 징계를 받은 사례도 있다.

특히 국회 본회의장에서 대통령 탄핵소추안을 의결하기 위한 기명투표를 하는 경우, 당론에 반하는 선택은 그야말로 엄청난 신념이 없다면 어림도 없다.

우리나라 헌법 제46조에는 "국회의원은 국가 이익을 우선하여 양심에 따라 직무를 행한다"라고 되어 있다. 국회법 제114조의 2에서도 "국회의원은 국민의 대표자로서 소속 정당의 의사에 기속되지 아니하고 양심에 따라 투표한다"라고 규정되어 있다.

헌법이나 법률상으로는 국회의원이 양심에 따라 자유투표를 할 수 있는 제도적 장치가 마련되어 있는 셈이다. 물론 각 당의 당헌당규에는 원칙적으로 자유투표를 보장하면서도 당론에 따라 갈 수 있도록 하는 일정한 의무 조항을 두고 있음도 사실이다.

문제는 법규정이라는 제도보다는 한 사회의 구성원들이 정치에 대하여 가지는 가치·신념·태도·행동양식으로 통칭되는 '정치문화'政治文化가 어떤 수준이냐 하는 것이 현실에서는 더 큰 영향을 미치고 있다. 이는 국회의원도 알고, 그 지지자도 알고 있으며 국민들도 잘 알고 있다.

당론에 반하는 신념에 따른 소신 투표는 자칫 '배신자'背信者 프레임에 걸리기 쉽다. 이게 우리나라의 정치문화이다.

조폭 세계에서 배신자를 가혹하게 처단하듯 정치판에서도 배신자로 한번 규정되면 그 조직에서 살아남기 쉽지 않다. 이런 정치문화이다 보니 "국회의 정치문화에 조폭의 꼬붕문화가 어른거리고 있다"라는 다소 냉소적 비판을 받게 되는 것이다.

나는 2020년 제21대 국회에 처음 들어와 의정활동을 하면서 여·야를 떠나 국회의원 개개인이 국가와 국민을 위한 법안을 마련하기 위해 애쓰는 모습을 많이 보았다. 여·야를 떠나 이들의 진지한 노력은 인정받아야 한다고 생각한다.

그런데도 당리당략黨利黨略을 앞세우는 당론이라는 이름 아래 말도 되지 않는 법안이 통과되거나, 꼭 통과되어야 할 법안이 통과되지 못하는 것을 지켜보았다. 국회의원으로서의 무력감과 자괴감을 느끼지 않을 수 없었다.

이 자리에서는 대표적 사례 한 가지만 짚어본다.

2020년 6월 4일, 북한의 김여정은 우리나라 인권단체의 대북전단 살포 행위를 맹비난하면서 "쓰레기들의 광대놀음을 저지시킬 법이라도 만들라"라는 담화를 발표했다. 문제는 김여정의 담화 발표 후 4시간 만에 문재인 정부는 대북전단 살포를 금지하는 법안을 추진 중이라고 밝혔다는 것이다.

통일부가 잽싸게 전단을 살포한 단체에 대해 비영리법인 설립 허가를 취소했고,[4] 여당인 민주당은 그야말로 김여정의 말이 옛날 임금의 어명이라도 되는 듯 신속하게 〈남북관계발전법〉의 개정안을 졸속으로 밀어붙였다.

그리고 2020년 12월 4일, 이 법안은 민주당의 밀어붙이기 신공으로 국회를 통과해 2021년 3월 30일부터 시행되었다. 핵심 내용은 접경지역 주민의 안전을 보호한다는 명분으로, 군사분계선 인근 지역에서 대북전단 및 물품을 살포하는 행위를 금지한다는 것이다. 이를 위반할 경우, 최대 3년 이하의 징역 또는 3천만 원 이하의 벌금에 처하도록 규정한 것이다.

---

[4] 설립허가가 취소된 자유북한운동연합은 행정소송을 제기하였고, 1심과 2심에서는 패소했으나 대법원 파기 환송을 거쳐 끝내 승소하여 법인 지위를 회복하였다.

그러나 이 개정된 조항에 대해 2023년 9월 21일, 헌법재판소는 위헌판결을 내렸다.

"접경지역 주민의 안전을 보호하는 목적은 정당하지만, 이를 위해 전단 살포를 일괄적으로 금지하는 것은 헌법에서 보장하는 표현의 자유를 과도하게 억압한다"라는 취지였다.

나는 문재인 정부의 주요 정책이 실패로 끝난 것은 인간의 본성과 심리를 제대로 반영하지 못한, 지나치게 이상에 치우친 정책이었기 때문이라 생각한다.

최저임금 상승이 주축이 된 소득주도정책, 〈판도라〉 같은 영화에서 느낀 원전의 위험성에만 치중해 시행되었던 탈원전정책 등은 모두 현실경제의 냉정함을 도외시한, 이상에 치우친 정책이었기 때문에 결과적으로는 오히려 국민 특히 서민에게 어려움을 가중시켰던 것이다.

실제 문재인 정부에서 중점 추진했던 주먹구구식 엉터리 탈원전정책이 지속되었더라면 전력 수급 부족과 과도한 전기요금 상승 등으로 인해 우리나라 경제 폭망의 큰 요인으로 작용했을 것이다. 윤석열 정부에서 탈원전정책을 탈피하고 원전확대정책을 편 것은 정말 잘한 정책이라 생각한다.

대북 정책에서도 마찬가지다. 접경지역 주민의 안전도 물론 고려해야 한다. 하지만 김여정의 담화가 끝나자마자 마치 어명을 받들 듯 실행한 그러한 정책은 '김정은 남매 심기경호 시책'이라는 비아냥을 받으며 국론만 분열시켰다.

그러한 김여정 하명 법안에 민주당 의원들 모두가 속으로도 동의했을까? 그렇지는 않았다고 생각한다. 그 법안과 관련해 내가 잘 아는 모 민주당 의원의 쑥스러워하던 미소가 새삼 떠오른다.

나는 21대 국회에서 내 자신의 철학과 소신에 따라 의정활동을 하려 했으나 모두 다 그렇게는 하지 못했다. 그 부끄러움은 온전히 내가 짊어지고 가야 할 나의 몫이다. 다만 이 자리를 빌려 국회의원을 비롯한 정치인들이 최소한 두 가지 원칙은 가지고 의사결정에 임해 주기를 바랄 뿐이다.

첫째, 당리당략黨利黨略이 아닌 진정으로 국가와 국민에게 도움이 되는가?

둘째, 이 선택이 과연 대의大義와 명분名分을 가지고 있는가?

이러한 관점에서 여·야 모두 '당론'을 정할 때 조금은 더 자유스러운 분위기에서 심층적으로 토론되어 상향적으로 결정되는 정치문화가 무르익었으면 참 좋겠다고 생각한다.

『주역』에서는 '궁즉변 변즉통 통즉구窮卽變 變卽通 通卽久' 즉 "궁하면 변하고, 변하면 통하며, 통하면 오래간다"는 말이 있다. 2025년의 우리나라 정치상황은 그야말로 혼돈의 시대로 보이지만, 『주역』에서 말하듯, 결국은 국민을 위한 상생相生의 정치가 복원되리라 믿으며 그렇게 되길 진심으로 소망한다.

## 2

# 선악(善惡)의 2분법으로
# 다스려지는 사회는 없다

- 보수와 진보는 이념이 아닌 태도의 문제

 세상에는 없는 것 세 가지 있다고 한다.
 "세상에 '공짜'는 없다, 세상에 '비밀'은 없다, 세상에 '정답'은 없다"라는 것이다.
 나는 이 중에 "세상에 정답은 없다"라는 말이야말로 인류사를 통해 볼 때 왜 그토록 많은 제도와 문화가 생성과 소멸을 거듭해 왔는지를 의미있게 알려주는 가르침이라 생각한다. 한편 우리는 역사를 통해 어떤 시책이든 인간의 본성本性과 심리心理가 결여된 시책은 생명력을 유지하기 어렵다는 교훈 또한 충분히 얻었다.
 이는 여기에 소개하는 최근의 이야기 하나와 옛날 옛적의 이야기 하나를 통해 엿볼 수 있다.

## 인센티브와 무임승차,
## 어떤 폭군과 어떤 성군

먼저 프랑스의 경제학자 마야 보발레Maya Beauvallet가 그의 책 『인센티브와 무임승차』에서 든 사례 하나를 살펴본다.

미국 뉴욕의 어떤 병원에서 수술 사망률이 높아 비상이 걸렸다. 병원 경영진은 사망률을 줄이기 위해 실적주의를 도입키로 했다. 수술 도중 사망한 환자 수가 일정 수준을 넘으면 담당 의사에게 벌점을 주기로 한 것이다. 결과는 대성공이었다. 벌점을 받는 의사가 한 명도 나오지 않았다.

그 이유는 곧 밝혀졌다. 의사들은 벌점을 받지 않기 위해 상태가 심각한 환자에 대해서는 아예 수술하지 않는 선택을 했다. 결국 환자들은 수술실이 아니라 입원실에서 죽어나간 것이다.

왜 이런 일이 일어나게 될까? 인간은 기본적으로 자기 이익을 우선시하려는 본성이 있기 때문이다. 물론 자신보다는 남을 최우선 배려하는 예외적인 사람이 전혀 없지는 않다. 같은 물건이면 싼 것을 구입하는 것은 인지상정이다. 남을 생각하다 자신이 먼저 죽을 처지에 놓이게 되면 먼저 자신의 살길을 찾는 것이 사람의 본성이고 심리인 것이다.

다음으로 옛날이야기 하나를 살펴본다.

아주 오래된 옛날 옛적에, 강력한 권위를 가진 왕이 나라를 다스리고 있었다. 그는 강한 군대를 키우기 위해 세금을 늘렸다. 이에 따라 세금을 걷는 관리들도 늘어났다. 왕의 측근들을 포함한 관리들의 부와 권력이 높아진 반면 백성들의 고달픔은 깊어만 갔다.

참다못한 사람들이 저항하기 시작했고, 어느 양심적인 귀족은 왕을 비판하다가 해외로 추방되었다. 폭정이 더욱 심해지자 백성들이 전면적으로 봉기를 일으켜 왕을 몰아냈다. 그리고 왕을 비판해 추방당한 그 귀족을 불러 왕으로 옹립했다. 새로운 왕은 신전神殿을 찾아 신상 앞에 무릎 꿇고 맹세했다.

"저는 미망인과 고아 등이 남자들의 힘에 희생되는 것을 더 이상 용납지 않겠습니다. 사회의 모든 곳에 정의를 세우겠습니다."

그는 기본적인 세금만 남기고 모든 세금을 철폐했다. 불의와 부조리로 만든 모든 것을 제거하려 했다. 드디어 왕국 전체에 정의正義가 강물처럼 흐르기 시작했다. 백성들은 환호했다.

반면 군대는 줄고 국방력도 약해졌다.

10년이 지난 어느 날, 이웃의 강력한 왕국이 쳐들어와 정의가 강물처럼 흐르던 이 왕국을 완전히 파괴했다. 도시는 폐허가 되었고 미망인과 고아는 넘쳐났다. 살아남은 이들은 모두 노예가 되었다.

이 옛날이야기는 우화도 아니고 전설도 아니다. 지금으로부터 4,500년 전, 인류 최초의 문명이라는 메소포타미아 수메르의 '라가시Lagas'라는 도시에서 벌어졌던 실화이다.

우리가 살아가는 사회는 이상理想으로만 살아갈 수 없고, 선악善惡의 이분법으로 나누어 살아갈 수도 없다. 그런데도 대부분의 사람들은 자신은 선善이고, 자신과 다른 것들은 모두 악惡으로 보려는 이분법적 시각을 가지고 있다. 나와 내가 지지하는 진영은 선善이요, 반대 진영은 모두 악惡이라는 것이다.

지금 2025년을 맞이한 대한민국도 이러한 흐름에 몸살을 앓고 있다. 특히 좌·우의 이념 대립이 박근혜 대통령의 탄핵과 문재인 정부의 적폐 청산, 그리고 윤석열 대통령의 계엄 선포와 윤석열 대통령에 대한 탄핵소추 등을 거치며 심화되고 있다. 진영陣營 간의 선·악 대립은 대한민국의 미래를 위해서도 결코 바람직하지 않다.

| 보수와 진보는 이념(理念)이 아닌
| 태도(態度)의 문제

민주주의는 공산주의와 반대되는 개념이 아니라 독재주의와 대칭되는 개념이다. 이 관점에서 보면 북한은 공산주의이면서 민주정치를 가장한 신정일치<sup>神政一致</sup>의 독재정치국가로 규정할 수 있다.

### 좌파와 우파의 분류 기준점

그렇다면 좌파와 우파는 어떤 개념으로 정리되어야 할까?

태생적 의미의 좌파·우파의 분류 기준은 자본주의 시장경제에 대한 긍정이냐 부정이냐 하는 것이 대표 기준이라 보면 될 것이다.

그러나 오늘날 자본주의적 시장경제가 전혀 작동되지 않는 나라는 없다. 심지어 북한마저도 비록 제한적으로 운영되지만 '장마당'이라는 시장을 통해 필요 물품을 구입하는 등 자본주의적 시장 개념이 주민생활 속 깊숙이 들어와 있다.

따라서 좌파와 우파에 대한 분류 기준에서 자본주의 시장경제에 대한 긍정이냐 부정이냐 하는 이분법적 기준은 적절치 않다. 하지만 자유시장경제에 대한 비중을 상대적으로 어떻게 보고 있느냐 하는 것은 매우 중요한 지표이다. 이는 달리 말하면 국가나 정부에서 사적 경제 영역에 얼마나 개입하려 하느냐의 정도 문제와 연결된다.

국가의 개입 없이 자유시장경제에 맡겨두면 재벌에 재화가 집중되어 불평등이 심화되는 등 부익부빈익빈 현상이 나타나기 때문에 평등平等 가치를 지키기 위해, 국가가 각종 정책을 통해 적극적으로 관여하면서 일정한 역할을 해야 한다는 입장이 현대적 의미의 좌파左派 개념이라 볼 수 있다.

즉 좌파 우파의 핵심 분류 기준은 자유自由와 평등平等 중 어디에 더 가치를 두느냐 하는 것으로 정리된다.

평등平等에 무게를 둔 좌파적 관점에서는 국가 역할이 강화되어 무상복지 등 정부지출을 늘리게 되고 여기에 드는 재원을 충당하기 위해 세금 인상 등 기업에 대한 관여가 커진다. 동시에 국민 전체의 세 부담도 커지는 것으로 귀결된다. 결국 무상복지 강화 등의 포퓰리즘 정책은 재정부실로 연결되어 국가부도로 나타나기 쉽다. 그리스, 아르헨티나, 베네수엘라의 경우가 이를 대변한다.

이에 반해 자유自由에 더 무게를 두는 우파적 관점에서는 기업활동을 최대한 보장하고 정부는 최소한으로 관여한다는 입장이다. 기업활동이 활성화되면 고용이 창출되어 결과적으로 국민의 삶은 나아진다고 보는 것이다.

한편 보수保守는 전통의 연속성을 강조하며 사회의 현 상태를 유지하려는 태도를 뜻하고, 진보進步는 변화를 통해 이상적 사회로 나아가려는 태도를 뜻한다 할 수 있다. 진보와 보수는 사람이 가진 태도態度의 문제이기 때문에 시장경제에 대한 긍정 정도와 평등에 대한 지향 정도가 주요 기준이 되는 좌파와 우파와는 별개 개념이다.

그럼에도 우리나라에서는 우파는 보수, 좌파는 진보와 같은 개념으로 인식되고 있다. 재벌을 적대시하는 등 수구적 이념에 젖어있는 듯한 좌파에 '진보'라는 긍정에너지의 용어가 붙은 것은 좌파에 엄청난 선물을 준 셈이라 생각된다.

### 문재인 정부의 과도한 국가채무는 전형적인 좌파적 포퓰리즘 정책의 결과

국가채무 지표에 의하면 국가채무는 문재인 정부 출범 때인 2017년에는 약 660조 2,000억 원이었으나, 임기가 끝난 2022년에는 약 1,067조 4,000억 원으로 불어났다. 5년 동안 약 407조 2,000억 원의 국가부채를 증가시킨 것이다. 복지 확대, 코로나19 재난지원금 지급, 공공일자리 정책 등의 명분을 내세웠다 하더라도 정부 수립 후 70년간 쌓인 부채의 약 61.7%에 해당되는 국가부채를 5년 만에 쌓은 것은 전형적인 좌파적 포퓰리즘 정책의 결과였다고 비판받을 수밖에 없는 것이다.

## 흔들리지 않는 철학을 가진 지도자, 국민이 행복한 나라

"정치적 무관심의 대가는 가장 저질스러운 자들에게 지배당하는 것이다."

지금으로부터 2,500년 전, 고대 그리스의 철학자 플라톤이 한 말이다.

"정치라면 신물이 난다. 꼴도 보기 싫다. 투표하지 않고 놀러 가겠다."

이렇게 말하면서 정치를 외면한다면 플라톤이 말한 그 대가를 틀림없이 받게 된다. 어떤 이념, 특히 좌파 이념하에 치열하게 투쟁하는 사람들은 자기편이 아닌 자들의 경우 정치적 무관심층에 남기를 바란다. 그래야 뭉친 자기들이 조직을 장악할 수 있기 때문이다.

한편 세상에는 자기에게 잘해주는 사람이 좋은 사람이고 자기에게 유리한 판이 좋은 판이라는 본능을 가진 사람들이 많다. 인지상정人之常情일 수 있다. 이미 2,000년 전에 중국의 사마천은 『사기』에서 이를 설파했다.

"천하의 악당惡黨인 도척을 보며 도척의 개가 꼬리를 치는 것은 도척이 훌륭해서가 아니라 자기에게 먹을 것을 주고 사랑해 주기 때문이다."

혼탁한 분위기가 싫어서 신망 있는 사람이 어떤 자리를 외면하는 순간, 독하고 뻔뻔하며 목소리 큰 사람이 손들고 나타나 이해관계를 같이 하는 사람끼리 뭉쳐 조직을 장악한다. 그리고 그들에 의해 조직이 끌려가는 것은 공·사 조직 모두 마찬가지다.

따라서 균형감각 있는 정치적 관심은 자신뿐 아니라 우리나라를 위해 꼭 필요한 것이다. 지금 우리나라는 '유튜브 정치'라는 말이 나올 정도로 국민들의 여론 형성에 심대한 영향을 미치고 있다. 어떤 면에서는 정치적 무관심無關心이 문제가 아니라 지나친 유관심有關心이 문제가 아닐까 하는 우려가 일 정도이다. 여기서 나는 결론적으로 이렇게 외치고 싶다.

"우리나라의 정책 결정자를 포함한 정치 지도자들은 이 정책이 정말로 인간의 본성과 심리를 반영하는 정책이 맞는가 하는 것을 입체적·종합적 관점에서 끊임없이 고뇌해야 한다.

또한 정치 지도자를 포함한 우리 모두는 '선·악의 이분법으로 다스려지는 사회는 없다'라는 인식을 보다 절절히 하면서, 상대를 존중尊重하려는 마음의 공간을 가지려 노력해야 한다. 말로만 '함께'니 '협치協治'니 하지 말고 상대를 존중하는 바탕하에 진짜 함께 가야 한다. 사회 지도자들의 고뇌가 깊어질수록 국민의 미소는 더 밝아진다."

나 자신 참으로 많이 부족했지만 21대 국회의원으로 의정활동을 하면서 우리나라 정치에서 가정 먼저 개선되어야 할 문제점은, 바로 진영 간의 대립, 즉 지나치게 네 편, 내 편을 가리려는 폐쇄적 정치문화政治文化라고 느꼈다. 이 저급한 정치문화의 개선 없이는 우리나라의 정치 발전은 요원할 것이며 정말로 이건희 회장이 말한 4류 수준을 벗어나기는 힘들지 않을까 생각한다.

만약 어떤 나라이든 그 나라의 대통령이 "야당은 적敵이고, 여당은 부하部下이다"라는 관점을 가지고 있다면, 이는 본인 뿐만 아니라 그 나라에 불행을 가져오는 정말로 위험한 정치철학이라 할 것이다.

나는 내 나름대로 그리는 바람직한 정치지도자의 모습을 시의 형태로 한번 표현해 보았다.

### 이런 사람은 언제나 그립다 / 김용판

흔들리는 세상 속에서도

흔들리지 않는 철학을 가진
올곧은 사람

권한이 아닌 책무를 짊어지고
명예가 아니라 사명을 따르는
지혜로운 사람

대의와 명분을 잃지 않고
언제나 공공의 이익을 앞세우는
아름다운 사람

차가운 머리로 원칙을 세우고
따뜻한 가슴으로 사람을 품어주는
넉넉한 사람

이런 사람은
세월이 흘러가도 푸른 하늘처럼
언제나 마냥 그립다

# 3

# 정치는 생물이다.
# 강물이 흐르듯 인연도 흐른다

- 영원한 적도, 영원한 친구도 없다.

## 나는 왜 청문회 선서를 거부했는가?

나는 박근혜 정부가 들어선 지 한 달이 조금 지난 2013년 4월 2일, 서울경찰청장직을 떠났다. 25년의 임명직 공직 생활을 마감한 것이다. 그날 이후 하루도 바람 잘 날 없는 파란만장한 나날을 보냈다. 그 뿌리는 18대 대선 직전인 2012년 12월에 있었던 이른바 '국정원 여직원 댓글사건'에서 찾지 않을 수 없다.

### 이정희와 김용판이 박근혜 대통령 당선의 일등 공신이라고요?

2012년 12월 19일에 치러진 제18대 대통령 선거에서 박근혜 후보는 문재인 후보를 누르고 대통령에 당선되었다. 당시 시중의 말하기 좋아하는 사람들 사이에서는 박근혜 대통령 당선의 일등 공신은 이정희 통합진보당 대표와 김용판 서울경찰청장이라는 말이 나돌고 있었다는 것을 나중에야 알았다.

18대 대통령 후보로 출마한 이정희 대표는 TV토론회에서 자신이 후보로 나온 이유가 "박근혜 후보를 떨어뜨리기 위해서"라고 당차게 말했는데, 이 말로 인해 박근혜 후보의 지지표가 오히려 더 결속되었다는 것이다.

그렇다면 나는 왜 그렇게 지목되었을까?

대통령선거 3일 전인 2012년 12월 16일, 소위 국정원 여직원 댓글 사건과 관련하여 "국정원 여직원의 컴퓨터를 디지털 증거 분석한 결과 문재인 후보 비방이나 박근혜 후보 지지 댓글이 발견되지 않았다"라는 중간 수사결과를 '밤 11시'에 발표했기 때문이었다는 것이다. 특히 그 시간은 대통령 후보 간 TV 토론이 막 끝난 후였는데, 중간 수사결과 발표가 박근혜 후보에 대한 부정적인 부분 등을 블랙홀처럼 빨아들였다는 것이다.

### 소위 '국정원 여직원 댓글 사건'의 진실

2년여에 걸쳐 내가 재판을 받은 '국정원 여직원 댓글 사건'은 아주 간단하게 정리될 수 있는 사건이다.

당시 민주통합당은 국정원 내부자로부터 어떤 첩보를 입수

했다. 국정원에서 대선에 개입하는 인터넷 게시글, 댓글 활동을 하고 있다는 첩보였다. 그 증거를 확보하기 위해 미행 등을 하던 민주당 측에서 근무 경력이 그리 많지 않은 어떤 국정원 여직원 한 명을 붙잡게 되고, 수서경찰서에 112 신고를 거쳐 고발했다. 특히 민주당은 자신의 오피스텔에서 버티던 그 여직원의 컴퓨터를 디지털 증거 분석하면, 댓글 활동을 설사 지웠다 하더라도 나타나게 될 것이니 빨리 분석하고 확인해서 발표하라는 요구를 경찰에 했다.

중요성을 인식한 경찰에서는 경찰청 본청 소속의 전문 분석요원과 서울청 소속의 전문 분석요원이 함께하는 '합동분석반'을 편성해 분석에 들어갔다. 분석이 끝나면 끝나는 대로 바로 발표할 것이라는 원칙도 천명했다.

이렇게 해서 국정원 여직원 컴퓨터에 대한 분석이 시작되었고, 2012년 12월 16일 저녁 8시 30분 무렵에 분석이 완료되었다. 그리고 천명한 원칙대로 분석 결과를 그날 밤 11시에 보도자료를 배포했고, 익일 아침 기자회견 형식으로 중간수사결과로 발표했다. 핵심 내용은

"…문제가 된 국정원 여직원의 컴퓨터에 대한 디지털증거 분석 결과, 문재인 후보 비방이나 박근혜 후보 지지에 대한 댓

글이나 게시글 등이 발견되지 않았다…"

　라는 것이었다. 밤 11시에 보도자료를 배포한 것은 분석 완료 후 분석 보고서 작성이나 보도자료 등의 준비 시간이 필요했었기 때문이었고, 그 시간이 공교롭게도 11시가 된 것뿐이었다.
　밤 11시에 보도자료를 전파한 데 대하여 부담을 느끼지 않는 사람이 어디에 있을까? 나도 마찬가지였다. 정말 중요한 사안이었기 때문에 더욱더 원칙대로 처리한 것이, 두고두고 나에 대한 오해 증폭의 원인이 된 셈이었으니 이 책을 쓰는 지금 이 순간에도 만감이 교차된다.
　그리고 중간 수사결과 발표문에는 중요한 것이 하나 더 천명되어 있었다. 이 발표는 문제된 컴퓨터의 디지털 증거분석 결과에 대한 중간발표에 불과하고, 향후 지속적으로 수사를 계속하여 실체를 규명하겠다는 것을 함께 발표했던 것이다. 이것이 전부이다.
　중간 수사결과 발표를 통해 국정원 전체에 면죄부를 준 것은 결코 아니었다. 즉 원세훈 전 국정원장이 국정원 직원들에게 댓글 등을 달게 하여 정치나 선거에 개입했다는 혐의로 처벌받은 '국정원 댓글 사건'과는 근본적으로 방향이 다른 것이다.

당시 민주당이 '진짜 댓글 활동'을 제대로 했던 국정원 직원을 찍어서 문제 삼았더라면 선거 양상은 완전히 달라졌을 것이다. 나는 일에 관해 철저한 원칙주의자로 그 어느 쪽도 편들고 싶은 마음이 없었다. 만약 문제가 있는 것으로 분석결과가 나왔으면 추호도 망설이지 않고 있는 그대로 발표했을 것이다. 이것이 진실이다.

그럼에도 나는 '경찰청장 자리를 탐내고 개인 영달에 눈이 어두워 실제 나왔던 증거를 축소, 은폐토록 지시했다'라는 혐의로 기소되어 2년 동안이나 억울한 재판을 받았다.

나를 고발한 주체는 민주당과 진보 성향의 시민단체였다. 그리고 박근혜 정부의 채동욱 검찰총장은 당시 윤석열 여주지청장을 팀장으로 하는 검찰특별수사팀을 꾸려 나를 수사하고 기소했다. 이 윤석열 팀장이 바로 제20대 대한민국 대통령이 된 분이다.

### 국가정보원 댓글 의혹 사건 등의 진상규명을 위한 국정조사 특별위원회 개최, 그리고 나의 증인선서 거부

2013년 8월 16일 금요일 오전 10시 10분, 국회 제3회의장에서 '국가정보원 댓글 의혹 사건 등의 진상규명을 위한 국정조사 특별위원회'가 열렸다. 당시 민주통합당(민주당) 소속의 신기남

위원장은 개의를 선언한 후 나에게 증인선서를 요구했다.

나는 그때 이렇게 말했다.

"저는 법률에 의해 증인선서를 거부하며 그 이유를 말겠습니다."

이 말에 위원장과 위원들이 매우 당황해했고 몇 차례 설전이 오갔으나 나의 증인선서 거부는 그대로 받아들여졌다. 사실 내가 선서를 거부하리라는 것은 여당인 새누리당(현 국민의힘) 의원들도 몰랐다.

그날 오후 석간신문과 TV뉴스, 다음 날 조간신문에는 나의 증인선서 거부가 톱기사로 실렸고 우리 사회, 나아가 대한민국 전체가 들끓었다. 우리나라 헌정 사상 최초로 청문회에서 선서 거부가 이루어졌다는 자체가 뉴스거리였다.

나의 국정조사 청문회 선서 거부는 국회를 무시한 것이 아니며, 내가 떳떳하고 당당했음에도 억울한 누명을 쓴 상태였기 때문에 잘못된 선입견에 젖어 나를 정략적으로 이용하려고 몰아붙인 민주당을 비롯한 거대한 야권 권력과, 편향된 시각의 일부 검찰에 온몸으로 대응한 결의決意였다.

국정원 여직원 댓글 사건과 관련하여 무죄확정판결을 받았지만 나와 경찰조직에 대해 사과한 사람도, 유감을 표명한 사람도 없고, 책임지는 사람도, 국회에서마저 질타하는 사람은 아무도 없었다.

내가 21대 국회에 들어가 행정안전위원회 위원으로서 김창룡 경찰청장 인사청문회와 전해철 행정안전부 장관 인사청문회 때 비로소 이 사건에 대해 질의하면서 무죄판결의 의미를 재조명할 수 있었다.

검찰특별수사팀이 나에게 무려 징역 4년을 구형했던 이 사건 1심 재판과 관련하여 내가 법정에서 한 최후 진술의 마지막 부분과, 무죄판결을 내렸던 서울중앙지방법원의 판결문 '결론' 부분을 원문 그대로 소개한다.

나의 최후 진술은 A4 용지 12쪽 분량으로서 한마디 한마디에 역사를 담고자 눈물을 삼키며 내가 직접 썼고, 법정에서는 나를 몇 번이나 목 메이게 했던 글이다.

### 1심 최후 진술

"...... 검찰은 경찰의 중간수사 결과 발표는 저의 축소·은폐 지시에 의해 이루어진, 짜맞추기 분석에 따른 짜맞추기 발표라고 하면서 저를 국기문란적 범죄행위를 하였다는 취지로 기소하였습니다.

하지만 저는 이 자리에서 오히려 검찰에 되묻고 싶습니다. 검찰이야말로 저를 기소함에 있어서, 잘못된 선입견에 기초하여 짜맞추기 수사에 따른 짜맞추기 기소를 한 것이 아닙니까?

마지막으로 저는 '진실은 가끔 왜곡되어 해석될 수는 있어도 실체적 진실 그 자체는 결코 바뀔 수 없으며, 진실은 결국 밝혀진다'라는 말을 거듭 새겨봅니다,

공정한 판결이 있을 것이라 믿어 의심치 않으며 최후 진술을 마치겠습니다."

2012년 12월 26일

## Ⅷ. 결론 (1심 법원 판결문)

법원은 헌법과 법률에 의하여 법관으로서의 양심에 따라 공정하게 판단하여야 한다. 검사가 공소제기한 범죄 사실에 관하여 법관으로 하여금 합리적 의심을 할 여지가 없을 정도의 확신을 가지게 하는 정도의 입증을 하지 못한다면 피고인에게 유리하게 판단할 수밖에 없다는 것이 헌법에서 정하고 있는 우리 형사 사법 절차의 대원칙이다.

검사의 주장과 논리가 우연적이고 지엽적인 사실의 조각들로 성글게 엮여 그 안에 여러 불일치, 모순, 의문이 있음에도 피

고인에 대한 불신과 의혹을 전제로 피고인의 변소를 뒷받침하는 다수의 증거를 무시하는 것은 무죄추정의 원칙이 우리 법원에 허여하는 바가 아니다.

이 사건에서 적법하게 증거조사를 마친 많은 증거를 통해 파악된 사실관계를 기초로 정상적인 경험칙, 논리법칙과 건전한 상식에 근거하여 보건대, 이 사건 공소사실에 관한 검사의 논증이 단순한 의혹 또는 추측을 넘어 법관으로 하여금 합리적인 의심의 여지가 없을 정도로 유죄의 확신이 드는 정도에는 이르지 못하였다고 판단한다.

2013년 2월 6일

## 윤석열 전 검찰총장에 대한 입장문

문재인 정부가 실정失政을 거듭함에 따라 정권교체는 시대적 명제가 되었다. 하지만 대선을 1년 앞둔 2021년 4월 당시, 제1야당인 국민의힘 소속 후보군 중에서는 여론조사상 이렇다 할 주자가 보이지 않았다. 이때 문재인 정부에서 서울중앙지검장과 검찰총장을 지내다 막 퇴임한 윤석열 검찰총장이 정권 교체의 기대주로 국민들의 높은 지지를 받고 있었다.

윤석열 총장은 박근혜 정부 시절 국가정보원 댓글 사건의 검찰특별수사팀장에 이어 박근혜 대통령에 대한 박영수 특검의 수사에도 팀장으로 참여했다. 그리고 정권이 교체되면서 문재인 대통령에 의해 서울중앙지검장에 중용되어 '보수 죽이기'의 다른 이름인 '적폐청산'이라는 문재인 정부 핵심 과업에 주도적 역할을 했음은 주지의 사실이다.

하지만 검찰총장 때 조국 법무부장관 임명에 반대하며 그를 엄중히 수사함으로써 문재인 정부와 대립각을 세웠고, 보수 쪽에서는 "나는 사람에 충성하지 않는다"라는 그 결기決氣를 높이 사며 뜨거운 지지를 보내게 되었던 것이다. 그야말로 어제의 적군敵軍이 오늘의 아군我軍이 되는 상황이었고 '정치는 생물'이라는 말이 실감나는 순간이었다.

당시 나는 진정한 의미의 정권 교체를 위해서라도 보수 정치권에서 누군가는 윤석열 총장의 '보수 죽이기'와 관련한 그 업보業報에 대해 한번쯤은 짚어 주는 게 맞다고 생각했다.

결국 보수세력의 궤멸을 가져온 적폐청산의 그 날카로운 칼날에서 거의 유일하게 살아남은, 피해 당사자인 내 자신이 감당하는 게 맞다고 판단해 국회 소통관에서 입장문을 발표하는 기자회견을 하기로 결심했던 것이다.

그리고 그 시기는 윤석열 총장이 내가 소속되어 있는 정당인 국민의힘에 입당하기 전에 하는 게 순리라 생각해 2021년 4월 28일로 정했다. 그런데 그날은 공교롭게도 이순신 장군 탄신일이었다. 아래 입장문 전문(일부 축약)을 소개한다.

### 윤석열 전 검찰총장에 대한 입장문
#### -과물탄개(過勿憚改)의 전환과정을 거쳐야

윤석열 전 검찰총장에 대해서는 문재인 정권에 대항한 그 결기를 높이 평가하여 많은 국민들이 대선주자로서 큰 지지를 보내고 있는 것이 작금의 현실입니다.

"정치에는 영원한 적도, 영원한 친구도 없다. 정치는 생물이다"라는 말을 실감하며, 한때 저 김용판에게 국기문란범이라는 누명을 씌워 씻을 수 없는 상처를 준 윤석열 전 검찰총장에 대한 입장을 밝힙니다.

박근혜 정부가 출범한 지 3개월이 지난 2013년 6월, 저 김용판은 당시 윤석열 국정원댓글수사팀장에 의해, 박근혜·문재인 후보가 격돌했던 제18대 대선에서 소위 국정원 여직원 댓글 사건과 관련하여 직권남용과 경찰공무원법 및 공직선거법 위반이라는 범죄 혐의로 기소되어 2년여에 걸쳐 재판을 받았습니다.

검찰은 서울경찰청 직원들이 조직적으로 범죄에 개입했으나 특별권력관계에 의해 그 정점에 있는 서울경찰청장이던 저만을 처벌한다고 하였습니다. 하지만 법원에서는 검찰의 주장을 일체 받아들이지 않고 1심, 2심의 무죄판결에 이어 2015년 2월 대법원에서 무죄확정판결을 하였습니다.

제가 축소·은폐토록 지시하지도 않았고, 실제로 축소·은폐된 증거 자체도 없었으니 이는 당연한 결론입니다. 오히려 판결문에서는 믿을 수 없는 특정인의 진술에만 의존한 검찰이, 저 김용판에 대한 불신과 의혹이라는 선입견에 젖어 많은 무죄증거를 무시하고서 무리하게 기소했다는 취지로 판시했습니다.

2017년 5월, 문재인 정권이 출범하면서 윤석열 수사팀장은 서울중앙지검장으로 수직 영전했고, 문재인 정권이 작심 추진한 소위 적폐청산과 관련된 수사를 총지휘한 것 또한 주지의 사실입니다.

그런 윤석열 서울중앙지검에서는 김용판의 무죄 자체를 인정하기 싫어서인지, 무죄확정판결을 받은 지 2년이 훨씬 지난 저에 대해 문재인 정부 출범과 함께 본격적인 재수사再搜査에 나섰습니다.

윤석열 서울중앙지검은 무죄 확정받은 사건은 같은 건으로 다시 처벌하지 못한다는 일사부재리一事不再理 원칙을 피하며 저를 처벌하기 위해, 공무상비밀누설죄公務上秘密漏洩罪로 방향을 잡았습니다. 물론 그때 저는 영문도 모른 채 또다시 출국금지 조치를 당했습니다.

하지만 저에 대한 재수사는 검찰 입장에서는 안타깝게도, 저의 입장에서는 천만다행으로 중단되고 말았습니다. 검찰이 저를 잡기 위해, 문제가 된 국정원 여직원의 컴퓨터 디지털 증거 분석 당시 저와 통화한 적이 있는 A모씨로부터 "김 청장에게 전화했더니 증거가 나왔다, 큰일이다"라고 했다는 취지의 진술을 확보했으나, 그야말로 시간상 알리바이alibi가 전혀 맞지 않는 허위진술로 밝혀졌기 때문입니다.

저를 처벌하려던 시도는 끝내 실패로 돌아갔지만, A모씨와 전화를 통한 적이 있는 당시 서울청 직원이 저 대신 공무상비밀누설죄로 수사받고 기소되어 재판을 받게 되었습니다. 이는 A모씨에 대한 증인 신문이 있을 때 제가 방청객으로 참석해 모두 확인한 사실입니다. 물론 그 직원도 무죄확정판결을 받았습니다.

지난해인 2020년 12월에 전해철 행안부 장관에 대한 인사청문회가 열렸습니다. 전해철 장관은 2014년 열렸던 「국정원 댓글 사건 국정조사 청문회」 때 민주당 쪽 청문 위원이었고, 증인으로 나왔던 저를 가차 없이 공격했던 사람입니다.

당시 자신들의 입맛에 완전히 맞는 윤석열 검찰수사팀의 공소장 내용을 금과옥조의 진실이라 믿고 싶었던 민주당 의원들 입장에서는, 저 김용판은 파렴치한 정치경찰이자 국기문란범 그 이상 그 이하도 아니었을 것입니다.

전해철 장관은 장관 인사청문회 때, 당시 윤석열 검찰수사팀의 공소장 내용이 틀렸고, 법원의 판단이 맞았다고 인정했습니다. 7년이 훨씬 지나서야 민주당에서 잘못 짚었다는 것을 시인한 것입니다.

이것이 한때 세상을 떠들썩하게 했던 소위 국정원 여직원 댓글 사건의 전모이자 진실입니다.

송사, 특히 억울한 송사에 휘말려 들면 그로 인해 입게 되는 정신적·육체적·경제적 피해와 고통은 너무나 커서, 거의 영혼이 파괴될 정도라고 해도 과언이 아닙니다. 더욱이 파렴치한 국기문란범으로 몰렸다면 어땠겠습니까?

하지만 지금까지 저와 경찰조직에 대해 유감을 표명한 자는 아무도 없었습니다. 어쩌면 저를 수사하고 기소했던 검찰수사팀에서는 김용판이 무죄를 받았지만 이는 자신들의 기소가 잘못된 게 아니라 법원의 판결이 잘못되었다고 치부하고 있을지도 모르겠습니다.

실제로 그렇다면 이야말로 검찰만이 정의와 공정과 무오류의 화신化身으로 착각하는 또 다른 내로남불로서, 이런 인식이 바로 법치주의와 헌법정신을 파괴하는 결과를 가져오기 쉽다고 생각합니다.

하지만 저는 현재 야권 대선 후보 중에서 여론조사 지지율이 가장 높은 윤석열 전 총장은 '정권 교체'의 기대를 높여주는 소중한 우파 자산이라는 관점에는 전적으로 공감하고 동의합니다.

이와 같은 맥락에서 저는 윤석열 전 총장께 고언을 드립니다.

문재인 정부는 정의와 공정의 주체라고 자신했지만 결국 '내로남불'과 '친문무죄, 반문유죄'라는 말을 낳았습니다. 그런데 문재인 정권과 함께 소위 적폐수사를 현장 지휘했던 윤석열 전 총장께서는 '친검무죄, 반검유죄'인 측면이 전혀 없었다고 자신할 수 있겠습니까?

명예를 목숨같이 여기던 군인軍人 이재수 전 기무사령관이 수사를 받던 중 자살한 사례에서 보듯, 억울함을 느낀 그 피해자들의 좌절과 고통은 상상을 초월한다 할 것입니다.

윤석열 전 총장께서 진정으로 우리나라의 정치 지도자가 되겠다는 결심을 하였다면, 최우선적으로 해야 할 것은 사과할 일에 대해서는 진정성 있게 사과하는 과물탄개過勿憚改의 전환 과정을 거쳐야 한다는 것입니다.

'인디언 기우제'식의 집요한 수사와 억울한 기소를 당한 저의 경험에 비추어 볼 때, 문재인 정권으로부터 적폐로 몰려 윤 전 총장의 검찰에 의해 사법처리된 많은 분들 중에는, 저의 경우처럼 정말 억울한 분들 또한 적지 않을 수 있다고 생각합니다.

도끼는 잊어도 나무는 잊지 않습니다. 자신이 틀렸다고 인정하는 것을 두려워하거나 기피해서는 안 됩니다. 진정성있게 고해성사告解聖事하는 과정을 거쳐야 윤 전 총장께서도 새로운 힘을 얻을 것이고, 예의주시하고 있는 수많은 우국인사憂國人士들도 고개를 끄덕일 것입니다.

감사합니다.

2021. 4. 28

국민의힘 대구 달서병 국회의원 김용판

이 입장문은 언론에 엄청나게 보도되었고, 국민의힘 지지자들의 격려도 적지 않았지만 참으로 욕도 많이 들었다. "정권 교체에 실패하면 김용판 너 때문이다"라는 게 비난의 핵심 이유였다.

아마 이 입장문 발표로 인해 나의 '반윤反尹' 이미지가 고착되었는지 모르겠다. 그러나 나는 엄밀히 말하면 반윤도 아니고 친윤도 아니다. 굳이 표현하자면 원칙과 철학이 있는 관점에서 의정활동을 하려 노력했던 '친 소신파所信派' 정도로 봐 준다면 참 고맙겠다는 실없는 생각도 해본다.

## 윤석열 국민의힘 대선후보의 나에 대한 사과와 이복현 검사의 금융감독원장 취임에 대한 나의 축하

국민의힘 대선 후보 경선은 큰 흥행을 가져왔다. 그리고 윤석열 후보가 2021년 11월 5일 경선에 최종 승리해 제1야당인 국민의힘 대선 후보로 공식 결정되었다.

그로부터 20일이 지난 2021년 11월 25일, 나는 윤석열 대선 후보 측의 요청으로 점심 자리를 함께하게 되었다. 나 외에 4명의 국회의원이 함께했다. 그때는 코로나 시국이라 동석자 수는 6명이 한계였다. 윤석열 후보는 나와 만나자마자 악수하며 이렇게 말했다.

"미안합니다"

이것이 사과의 전부이다. 윤석열 후보 성향에서 이 정도 수준의 사과는 대단하다면 대단한 것이었다. 나도 즉시 응답했다.

"그렇게 말씀해 주시니 저도 감사합니다."

실제 그때 나는 윤석열 후보에 대해 다른 특별한 유감의 감정은 거의 없었다. 점심시간이었지만 반주도 한잔 하는 등 분위기는 화기애애했다. 그 무렵에는 나도 정권 교체라는 시대적 명제에 발맞추어 나름대로는 열심히 선거운동을 하고 있을 때이기도 했다.

이날 연합뉴스를 비롯한 여러 언론 매체에서 "윤석열, '댓글 수사 악연' 김용판에 '미안하다' 사과" 등의 제목으로 보도했다. 이날을 계기로 하여 나는 더욱더 열심히 선거운동에 임했다. 이것은 명백한 사실이다. 그리고 드디어 윤석열 후보와 우리 국민의힘은 제20대 대선에서 승리했고, 대통령과 집권여당이 되었다.

윤석열 대통령은 금융감독원장으로 이복현 검사를 임명했다. 이복현 원장은 검사 시절 국정원 댓글 사건 특별수사팀원으로 나를 직접 조사한 검사 중의 한 명이다. 내가 기소된 후에는 거의 1년 6개월 동안 법정에서 매주 1회 정도는 대면한 인연이 있었다.

나는 임명 소식을 듣자마자 이복현 원장에게 진심을 담아

축하전화를 했다. 이복현 원장도 조만간 국회를 방문해 인사를 드리겠다며 반갑게 화답했다.

2022년 6월 13일, 이복현 원장은 금융기관행사 차 국회에 왔을 때 내 사무실을 방문했다. 나는 반갑게 그를 맞으며 금감원장 취임 축하와 함께 옛날 사건 이야기는 일체 하지 않고 이렇게 말했다.

"제가 국회의원 2년 해보고서 깨달은 게 있습니다. 정치는 생물이라는 것입니다. 정치에는 영원한 적도, 영원한 친구도 없다는 것을 확실히 알았습니다. 지금 중요한 것은 저와 이 원장님은 윤석열 정부의 성공을 위해 함께 힘을 보태야 하는, 함께하는 인연因緣이라는 것 아니겠습니까?"

서로 90도 가까이 절하고서, 덕담하며 인사를 나누는 시간이 의외로 즐거웠다. 8~9년 전, 분노를 억누른 채 수사와 재판을 받을 때, 어찌 이런 일이 있을지 상상이나 했겠는가? 정치는 생물이다, 아니 인생 자체가 생물이다. 사람도 인연도 강물처럼 흐르는 것이다.

# 제21대 국회, 국민의힘 의원총회에서
# 토해낸 나의 3대 발언

국회의원이 소속 정당의 의원총회에서 어떤 현안에 대해 자유롭게 발언하고 토론하는 문화는 당론黨論을 정하는 데 있어서도 매우 중요하다.

21대 국회 중 수없이 많이 개최되었던 국민의힘 의원총회에서 나는 발언한 적이 거의 없었다. 다만 의총의 흐름이 나의 철학과 거시적 관점에서 볼 때 '이것은 아니다'라는 생각이 들었을 때는 나름의 논리를 펴며 명확하게 내 의견을 표명하였다.

아래 3가지 발언이 그런 경우이며, 공교롭게도 모두 윤석열 대통령과 직결되는 사안이었다.

## 대선을 코앞에 둔 지금은
## 이준석 당 대표를 탄핵할 때가 아닙니다

　제20대 대통령 선거를 2개월 앞둔 2022년 1월 6일, 국민의힘에서는 거의 하루 종일 의원총회를 개최했다. 이준석 당시 국민의힘 당 대표의 사퇴를 촉구하는 '결의안 채택'이라는 무거운 주제를 두고 논의하는 자리였다.

　참석한 의원들의 절대다수는 모두 격앙된 목소리로 이준석 당 대표에 대한 사퇴 촉구결의안 채택이 마땅하다고 성토했다. 이준석 대표가 윤석열 대선 후보와 선거 전략에서 어떤 이견이 있어 소위 '2차 가출했다'라는 소문이 여의도 정가에 돌 무렵이었다.

　하태경 의원을 비롯한 몇 명이 조금 다른 관점에서 다른 의견을 개진했지만 이준석 대표에 대한 성토 분위기는 절대적인 대세를 이루고 있었다.

　그때 나도 한마디 했다. 의원총회에서 이준석 당 대표의 사퇴촉구결의안을 채택하는 것, 즉 탄핵은 바람직하지 않다는 취지의 발언을 명확히 했다.

"대선이 지금 바로 코앞에 있습니다. 저도 이준석 대표의 행태에 대해 동의하는 것은 아닙니다. 하지만 당 대표 사퇴촉구결의안 채택에는 반대합니다. 만약 지금 우리 당 의원들 손으로 우리 당 대표를 탄핵한다면 이는 우리 당 분열의 결정적인 징표이자 꽃이라 할 것입니다. 언론에서도 대서특필 할 것이 분명합니다.

이러한 우리 당의 분열된 모습에서 도대체 누가 피해를 보고, 도대체 누가 득을 보겠습니까?

우리 당 윤석열 후보가 피해를 보고, 민주당 이재명 후보가 득을 볼 것이 명확합니다. 저는 대선을 코앞에 둔 지금은 이준석 당 대표를 탄핵할 때가 아니라고 생각합니다."

물론 나의 발언으로 인해 의원총회의 분위기가 바뀐 것은 아니었다. 잘은 몰라도, 당시 친윤계로 분류되던 의원들의 강경한 입장으로 보아, 이준석 대표 탄핵에는 윤석열 후보의 어떤 '의지意志'가 반영되지 않았을까 하는 생각은 조심스럽게 들었다.

그런데 그날 늦은 오후에도 의원총회는 계속 열렸고, 이준석 대표도 의원총회장에 나타나 자신의 심정과 의견을 개진하였다. 그리고 저녁 8시쯤, 윤석열 후보가 의원총회장에 나타났다. 윤석열 후보와 이준석 대표는 화해의 제스처로 서로 포옹하였다. 국민의힘 국회의원들은 모두 "다시 하나로!"를 외치며

윤석열 후보와 이준석 대표의 포옹 (2022.1.6)

큰 박수로 화답했다.

낮에 그렇게도 이준석 대표를 성토하던 분위기가 진짜 있었는지 의심이 들 정도의 돌변한 상황이었다. 정말 어떻게 해서 이렇게 흐름이 바뀔 수 있는지 참으로 궁금했다.

그로부터 2개월이 지난 2022년 3월 9일, 제20대 대선에서 국민의힘 윤석열 후보는 민주당 이재명 후보에게 24만 7,077표라는 근소한 차이로 승리해 대통령에 당선되었다. 문재인 정부의 실정失政에 분노하던 국민들의 염원대로 정권 교체가 드디어 이루어진 것이다.

윤석열 후보는 전국에서 48.56%의 득표를 얻었고, 이재명 후보는 47.83%를 얻어 0.73% 포인트의 격차를 보였다.

그러나 대구와 경북에서는 달랐다. 윤석열 후보는 대구에서 75.14%, 경북에서 72.98%의 지지를 받았다. 대구·경북 시·도민들이 얼마나 정권 교체를 열망했는지, 얼마나 더 뜨겁게 윤석열 후보를 응원했는지를 알 수 있다.

한편 나는 어떻게 해서 2022년 1월 9일 그날 저녁, 윤석열 후보가 이준석 대표에게 화해의 제스처를 취하게 되었는지에 대한 일말의 단초를 얻게 되었다.

2022년 그해 있었던 대구시장 선거에 홍준표 시장이 당선되었고, 나는 홍준표 시장과 대화할 시간이 있었다. 그때 내가 의원총회 이야기를 하면서 어떻게 기류가 그렇게 갑자기 바뀌었는지 참으로 신기하고 궁금하다고 말했다. 그랬더니 홍준표 시장은 나에게 미소 지으며 이렇게 말했다.

"그날 윤석열 후보가 나에게 전화해서 이준석 대표와 관련해 조언을 구했어요. 나는 이준석 대표를 반드시 품어야 대선에서 승리한다고 조언했지요."

나의 궁금증이 풀리는 순간이었다. 그리고 홍준표 시장이 '정치고수政治高手'답게 정말 귀중한 조언을 했다고 생각했다. 역시 정치는 생물이다.

## 이태원 참사 사고 관련 국정조사 합의 파기는 명분도 없고 실리도 없습니다

2022년 11월 23일, 여당인 국민의힘 주호영 원내대표는 민주당 원내대표와 지난 10월 29일 할로윈 축제 참여자 159명이 사망했던 이태원 참사 사건의 진상규명과 재발 방지를 위한 국정조사 실시에 합의(合意)했다. 그리고 바로 의원총회를 열어 이를 보고하고 승인을 받았다. 이 합의안은 다음날인 11월 24일에 개최되는 본회의에서 의결될 예정이었다.

그런데 11월 24일 오전에 열린 국민의힘 의원총회에서는 난데없이 "이태원 참사 사건 관련 국정조사 합의를 파기하고, 국민의힘은 국정조사에 참여하지 말자"라는 의견을 일부 중진의원을 포함해 여러 의원들이 강하게 제기했다.

파기 명분은 민주당이 국정조사의 증인을 선정함에 있어 대검찰청의 마약 담당 검찰 간부 등을 포함시켜야 한다는 주장은 지나친 정치공세라는 것이었다. 사실 전날 저녁부터 민주당이 검찰도 증인으로 불러야 한다는 주장 때문에 용산 대통령실의 심기가 편치 않다는 이야기는 몇몇 언론을 통해 흘러나오고 있었다.

결국 주호영 원내대표는 '합의안 파기'에 찬성하는 사람과 '합의안 유지'를 찬성하는 사람들의 수를 헤아리게 되었고, 합의안 파기 쪽이 무려 70% 가까이 나올 정도로 분위기는 '합의안 파기' 쪽으로 완전히 기울어지고 있었다.

그래서 주호영 원내대표는 민주당 측에 합의안 파기 사실을 통보해야 하는 흐름에 처하게 되었다. 그때 내가 나섰다.

"어제 원내대표가 합의하고 의원총회에서 승인한 국정조사 실시 합의 사항을 오늘 바로 의원총회에서 파기한다면, 원내대표는 왜 뽑은 것입니까?

지금 국정조사 합의안 파기는 한마디로 명분도 없고 실리도 없습니다. 국정조사는 민주당 단독으로도 열립니다. 저는 이번 이태원 참사 사건을 다룬 행정안전위원회 위원으로서 분명히 말할 수 있습니다. 이번 참사는 경찰, 서울시청, 용산구청 등이 제대로 책무를 다하지 못한 데 크게 기인합니다.

민주당이, 검찰의 마약단속 치중 시책 때문에 경찰도 행사 참여자 상대로 마약단속에만 치중하고 경비 대책에 소홀했다는 식의 주장은 터무니없는 헛소리입니다. 이 사건과 검찰은 아무 관계도 없습니다. 실제 대검 마약 담당 검찰 간부가 증인으로 나왔을 때 진행되는 상황을 지켜본 국민들은 오히려 "민주당이 완전 엉터리로 짚었네"라고 하며 민주당 측을 비난할 것입니다.

그리고 159명이 사망한 이태원 참사 사건은 유관기관과 개개인의 법적 책임을 떠나 정부에 정치적·도의적 책임이 있음은 분명합니다.

이런 관점에서 이태원 참사 관련 국정조사 합의안 파기는 명분&#xfeff;名分도 없고 실리&#xfeff;實利도 없는 어리석기 짝이 없는 선택이라 생각합니다. 합의안 파기는 안 됩니다."

나는 정말로 단호한 목소리로 합의안 파기는 안 된다고 주장했다. 그리고 합의안 파기를 주장하는 우리 당 의원들에게 실망했고, 의원총회에서 결정된 사항이 용산 대통령실의 심기에 의해 너무나 쉽게 바뀌는 정치문화에도 실망했었다.

나의 발언이 끝나자마자 그동안 숨죽이고 있던 '합의안 파기 반대론자'들이 연이어 나섰다. 나중에 국방부 장관이 된 신원식 의원이 나와서 내 논리에 동의했다. 특히 그는 국정조사 합의안 파기는 오히려 윤석열 대통령에게 누&#xfeff;累가 될 것임을 강조했다.

주호영 원내대표는 의원총회의 분위기가 바뀌고 있음을 감지하고서 다시 찬성과 반대 의사를 확인했다. 그 결과는 처음과는 정확히 반대로 나타났다. 합의를 파기해서는 안 된다는 의견이 거의 70% 가까이 되는 등 완전 역전이 된 것이다.

그리고 그날 오후 이태원 참사 관련 국정조사 안건은 여·야 합의란 명분하에, 재석 254인 중 찬성 220인, 반대 13인, 기권 21인으로 국회 본회의에서 의결되었다.

나는 나의 발언이, 이태원 참사 사고 관련 국정조사를 실시키로 한 여·야 합의 안건이 국민의힘에 의해 일방적으로 파기되는 것을 막는데 결정적 역할을 했다고 감히 생각한다.

그때 만약 국민의힘에서 야당인 민주당과 함께 했던 국정조사 실시 합의사항을 일방적으로 파기하고, 그 사실이 세상에 알려졌더라면 민주당의 정치 공세는 물론 유가족을 비롯한 국민으로부터도 엄청나게 비난받았을 것이다.

여기서 이태원 참사사건에 대해 간략히 정리해본다.

2022년 10월 29일, 밤 10시 무렵, 서울 용산구 이태원에서 할로윈 축제를 즐기던 세계 각국의 젊은이들이 포함된 159명이 대한민국의 수도 서울 도심 골목길에서 놀러온 같은 인파에 휩쓸려 압사하는 대참사가 발생했다.

당연히 국회 차원의 상임위가 열렸다. 행정안전위원회가 해당 상임위였고, 나는 행안위 위원으로서 유관기관을 강하게 질책했다. 특히 경찰, 용산구청, 서울시청의 안이한 대처를 질타한 것이다. 그중 사고 예방을 위한 '3대 조치'를 취하지 않았음이 가장 큰 문제라고 지적했다. 아래의 〈도표〉는 국회 질의에서 활용했던 것이다.

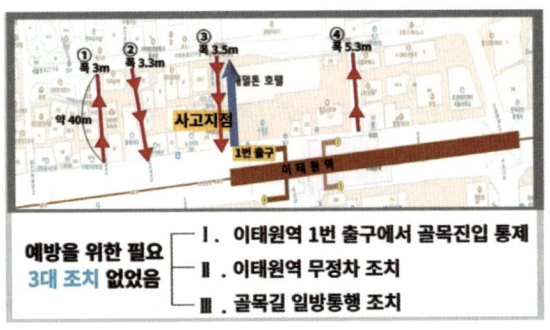

〈도표〉에 나오듯 사고 지점은 이태원역 1번 출구에서 나와 해밀턴호텔로 올라가는 좁은 길에서 발생한 것이다. 골목 위에서 내려오는 인파와 밑에서 올라가는 인파가 본의 아니게 충돌 상태를 맞이한 것이 결정적 사고 이유였다.

무엇보다도 경찰병력이 1번 출구에 미리 배치되어 골목길 진입을 차단하는 등의 조치만 했더라도 사고는 일어나지 않았을 가능성이 아주 높았던 것이다. 용산구청이 사전에 일방통행 조치를 취했거나, 서울시에서 이태원역에 무정차 조치만 했더라도 그 압박은 훨씬 줄어들었을 것이다.

그렇다면 경찰과 용산구청, 그리고 서울시는 왜 그렇게 제대로 된 조치를 못했을까?

한마디로 책무의 관점과 입체적·종합적인 관점에서 대응하지 않고, 단면적·부분적으로 대응하다 보니 그 위험성을 충분하게 예측하지 못한 데 있었다고 생각한다. 나는 서울경찰청장 때 자기주도형 근무를 강조하고 상당 부분 정착시켰다고 생각했지만 이태원 할로윈 행사에서의 서울경찰의 대응은 너무나도 실망스러운 것이었다.

137명이나 되는 경찰이 행사장 주변에 배치되었다고 했지만, 그들 모두를 합해도 그날 18시 34분에 112 신고한 시민 한 사람보다도 사태를 보는 인식이 부족했다고 본다. 그 시민은 아래와 같은 취지의 신고를 했다.

"지금 이태원역 1번 출구에서 해밀턴호텔 옆 골목길로 올라가는 인파와 그 골목길을 내려가는 인파가 뒤섞여 매우 혼잡합니다. 위험할 수 있습니다. 1번 출구에 경찰을 배치해 골목길 진입을 차단해야 합니다."

물론 용산경찰서가 처한 입장을 모르는 바는 아니다. 대통령실이 용산으로 이전된 후 그전에는 조용하던 용산 일대는 집회·시위의 단골 장소가 되었다. 자연스레 집회·시위 대처가 용산경찰서의 가장 중요한 업무가 된 것이다.

이태원 사건 당일에도 용산경찰서장과 모든 정보형사들은 대통령실 인근에서 개최되었던 집회·시위 현장에 진출해 있었다는, 사건 당시의 용산경찰서장이 국회행정안전위원회에서 한 진술에서 이를 엿볼 수 있다.

결론적으로 사건이 발생하던 시기에 서울경찰은 책무의 관점에서, 보다 입체적·종합적인 시각의 주도적 근무를 하지 못하고 '대통령실 주변 집회·시위'에 지나치게 초점을 맞춘 단면적·부분적인 시각의 근무로 너무나 큰 비난을 자초했다.


나는 바람직한 정치문화는 어떤 대형 사건이 발생했을 때 유관기관 소속 개개인의 법적 책임을 따지기 이전에 먼저 책무의 관점에서 정치적·도의적 책임을 지는 자세에서 형성된다고 생각한다. 그러한 정치·사회 문화에서는 어떤 사안에 대해 보다 더 깊은 관심을 가지고 대응책을 마련할 수 있다.

대형 참사 사고가 나기만 하면 그 피해 유가족들이 반정부적 행태를 보이게 된다면, 이는 결코 바람직한 모습이 아니다. 정부측의 대처에 무언가 미흡한 점이 있음을 반증하는 신호로 볼 수도 있다. 당연히 정부에서는 부추기는 외부세력을 탓하기 전에 과연 스스로 책무의 관점에서 제대로 잘 대처하고 있는지를 한번 더 살펴봐야 한다.

## '낙동강 하류세력'이라 하며 영남인을 폄하한 인요한 혁신위원장은 정중히 사과해야 합니다

2023년 10월 23일, 국민의힘은 대한민국 1호 특별귀화자인 전남 순천 출신의 인요한 연세대 교수를 당의 혁신위원장으로 임명했다. 김기현 당대표의 이름으로 임명되었지만 실은 윤석열 대통령의 의지로 임명되었다는 소문이 여의도 정가에는 파다했다.

인요한 위원장은 취임 일성으로 "와이프하고 아이만 빼고 다 바꿔야 한다"라고 했던 삼성 이건희 회장의 말을 인용하면서 "희생 없이는 변화가 없다"는 말로 당의 통합과 변화를 강조했다.

나는 인요한 교수의 국민의힘 혁신위원장 임명 자체는 "참신한 이미지의 인요한 위원장을 내세워 문자 그대로 당을 '혁신'시킴으로써 제22대 총선에서 승리할 수 있는 토대를 마련하겠다"는 우리 당 핵심부의 의지 표현이라는 견해에는 동의했다. 문제는 그가 TV조선과 인터뷰에서 했던 말이다.

"당내 낙동강 하류세력은 뒷전에 서야 한다"라는 말과 그 속에 내포된 어떤 편향된 관점이었다. 물론 지리적으로 보면 낙동강 하류에는 대구·경북뿐 아니라 경남, 울산, 부산까지 포함된다.

'낙동강 하류세력'이란 표현이 지역감정을 조장하는 말 아니냐는 언론의 지적에 그는 "다양성이 있어야 한다는 의미에서 한 것이지… 농담도 못합니까?"라고 대답하며 어물쩍 넘어가려 했다.

인요한 혁신위원장의 그러한 발언이 있은 지 일주일이 된 2023년 10월 30일, 국민의힘 의원총회가 열렸다. 그날 나는 모처럼 발언대에 올라섰다.

"저는 지난날 의총에서 제가 말했던 이준석 당 대표 탄핵 반대와 이태원 참사 국정조사 합의 파기에 반대할 때와 같이, 무거운 심정으로 한 말씀 드릴까 합니다. 결론을 먼저 말씀드리면, 인요한 혁신위원장은 '당내 낙동강 하류세력은 뒷전에 서야 한다'는 발언으로 영남, 특히 대구·경북 시도민의 자부심과 명예감에 큰 상처를 준 데 대해 정중히 사과해야 한다는 것입니다.

물론 인요한 혁신위원장께서도 당의 혁신과 변화를 바라는 마음에서, 영남에서부터 일정한 '희생'이 있어야 한다는 취지로 말했다는 것에는 동의하고 그의 여러 가지 노력에 대해서는 인

정합니다.

그러나 '낙동강 하류세력 뒷전'이라는 단어와 문구에서는 지역감정과 영남에 대한 어떤 편협한 시각이 엿보이는 것 같아 매우 우려스럽습니다. 저는 인요한 위원장의 말은 한마디로 영남, 특히 대구·경북 지역을 '잡아 놓은 물고기' 취급을 한 것이라 봅니다.

대구·경북은 지난 대선 때도 윤석열 후보에게 75%나 되는 절대적 지지를 보냈습니다. 보수의 성지이자 최후 보루로서, 어려울 때 우리 당을 지키고, 자유민주주의 대한민국을 지켜왔다는 대구·경북 시도민의 자부심과 명예감을 크게 훼손시킨 인요한 혁신위원장은 대구·경북 시도민께 정중히 사과해야 합니다."

비공개 의원총회에서 내가 한 말을 기자들이 어떻게 알았는지 모르겠지만 인터뷰 요청이 있었고, 나는 의총장에서 말한 그대로 이야기했다. 특히 대구·경북을 '잡아 놓은 물고기' 취급하는 행태는 정말 지양되어야 함을 강조했다.

사실 국민의힘 입장에서 볼 때 영남은 '뜨거운 감자'일 수 있다. 당의 텃밭인 동시에 한계이기 때문이다. 그렇지만 역사적 경험은 말한다. '영남 물갈이론'과 '영남인의 험지 출마'라는 공식은 실패한 공식이라는 것이다.

  정말 중요한 것은 국민의힘을 위해서나 대구·경북을 위해서라도 공천의 기준은 어떤 정치적 절대권력자와의 친소관계가 아니라, 누구나 공감하는 공정한 룰$^{rule}$이어야 한다는 것이다.

  그리고 서울·경기의 성공은 난데없는 영남인들의 험지 출마에서 나오는 것이 아니라, 평소 서울·경기 시·도민, 즉 우리나라 국민들에게 맞는 정책을 펴면서, 그 쪽에 맞는 인재를 평소에 발굴하여 힘을 실어주는 데 있다고 생각한다.

## 5
# 입법복지(立法福祉)는
# 험난한 여로(旅路)

### 국회의원은 국민의 대표이자
### 지역구의 채무자

　　　　　우리나라 헌법 제45조 제2항에는 "국회의원은 국가 이익을 우선하여 양심에 따라 직무를 행한다"라고 되어 있다. 국회의원은 특정 지역구의 대표가 아니라 국민의 대표로서 국가의 이익을 최우선으로 고려해야 하는 헌법적 책무를 가지고 있음을 천명한 것이다.

　하지만 한편으로는 비례대표가 아닌 지역구 국회의원은 지역구 주인의 투표에 의하여 선출되기 때문에 지역의 이익을 위하여 열심히 활동하지 않으면 유권자의 외면을 받아 다시 선출되기 어려울 수 있다.

　따라서 자신의 지역 주민들을 위해서도 열심히 일해야 하는 지역구의 채무자債務者이기도 한 것이다. 국회의원과 기초 및 광역자치단체 의원들 간 긴밀한 업무 협조가 요구될 때가 많은 것은 당연한 현실이다.

그렇지만 국회의원의 가장 중요한 책무는 무엇보다 입법 활동이다. 물론 국정감사, 대정부 질의, 국정조사, 상임위원회 활동 등을 통한 행정부 견제기관으로서 역할도 중요함은 말할 것도 없다.

하나의 법률이 만들어지면 필연적으로 이해관계 당사자가 생긴다. 특히 규제가 많아질 확률이 높다. 그러다 보니 이해관계 당사자의 주장도 치열해진다. 한마디로 입법 과정은 전쟁터라 해도 과언이 아니다.

그래서 국회의원에게는 특정 지역이나 특정 계층 및 집단의 이익을 대변하는 것이 아니라 국민 전체의 대표로서 행동해야 한다는 헌법적 책무가 부여되어 있는 것이다.

나는 '좋은 법을 만들어 국민의 삶의 질을 향상시키는 것'을 입법복지立法福祉라 명명하고, 이 입법복지를 국회의원의 제1책무라 규정했다. 내가 경찰서장이나 지방경찰청장 등 경찰관서장으로 있을 때, '제대로 된 치안활동을 통해 국민의 삶의 질과 행복감을 증진시키는 것'을 치안복지治安福祉라 규정하고, 이를 치안의 목표 개념으로 삼은 것과 일맥상통하는 것이다.

그런데 하나의 법률을 새로이 만드는 것은 정말 어렵고, 어떤 법에 대한 개정안 발의와 통과도 쉽지 않다. 한마디로 입법복지의 길은 험난한 여로라 보면 된다.

나는 '입법복지'라는 기본 방향하에 나의 보좌진들과 함께 정성을 다해 법안 발의에 임했다. 제21대 국회 4년간 총 132건의 법안 발의에 그중 제정법안 1건을 포함한 46건이 국회 본회의를 통과한 실적은 그렇게 쉬운 것이 아니다.

내가 경찰 출신이고, 4년간 행정안전위원회에 있었기 때문에 상대적으로 경찰과 소방 분야에 관한 개정안을 많이 발의하고 통과된 것이 사실이나, 경제 등 다양한 분야에 걸쳐 큰 노력을 기울인 것 또한 사실이다.

여기서는 내가 의지意志를 가지고 심혈을 기울여 준비했던 제정법안 세 가지와, 내가 발의한 것은 아니지만 시대적 의미가 있었던 법안 한 가지를 소개할까 한다.

## 주폭 관련 법률안의 안타까운 운명

나는 제21대 국회에 들어오자마자 개정법안이 아닌 제정법 제1호 법안으로 「주취자 범죄의 예방 및 처벌 등에 관한 법률안」을 준비했다.

핵심 내용은 주취자의 범죄 예방 및 보호를 위한 국가 및 지자체의 책무를 규정하고 있다. 여기에는 주취자에 대한 판사의 치료명령 규정도 들어있다. 그리고 상습적인 주폭행위자에 대해서는 형법상의 심신장애 감경규정 적용 배제 등을 규정했다.

내가 경찰에 있는 동안 주폭을 척결하면서 아쉽게 느꼈던 부분을 법률안에 반영한 것이다. 거의 1년 가까이 준비해 만든 이 제정법률안은 결국 1차 관문인 행정안전위원회의 관문도 넘지 못하고 폐기되고 말았다.

제1부에서 잠깐 언급했지만 "인권이 침해될 우려가 있다. 예산이 지나치게 많이 소요된다"는 등의 반대 논리가 생각보다 거셌다.

그 허탈함은 말할 것도 없었지만 한편으로는 충북경찰청장 때 내가 창시해 강력하게 시행했던 주폭척결시책이 얼마나 태어나기 어려운 대단한 시책이었는지를 다시 한번 더 실감하는 계기가 되었다. 주폭척결과 관련해서는 국회의원 김용판은 충북경찰청장 김용판에게 완패한 것이라 해도 과언이 아니었다.

## 사기범죄 방지를 위한 '컨트롤 타워' 설치는 시대적 과제

나는 수많은 범죄 중 가장 죄질이 나쁜 범죄

가 사기죄라 생각한다. 왜냐하면 사기죄는 상대의 '신뢰'를 악용하여 등쳐먹는 파렴치한 범죄이기 때문이다.

그야말로 믿었던 도끼에 발등 찍히는 범죄가 바로 사기죄다. 사기 건수나 사기 피해액은 천문학적이다. 나는 국회에서의 5분 발언과 당시 한덕수 국무총리와 한동훈 법무부 장관을 상대로 한 대정부 질의에서도 사기죄의 심각성을 설파하고, 보다 체계적으로 사기죄에 대응하기 위한 입체적·종합적인 제도적 장치가 마련되어야 함을 강조했다.

실제 내가 국회의원 4년 동안 가장 심혈을 기울여 만든 제정 법안은 「사기방지기본법안」이다. 사기 방지를 위한 체계적인

한덕수 총리 상대 대정부질의(2023.6.14)

교육과 사기 범죄에 대한 신속한 대응을 위해 여러 부처 간의 협조를 용이케 할 수 있는 사기 범죄의 컨트롤타워Control Tower를 경찰청 내에 설치하는 것이 핵심 내용이다.

이 법안을 만들기 위해 여러 차례에 걸쳐 경찰청과 황석진·서준배 교수 등 학계 및 수많은 유관기관·단체가 참여한 정책토론회를 개최하면서, 거의 2년에 걸쳐 함께 고민하며 만든 제정법안이었다. 정말 국민을 위해 시대적으로 필요한 좋은 법안이라 자부했으나 국회 법제사법위원회의 문턱을 넘지 못했다.

사실 이 법안은 내가 행정안전위원회 여당 간사와 소관인 법안2소위 위원장을 맡으면서 천신만고 끝에 행정안전위원회는 통과시키고 법제사법위원회에 넘겼다. 그리고 내가 직접 법사위 여·야 양당 간사를 만나 이 법안의 제정 취지를 몇 차례나 설명하는 등 혼신의 노력을 다했다. 당시 야당 간사인 민주당의 소병철 의원은 나에게 "의원님의 정성에 감동했습니다"라는 말까지 했다.

주무 부처인 경찰청의 윤희근 청장도 의지를 가지고, 담당 경찰간부가 법안 관련기관인 대검찰청, 법무부 등 유관기관을 방문해 충분히 설명토록 하고 그들의 요구사항도 수렴했다. 그렇지만 최종적으로 법사위 문턱을 넘어서지 못했다. 법사위 위원들은 여·야 모두 특별한 반대 의사가 없었지만 유관기관인 법무부에서 '끝끝내' 반대의견을 개진했기 때문에 통과되지 못한 것이다.

법무부가 이런저런 반대 이유를 붙이고 있지만 결론은 "사기 범죄의 컨트롤타워인 '사기통합신고대응원'을 '경찰청 내'에 설치하는 것은 싫다"라는 것이 그 이유라고 나는 해석한다.

법률안에서 규정하고 있는 컨트롤타워인 '사기통합신고대응원'은 영국의 제도를 벤치마킹한 것이다. 우리나라에서 '사기통합신고대응원'을 설치할 곳으로 경찰청보다 더 효율적인 기관은 없다고 나는 확신한다. 물론 영국에서도 사기방지 컨트롤타워는 런던경찰청 내에 설치되어 있다.

내가 한동훈 법무부 장관을 상대로 한 대정부 질의 때

"경찰청 내에 설치하는 것에 대해 다소 마음에 들지 않는 부분도 있으리라 봅니다만, 현실적으로 더 적절한 기관은 결코 없을 것입니다. 이 제도를 도입하는 것은 윤석열 대통령의 큰 업적 중 하나라고 볼 수 있으므로 장관님의 적극적인 협조를 부탁드립니다."

라고 말한 것도 같은 맥락이다.

보이스피싱 등 온갖 사기가 판치고 있는 이 시대에, 이 법률안은 정부나 국회의원 누구에게서든 간에 다시 발의되어 반드시 통과되어야 하는 시대적 법안이라 생각한다.

## 「승강기산업진흥법안」통과, 승강기산업 육성을 위한 초석

2024년 실시되는 제22대 국회의원선거를 앞두고, 한창 선거운동이 전개되던 2024년 1월 9일, 제정법안인 「승강기산업진흥법안」은 국회 본회의를 통과했다. 그리고 2024년 7월 31일부터 시행되고 있다.

내가 심혈을 기울여 만든 제정법안 중 유일하게 통과된 법안이 이 「승강기산업진흥법안」이다. 승강기 분야에 관심을 가지게 된 것은 내가 국회 행정안전위원회 위원이었기 때문이었다.

국정감사 등 의정 활동을 하는 중에 우리나라 승강기 산업 분야가 수요의 증대에 비해 매우 열악하다는 것을 알게 되었다. 주무부처가 행안부로서 현행법령은 안전관리 중심으로만 규정되어 있고 승강기 관련 사업을 육성하고 발전시키는 데는 한계가 있기 때문이라는 것을 인식하게 된 것이다.

승강기 산업의 약 60% 이상이 외국 기업과 수입 제품에 의존하고 있다는 것은 충격적인 사실이었다. 이러한 인식을 토대로 행안부의 미온적 대처를 질책하는 한편 승강기 업계에서 제시하는 여러 의견을 종합하여 제정법안을 마련한 것이었다.

내가 행정안전위원회 여당 간사와 법안2소위 위원장을 맡지 않았더라면, 그리고 김기문 중소기업중앙회장이 적극적인 관심을 기울이지 않았더라면, 과연 통과 될 수 있었을까 하는 생각이 들 정도로 행안위와 법사위를 통과하는 과정에 험난한 고비가 많았다. 왜냐하면 여야가 합의하는 법안은 기본적으로 소위 小委에서 만장일치 滿場一致를 원칙으로 하기 때문이었다. 단 한 명의 의원이라도 반대 의견을 고수하면 그 법안은 통과되지 못하는 것이다.

김기문 회장은 2022년 12월, 중소기업 발전에 도움이 되는 입법을 잘했다고 평가한 국회의원에게 주는 〈최우수 국회의원 대상 大賞〉에 나를 선정했다. 이 상은 여·야 의원 각 1명에게만 주는 것이라 받기가 쉽지 않다. 승강기산업진흥법 법사위 심의 때 조금 회의적 의견을 내던 어떤 법사위원에게 법의 필요성을 직접 설명하는 등 힘을 보태주신 분이기도 하다. 이 자리를 빌려 다시 한번 감사드린다.


이 법률은 처음으로 만들어져 시행되기 때문에 시행 중에 틀림없이 미흡한 부분이 적지 않게 나올 것이다. 앞으로 다른 의원들에 의해 보완하는 개정법안이 많이 발의되어 좀 더 나은

김기문 중소기업중앙회장과 함께(2022.12.15)

법안으로 자리 잡으리라 믿는다.

2014년 1월 9일, 국회 본회의장 연단에 서서 동료 국회의원들에게 제정법인 승강기산업진흥법안을 심의 의결해 달라고 말할 때는 보람을 느꼈었다. 그리고 이날은 나의 제21대 국회의원 임기 중 마지막으로 본회의장 연단에 선 날이 되었다.

## 군위군의 대구시 편입 법안 국회통과

대구시 동구에 위치해 있는 대구 군공항(K-2)은 1958년에 개항해 운영을 시작했다. 이후 1961년에 민간항

공 기능이 추가되면서 대구국제공항으로 발전했다.

"얻는 것이 있으면 잃는 것도 있다"라는 말이 있듯 대구 도심 내 위치해 있는 비행장으로 인한 인근 주민의 소음 피해, 특히 군용기로 인한 소음 피해는 이루 말할 수 없었다.

이제 군공항과 민간공항을 통합 이전함으로써 주민들의 소음 피해를 해소하는 한편 대구·경북 지역의 경제발전을 획기적으로 견인할 수 있는 통합 신공항 건설이 절실해진 것이다. 대구·경북 지역에 대기업을 유치하려 했을 때 그들이 꺼리는 첫째 이유가 하늘길이 열려있지 않아 물류비용이 너무 많이 든다는 것이다. 국방부가 먼저 대구 군공항의 이전 필요성을 논의하기 시작하면서 군위군과 의성군의 일부 지역을 이전 후보지로 제안했다.

여러 갈등과 우여곡절이 있었으나 결국 2020년 7월, 군위군 소보면과 의성군 비안면이 포함된 공동 후보지가 최종 선정되었다. 제21대 국회가 개원한 지 한 달이 조금 지났을 무렵이었다. 그런데 공항 후보지 선정의 타협 전제조건은 군위군의 대구시 편입이었다. 이에 따라 군위군의 대구시 편입은 대구·경북 통합신공항 건설의 첫째 관문으로 등장하게 된 것이다.

2022년 1월 11일, 문재인 정부 국무회의에서 「경상북도와 대구광역시 간 관할구역 변경에 관한 법률안」이 의결되었다.

곧바로 국회에 제출되어 소관인 행정안전위원회 법안 제1소위로 넘겨졌다. 그렇지만 이 법안은 행안위 법안 제1소위의 문턱을 넘지 못했다. 경북 출신 국회의원들의 의견이 하나로 정리되지 않았기 때문이었다.

그리고 시간이 흘러 정권도 문재인 정권에서 윤석열 정권으로 교체되었고, 대구시장도 권영진 시장에서 홍준표 시장으로 바뀌었다. 나도 국민의힘 대구시당위원장이 되었다. 나는 행안위 법안2소위에서 법안1소위로 자리를 옮겼다. 전적으로 군위군의 대구시 편입법안을 다루기 위한 포석이었다.

나는 대구시당위원장으로서 임이자 경북도당위원장과 수시로 소통했고, 행안위 국회의원들에게도 적극적인 협조를 부탁했다. 경상북도 국정감사 때는 이철우 지사에게 경북의 큰 정치지도자로서 이 법안의 통과에 적극적인 역할을 해달라고 주문하기도 하는 등 노력을 게을리하지 않았다.

그 사이에 김진열 군위군수를 비롯한 박수현 군의회 의장 등 군위군 관계자들의 열정과 노력은 참으로 대단했다. 내 사무실에도 수시로 들렀었다.

그리고 2022년 12월 8일, 이 법안은 드디어 국회 본회의를 통과했다. 본회의장 앞에서 기다리고 있던 김진열 군위군수

김진열 군위군수 등 군위군 관계자와 함께 (2022.12.8)

일행과 찍은 기념사진은 아직도 내 서재에 있다.

　사실 군위군의 대구 편입을 위한 법안의 통과는 시대적 흐름이었다. 이 법안은 나의 노력과 관계없이 자연스럽게 통과되었으리라 생각한다. 그런데도 군위군에서는 나를 명예군민으로 위촉하는 등 예우해 주고 있으니 그저 고마울 뿐이다.

　한편 홍준표 대구시장은 취임하자마자 정부의 지원을 받을 수 있는 근거를 마련한 새로운 「대구·경북 신공항 건설을 위한 특별법안」을 마련하였고, 이 법안은 당시 주호영 원내대표가 대표 발의했다.
　대구시 동구의 강대식 국회의원은 소관 국토교통위원으로서 혼신의 힘을 다했고, 당시 추경호 경제부총리는 든든한 버팀목으로 존재했다. 이 법안 통과를 위해 12명의 대구 국회의원 모두가 힘을 보탠 게 사실이다.
　군위군의 대구시 편입 법안이 통과된 지 8개월쯤 지난 2023년 8월 26일, 「대구경북 신공항건설을 위한 특별법안」 또한 국회 본회의를 통과했다. 대구·경북의 백년대계를 위한 통합신공항 건설이 이제 본격적으로 시작된 것이다.
　홍준표 대구시장은 신공항 특별법안이 국회를 통과하자 주호영, 강대식, 김용판 등 3명의 국회의원을 대구시 청사 대강당에 초청해 감사패를 전달했다. 내 차례가 되어 축사할 때 나는 이렇게 말했다.

"……신공항특별법 통과는 한마디로 홍준표 시장께서 혼자 북치고 장구치고 다 한 결과라 해도 과언이 아닐 것입니다……"

누가 뭐라 해도 「대구·경북 신공항 건설을 위한 특별법안」의 국회 본회의 통과 자체는 홍준표 대구시장의 강력한 의지와 추진력이 없었더라면 결코 쉽지는 않았을 것이라 생각한다.

# 6
## 지역활동은 생활정치이며 우리 삶의 이야기

국회의원은 헌법상 국민의 대표이다. 한편으로는 지역주민의 투표에 의해 선출되기 때문에 자신을 뽑아준 지역주민에 대한 채무자債務者의 입장에 있다. 당연히 지역구를 살펴야 하고 지역주민들의 민원에 귀를 기울여야 한다.

그리고 따져보면 지역주민 모두가 모인 것이 국민이다. 지역주민을 잘 살피는 것이 국민을 위한 길인 것이다. 다만 어떤 지역을 챙기는 것이 국민 전체의 이익에 반反할 수 있는 일이 있기 때문에, 국회의원은 국민 전체의 이익을 위하여 일해야 함을 헌법에 명시하고 있는 것 아니겠는가.

## 생활정치는 현실적이고
## 즉각적인 변화를 바란다

나는 국회의원의 지역활동의 핵심은 '생활정치生活政治'로 보고 다음과 같이 개념을 정리했다.

"생활정치는 주민의 삶의 질을 실질적으로 개선하는 데 보탬이 되는 정치활동이다. 따라서 국가적인 거시 정책보다는 주차장 문제나 쓰레기 처리 문제 같은 현실적이고 즉각적인 변화가 가능한 정책들에 초점을 맞출 수밖에 없다.

그리고 이러한 역할은 기초나 광역자치단체의 의원들이 훨씬 더 능숙한 강점을 가지고 있다. 제대로 된 생활정치를 위해서는 국회의원과 자치단체 의원들이 서로 존중하며 협력하는 관계를 유지하는 것이 무엇보다 중요하다. 한마디로 '함께' 해야 한다."

국회의원으로서 생활정치에 직접적으로 해야 하는 책무 중 가장 중요한 것은 지역사업 관련 예산 확보이다. 이를테면 중앙부처의 공모사업에 선정될 수 있도록 해당 부처 장관이나 차관에게 당위성을 설명하거나, 선정에 도움이 되는 여러 자료를 입수해, 자치단체에 전달하는 등의 노력도 여기에 포함된다.

이러한 일반적 국비 확보 외에 행정안전부의 특별교부세나 교육부의 특별교부세 확보 등이 가장 기본적이면서 중요한 국회의원의 책무라 할 수 있다.

그리고 이러한 국비 예산 확보를 위해서는 기초 및 광역자치단체와 교육지원청 등에서 먼저 기본계획을 수립해야 함은 물론이다. "복권을 사지 않고서 당첨을 바라는 기도는 아무리 해도 소용없다"라는 시중의 격언과 완전히 일치하는 것이다.

나는 이 자리에서 국비 예산을 얼마나 많이 확보했다는 등의 이야기는 하고 싶지 않다. 다만 내가 노력해 확보한 행안부 특별교부세 중 CCTV 예산이 비교적 많은 편인 것은 나의 의지意志가 반영되었기 때문이다. CCTV 설치는 범죄로부터 지역주민의 안전을 확보하는 데 가장 의미있는 대책이라고 지금도 믿고 있다.

## 「두류젊코상권 르네상스사업」이 선정되기까지, 그리고 그 후

중앙부처 공모사업 관련해서는 소개하고 싶은 한 가지 사례가 있다. 바로 중소벤처기업부 공모사업인 「두류젊코상권 르네상스사업」이다. 국비 40억, 대구시비 20억, 달서구비 20억 등 총 80억 원 규모 사업으로, 대구시 달서구 두류동 일원 735개 영업점포가 해당된다. 이곳은 달서구의 젊은이뿐 아니라 대구 전역의 젊은이들이 많이 찾는 지역이기도 하다.

달서구청에서 2022년에 공모 신청했으나 선정되지 못하고 2023년에는 드디어 선정되었다. 공모사업이 선정되기까지 지역구 국회의원으로서 어떤 일을 했는지에 대한 소개는 의미가 있다고 생각된다.

먼저 달서구청에서 구하기 어려운 전국적인 관련 데이터를 나의 국회 보좌관이 확보해 제공해 주었다는 것이다. 나는 이러한 보좌관들의 노고를 잘 알고 있다.

나의 보좌진과 중기부 관련자 및 달서구청의 관계자들이 함께 모여 여러 차례 컨설팅하는 것 등은 여타 대부분의 국회의원실에서 볼 수 있는 일반적인 과정이라 생각한다.

다만 나는 여기에서 나아가 달서구청 담당국장이 당시 권칠승 중기부 장관과 조봉환 소상공인진흥공단 이사장 등에게 사업의 필요성을 직접 설명할 수 있는 자리를 마련해 주었다. 나도 옆에 배석해 있었음은 물론이다.

나는 4년 임기 중에 달서구청의 담당국장과 대구시의 담당국장이 3명의 주무 장관에게 사업의 필요성을 설명하도록 하는 간담회 자리를 세 차례 마련했다. 권칠승 장관은 국회의원을 겸했기에 그의 사무실에서, 나머지 노형욱 국토교통부 장관과 임혜숙 과학기술정보통신부 장관은 내 사무실에서 진행했다.

「두류젊코상권 르네상스사업」이 공모에 선정된 이후에는 '믿더라도 확인하라'는 차원에서 나의 주관하에 유관기관 간담회를 개최했다. 여기에는 대구전통시장진흥재단과 대구시, 달서구청, 상인 대표들과 함께했다.

그리고 내가 국정감사반장으로 참여했던 2023년 대구시 국정감사에서는 홍준표 시장에게 이 사업과 관련해 질의했고 "사업이 잘 진행되도록 신경 쓰겠다"라는 답변도 받았다.

이 사업의 선정에는 누구보다 처음 추진한 황봉용 상인회장과 이를 받아 잘 마무리한 신진희 상인회장을 비롯한 상인들의 열의와, 달서구청 관련 부서 직원들의 헌신이 컸다고 본다. 선정되기까지 쏟아부었던 그 열정이 그대로 이어져 이 사업이 제대로 잘 정착되길 기대한다.

## 나의 생활정치, 「김용판 의원과 함께하는 민원의 날」

제대로 된 생활정치를 구현하기 위해서는 국회의원과 지방자치단체 의원들이 서로의 역할을 존중하면서 보완하는 방향으로 함께해야 한다.

현재 우리나라 지방자치단체 의원들에 대한 정당의 공천제도는 큰 틀에서 보면 기초의원은 전적으로 국회의원 또는 당협위원장이 공천하고, 광역의원은 경선을 원칙으로 하되, 일정 부분 지역구 국회의원이나 당협위원장이 관여하는 형태를 취하고 있다. 기초 자치단체장은 광역의원과 유사하나 좀 더 경선에 무게가 실린다고 보면 된다.

나는 지방자치단체 의원이 어떤 경로로 선출되었든, 국회의원과는 상호존중과 상호협력하는 관계로 정립되어야 하며, 그러한 정치문화가 생활정치를 보다 성숙하게 한다고 믿고 있다. 그리고 나는 그러한 나의 철학대로 4년간 임했다 생각한다.

이러한 나의 철학에 의해 내 나름의 생활정치를 구현하는 방안으로 매달 정기적으로 민원의 날을 시행했다.

「김용판 의원과 함께하는 민원의 날」은 매달 둘째 토요일 오전 10시부터 낮 12시까지 시행되었다. 민원인들이 많을 때는 오후 1시까지도 훌쩍 넘기는 경우도 있었다.

이 '민원의 날'은 두 가지 원칙으로 임했다.

첫째, 공개 법정의 형태를 취해야 한다. 민원인은 누구나, 다른 사람이 보는 데서 당당히 민원을 제기해야 한다는 것이다. 사실 병원 진료 행태를 취하는 곳도 있다. 한 사람이 민원을 제기하고 순번을 기다렸다가 의사에게 진료받듯 민원을 제기하는 것이다. 서로 장단점이 있겠지만 나는 공개 행태를 취했다.

둘째, 국회의원인 나를 중심으로 좌,우에는 지역구 내의 시의원, 구의원이 함께해야 한다. 그리고 중앙정부와 관련된 민원이 있을 수 있으니, 국회에 있는 나의 수석보좌관도 참석해야 한다.

매달 정기적으로 민원의 날을 시행했다

특히 생활정치에는 교통사고 등 경찰 관련이나 법리적 도움이 필요한 것도 많을 테니, 경찰 재직 시에 그러한 분야에 밝았던 분으로, 재능기부를 할 수 있는 사람도 있어야 한다.

이러한 기본 원칙에 따라 4년 동안 거의 한 번도 빠지지 않고 참석해서 성심성의로 많은 민원을 해결해 준 사람이 바로 문기태 민원실장과 김도훈 수석보좌관이었다.

문기태 민원실장은 경찰 재직 시에 수사와 교통사고 조사 등에서 탁월한 업무능력을 인정받았던 분이다. 내가 보기엔

웬만한 변호사보다 탁월한 식견과 지식을 가진 분이었다. 현직 행정사 업무를 보면서도 기꺼이 지역주민을 위해 봉사해 주었다. 이 자리를 빌려 진심으로 감사와 존경의 마음을 보낸다.

김도훈 수석보좌관은 경기도 동탄에 살고 있으면서도 빠짐없이 민원의 날에 참석해 중앙부처와 관련된 적지 않은 민원을 해결하기 위해 노력했다. 고마움과 함께 미안한 마음도 전한다.

그리고 나와 함께 민원의 날에 참석해 보다 적극적으로 민원을 해결하기 위해 노력한 윤권근, 전태선, 정천락, 배지숙 등의 대구시 시의원과 박정환, 정창근, 손범구, 고명욱, 원종진, 박재형 등의 달서구 구의원에게 이 자리를 빌려 진심으로 고마운 마음을 전한다.

사실 한 달에 한 번 있는 민원의 날에는 당협의 고문, 동협의회 회장들과 청년 및 여성위원회 위원들이 대거 나와 봉사했기 때문에 민원의 날은 일종의 축제의 장이기도 했다. 나는 민원의 날 행사를 할 때면 참여한 민원인들에게 늘 같은 말을 되풀이했다.

"이 민원의 날에 직접 오신 여러분께서는 오죽하면 이곳까지 오셨겠습니까? 아마 이곳에 오기 전에 이미 해당 기관에 다양하게 민원을 제기했던 분도 계실 것입니다. 어쨌든 잘 오셨습니다. 그런데 법정에서는 판사가 어떤 사안에 대해 권위있게 판결을 통해 결정을 내립니다만, 이곳에서는 어떤 결론을 내리는 것이 아닙니다. 여러분의 민원을 듣고 그 민원을 해결하기 위해 함께 고민한다는 것이 핵심입니다.

특히 시의원, 구의원과 저의 국회 수석보좌관 및 생활법리에 밝은 민원실장이 직접 여러분 편에 서서, 여러분의 심부름꾼이 되어 그 민원을 해결하기 위해 열심히 뛸 것입니다."

성경에도 "문을 두드려라, 그리하면 너희에게 열릴 것이다"라는 말이 있다. 그런데 두드리는 문이 어디 있는지 알기 어려울 때가 있다. 이 민원의 날은 최소한 지역주민에게는 누구라도 한 달에 한 번은 국회의원과 함께 고민할 수 있는 자리 역할을 했다.

민원의 날은 2021년 4월에 처음 실시하여 제22대 국회의원 선거 경선을 앞둔 2023년 12까지 총 30회를 개최했다. 공식 접수받은 민원은 총 271건이었다. 참으로 다양한 민원을 받았고 의미있게 해결한 것도 정말 많았지만 참으로 안타깝게도 도저히 해결할 수 없는 민원도 적지 않았다. 여기서는 특별한 민원 한 가지와 나에게 정말 큰 상처를 준 민원 한 가지 등 두 가지 사례만 소개한다.

## 두류공원에
## 황톳길을 만들어 주세요

　　　　　　2021년 7월에 맞이한 민원의 날에는 특별한 민원이 있었다. 탁정운이라는 노신사분이 점잖게 말했다.

"두류공원 내에는 장시간 사용하지 않고 있는 '물길'이 있습니다. 산책하는 사람이 물길에 빠져 다치기도 하는 등 주변 불편을 야기하고 있을 뿐입니다. 여기에 황톳길 같은 것을 조성하면 좋겠다고 생각합니다."

　나는 정말 좋은 의견이라 생각하고, 최선을 다하겠다고 대답했다. 사실 두류공원 내의 물길은 '두류여울길'로 알려져 있으며, 총길이는 대략 3km 정도이다. 많은 예산을 들여 건설했지만, 민원인의 말과 같이 하등의 쓸모없는 전형적인 예산낭비 시설로 치부되는 시설물이다. 이 '물길'에 황톳길을 조성한다면 대한민국 최고의 명소가 될 수 있을 정도로 좋은 환경과 조건을 갖추고 있는 곳이다.

　그런데 대구두류공원은 대구시립공원이다. 따라서 두류공원 내의 황토길 조성은 국회의원이 국비를 확보해서 진행할 수 있는 것이 아니라, 대구시비로 조성되어야 하는 것이다. 이 민원 해결을 위해서는 해당 지역구의 시의원이었던 정천락 시의원과 나의 국회 보좌진이 많은 애를 썼다.

　나도 특별한 관심을 가지고 챙기는 한편 2021년 10월에 있었던 대구시 국정감사에서 권영진 시장에게 두류공원 내 황톳길 조성에 대해 각별한 관심을 가져주길 촉구했다. 그리고 그해 12월 사업예산 3억 원이 확정되었고, 2022년 6월 30일 완료되어, 주민에게 개방되었다.

　총길이는 450m로, 두류수영장과 금룡사 사이에 자리 잡고 있다. 여기에는 특히 황톳길 외에 황토진흙탕과 황토구슬로 된 공간도 마련되어 있다. 규모면에서는 너무나 아쉬움이 크지만, 그래도 지역주민들의 사랑을 받는 모습을 보면 그저 감사할 뿐이다.

　한편 '황톳길 맨발걷기'의 효능에 대해서는 이미 많이 알려졌지만 간단히 정리해 본다.

　모든 병은 피가 제대로 순환되지 않아서 온다. 황토길 맨발걷기는 발바닥의 경혈점을 자극해 혈액 순환을 촉진시킨다. 아울러 뇌파를 안정시켜 스트레스 해소에 도움을 준다.

　황토의 미네랄 성분이 피부를 통해 흡수되어 면역체계를 강화하는 데 도움을 준다.

　체내에 축적된 정전기가 황토와의 접지接地를 통해 해소됨으로써 정전기로 인해 오는 여러 질병 치료에 도움을 준다.

이 논리는 일본의 야스노리堀泰典 의학박사가 그의 저서『모든 병은 몸속 정전기가 원인이다』에서 가져온 것이다. 그는 체내 정전기가 신경세포 손상, 혈액점도 증가, 혈관협착, 암세포 생성 등 여러 건강 문제를 유발할 수 있다는 주장을 펴고 있다.

야스노리 박사의 이 학설에 대해서는 아직 의학계의 전반적인 합의가 있는 것으로는 보이지 않지만, 이왕 맨발걷기를 하는 입장에서 이 학설을 믿어 손해 볼 것은 전혀 없다고 생각한다.

인연因緣이 있어 이 글을 읽는 분은 두류공원 내 황톳길을 맨발로 한 번 걸어보시라고 권하고 싶다.

## 아!
## 대구시 신청사 건립이여!

제21대 국회의원이었을 때 나의 지역구는 대구시 달서구 병 지역이었다. 이 지역구의 가장 큰 현안이자 최고의 민원은 대구시 신청사 건립 건이었다. 대구시 신청사 건립은 2004년 처음 계획이 수립되었다.

그로부터 15년이 지난 2019년 12월 22일, 〈대구시 신청사건립추진 공론화위원회〉는 시민참여단의 평가 결과를 토대로 달서구 옛 두류정수장 부지를 신청사 건립지로 최종 결정했다.

정수장 부지 전체 면적은 대략 4만 8천 평 정도이다.

250명의 시민참여단이 2박 3일간 합숙하며 17개 항목별 평가를 통해 선정한 결과였다. 신청사 건립 유치를 절실히 원하면서 엄청난 노력을 기울였던 달서구청과 달서구 주민들에게는 그야말로 큰 선물이자 큰 경사가 아닐 수 없었다. 애초의 건립 계획은 2021년까지 기본설계를 마치고 2022년에 착공하여 2025년에는 신청사를 준공하고 이전을 완료한다는 것이었다.

그리고 나는 2020년 5월 30일부터 제21대 국회의원 임기를 시작했다. 대구시 신청사 건립비용은 국비가 전혀 지원될 수 없는, 대구시비로만 건립해야 하는 대구시 시책사업이다. 시책사업의 추진은 대구시장市長의 '의지意志'가 가장 중요하다. 그리고 대구시 시의회市議會의 의지도 매우 중요하다.

그렇지만 국회의원은 자신을 선출해 준 지역주민에 대한 채무자債務者로서 지역 내 가장 큰 현안이자 중요 민원 사항인 신청사 건립에 소홀히 할 수 없는 입장이었다. 그 와중에 코로나19 팬데믹으로 인해 신청사 건립기금이 일부 전용되어 사용되기도 했다.

그리고 2022년 7월 1일, 제8대 홍준표 대구시장이 취임해, 새로운 대구 시대가 개막되었다. 홍준표 시장은 경남도지사

재직 때와 마찬가지로 "빚내서 행정은 하지 않는다"라는 대원칙을 천명하며 재정건전성을 무엇보다 강조했다.

그리고 이 방침은 대구시 신청사건립 계획에 그대로 영향이 왔다. 홍준표 대구시장의 신청사 건립에 대한 입장은 이렇게 정리할 수 있다.

"지금 대구시는 빚은 많고, 돈은 없다. 신청사를 지으려면 지방채 발행 등 빚을 내야 하는데 빚내서 지을 수는 없다. 건립 예정지인 옛 두류정수장 부지는 대략 48,000평인데 이 중 절반 가까이 팔아서라도 기금을 확보해 청사를 짓지 않는다면 신청사 건립은 추진할 수 없다."

그로부터 달서구는 두 가지 의견으로 크게 갈렸다. 주된 흐름은 "대구시 신청사가 대구의 랜드마크가 되기 위해서는 절대 그 부지를 팔아서는 안 된다. 다른 방법으로 기금을 마련해서 제대로 된 신청사를 건립해야 한다"라는 것이었다. 자산 매각의 마지막 의결권을 가진 대구시의회도 이 입장에 서 있었다.

한편으로 신청사 건립 예정지인 인근에 사는 주민들은 부지를 팔아서라도 빨리 지어야 한다는 입장을 피력했으나 달서구 전체에서 볼 때는 약한 흐름이었다.

사실 대구시 신청사는 달서구 신청사가 아니라 대구시청이 들어서는 대구 전체의 현안이지만, 타 지역 주민의 관심도는 현저히 떨어졌고 달서구 주민의 관심은 엄청났다. 내가 개최하는 민원의 날에는 이 신청사 건립에 관한 민원이 단골손님으로 등장했다. "신청사 건립이 물 건너가게 해서는 안 된다, 국회의원으로서 뭐 하느냐, 시장이 예산을 편성해 짓도록 강력히 주장해야 되는 것 아니냐"라는 등의 민원과 비난이 빗발쳤다.

그러나 홍준표 시장의 입장은 확고부동했다. '돈은 없고 빚내서는 못 지으니' 건립 예정지의 일부 매각을 통한 기금 확보 없이는 신청사 건립은 어림없다는 입장을 완강히 고수했다.

지역구 국회의원으로서 무력감과 함께 참담함도 느꼈다. 고심에 고심을 거듭하다 지역주민들의 절박한 마음과 나의 마음을 함께 담은 편지를 홍준표 시장께 쓰기로 결심했다. 2023년 추석을 3일 앞둔 9월 26일, 밤새 쓴 22장의 손 편지를 인편으로 홍준표 시장께 전달했다.

편지의 핵심 내용은 두 가지였다.

먼저, 건립기금 확보 수단으로 청사건립 예정지인 옛 두류정수장 터의 일부 매각을 고수하지 말고, 35년 동안 공용주차장으로 방치되어 있는 달서구 소재 성서행정타운과 그 인근의 중소기업 명품관 등 대구시 소유 다른 자산의 매각을 통해 확보하는 방안을 적극 검토해 달라는 것이었다.

다음은, 무엇보다도 지역주민에게 확실한 희망을 주기 위해서는 설계비 135억 원이 확정돼야 한다는 것을 절절한 마음으로 알렸던 것이다.

그리고 얼마 지나지 않아 홍준표 대구시장과 두 차례의 단독 면담을 가지게 되었다. 두 번째 면담일인 2023년 10월 18일, 드디어 대구시 신청사 건립 역사에서 빼놓을 수 없는, 홍준표 시장과의 합의안을 언론에 알리게 되었다.[5]

"신청사 예정 부지인 옛 두류정수장터 일부 매각 계획은 철회한다. 성서 행정타운 등 다른 대구시 소유 자산을 매각해 신청사 건립기금을 마련한다"라는 것이 핵심 합의안이었다.

그 후 대구시에서는 신청사 설계비도 애초에 정해진 135억 원에서 30억 원 가까이 올려, 이왕 건립하는 것 제대로 하겠다는 말까지 전해 왔다. 비록 늦은 감은 있었지만 그래도 고마운 일이었다.

---

5 언론기사 중 영남일보의 서정혁 기자가 쓴 〈'신청사 대립' 홍준표 마음 바꾼 김용판의 손편지〉 제목의 기사가 특히 눈에 띄었다.

홍준표 시장께 보낸 손 편지

영남일보 기사(2023.10.30)

정치는 생물이며 강물이다

하지만 나는, 나의 부족함으로 인해 2024년 실시된 제22대 국회의원 선거에 실패했다. 어쨌든 그 후 나와 홍준표 시장 간에 합의한 대로, 달서구 소재 성서행정타운과 중소기업명품관 자산 매각 건은 대구시 시의회를 통과했다.

그리고 2024년 12월 12일, 대구시 시의회는 신청사 건립을 위한 설계비 165억 원을 의결, 확정했다. 이는 대구시 신청사 건립이 이제 객관적으로 시작되었음을 의미한다.

대구시 신청사는 단순한 행정 공간을 넘어 시민들과의 소통 공간이다. 대구의 역사와 문화를 상징하는 그야말로 '대구의 랜드마크'로 잘 조성되기를 바라며, 그렇게 되리라 믿는다.

제4부

# 철학이 있는 곳에 에너지가 결집된다

4대 전략과 3대 관점을 논하다

# 당신의 철학은
# 무엇입니까?

## 철학은 인생관이며
## 고뇌를 통해 정립된다

"저 사람의 철학은 무엇인지 모르겠어", "저 사람은 제대로 된 철학을 갖춘 훌륭한 지도자야"라는 등의 이야기를 우리는 흔히 들으며 말하기도 한다.

그렇다면 도대체 철학哲學이란 무엇인가? 국어사전에는 이렇게 규정되어 있다.
① 인간과 세계에 대한 궁극의 기본 원리를 추구하는 학문
② 자기 자신의 경험 등에서 얻은 기본적인 생각, 인생관

하지만 나는 철학이란 '자신의 직·간접적인 경험과 오랜 고

뇌를 통해 정립한 일관성一貫性 있는 생각과 관점'으로 규정하고 싶다. 누구나 자신만의 생활철학을 가지고 있겠지만, 시간이 지남에 따라 수시로 바뀌고 누군가의 말에 따라 왔다 갔다 하거나, '이기는 사람이 내 편'이라는 따위의 철학을 진정한 철학이라 할 수 있을까?

일찍이 중국의 당 태종은 "나라를 세우는 창업創業이 어렵지만, 세운 나라를 지켜나가는 수성守城도 쉽지 않다"라고 말했다. 이 말은 기업이나 공조직을 막론하고 어떤 자리에 대해서도 그대로 적용될 수 있다고 생각한다.

누구든 어떤 자리에 올라만 가면, 그 자리에 앉기만 하면, 일을 잘할 수 있는가? 그렇지 않다는 것은 동서고금의 역사가 웅변으로 말해주고 있다. 이 세상에 독불장군은 없다. 복잡다기한 시대에 혼자서 할 수 있는 것은 아무것도 없다고 해도 과언이 아니다. 함께 해야 하는 시대이다.

조직 구성원 한 명 한 명이 선명한 목표目標와 제대로 된 방향 하에 자신이 가진 에너지를 최대한 낼 수 있는 문화가 형성되어 있는 조직은 창조創造와 혁신革新이라는 활기찬 성과를 낼 것이 틀림없다. 서로의 지혜와 경험을 모을 수 있기 때문이다.

반면 무슨 일을 해야 하는지, 왜 해야 하는지에 대한 확신이 없는 조직의 구성원은 자신의 참된 에너지를 불태울 수 없다. 그렇게 해야 할 당위와 필요를 별로 느끼지 못하기 때문이다. 그런 조직에 어찌 창조와 혁신을 기대할 수 있겠는가?

철학과 비전이 없는 지도자는 조직의 에너지를 모을 수 없다. 그런 지도자가 정치지도자라면 나라의 에너지를 모을 수 없다. 국민들 삶의 질은 떨어질 수밖에 없다. 이는 역사가 증명하는 진실이다.

"한 마리의 사자가 지휘하는 100마리의 양 떼는, 한 마리의 양이 지휘하는 100마리의 사자 떼를 이긴다"라는 격언도 같은 맥락의 가르침이라 생각한다.

흔들리는 세상 속에서도 흔들리지 않는 철학을 가진 사람, 그런 사람이 지도자가 되는 것은 누구나 바라는 일이다. 철학과 비전이 있는 곳에 조직의 에너지가 결집되기 때문이다.

## 세종대왕과 이승만·박정희 대통령 등 철학이 있는 지도자는 언제나 그립다

사람은 강물처럼 흐른다. 사람은 변한다는 것이다. 당연히 사람의 철학 또한 변한다. 철학은 스스로에게 "나의 철학은 무엇인가?"라는 질문을 던지며 성찰하는 한편 역사적으로 훌륭했던 분들의 철학을 되새겨보는 과정을 통해 보다 깊이 있고 의미있게 정립될 수 있다고 생각한다.

철학이 있는 지도자는 나라를 살리고 국민을 살린다. 그리고 그러한 지도자는 언제나 그리움의 대상이다. 문득 세종대왕과 이승만 대통령, 박정희 대통령의 애민愛民 철학이 그리움과 함께 떠오른다.

### 세종대왕의 애민철학(愛民哲學)과 혁신적 리더십

나는 우리나라뿐 아니라 동·서양의 모든 세계사를 통틀어 가장 훌륭한 '백성 사랑 철학'을 가졌던 정치지도자로 세종대왕을 꼽고 싶다. 당연히 세종대왕의 애민철학의 핵심인 한글의 창제 과정을 살펴보지 않을 수 없다.

세종대왕의 시대는 유교적 도덕과 윤리를 기반으로 한 성리학이 사회 전반에 뿌리내리고 사대부士大夫들이 완전한 지도층 주류로 자리 잡은 시기였다. 이는 고려 후기에 형성된 유교적 가치관이 조선 건국과 함께 본격적으로 강화된 결과였다. 대외적으로는 명나라의 영락제가 강력한 중앙집권 체제를 구축하며 위세를 떨치고 있었고, 조선은 이러한 명나라를 외교적 상국上國으로 받들고 있었다.

당시의 일반 민초들이 '문자'라고 불리는 한자漢字 공부에 접하기란 여간 어렵지 않았으리라는 것은 능히 짐작할 수 있다.

이러한 일반 백성의 아픔을 아는 세종대왕이, 백성들이 쉽게 익힐 수 있는 한글을 창제하려 했을 때 가장 반대한 사람들은 누구였을까?

바로 당대의 청백리로 꼽히던 집현전 부제학 출신의 최만리를 비롯한 사대부 유학자들이었다. 그들의 반대 논리는 두 가지로 간단하게 정리할 수 있다.

첫째, 지금 멀쩡히 잘 쓰고 있는 한자를 버리고 난데없이 새로운 문자를 만드는 것은 명나라의 눈 밖에 나서 조선의 국익에 손상이 올 수 있다.

둘째, 뭐니뭐니해도 백성은 무식해야 다스리기가 편한데, 한글을 통해 쉽게 배워 똑똑해지면 양반 계층의 권위도 약화되고, 결국 나라님의 통치에도 애로사항이 생긴다.

이러한 반대 논리는 국제 정세를 반영하는 측면도 있지만 전적으로 사대부 양반 계층의 입장에 선 것이고, 이는 사회지도층의 주류 여론이었다. 이러한 적지 않은 신하들의 반대에도 세종대왕은 한글 창제는 한자문화의 부정이 아니라 한자의 보조 수단이라고 설득하는 한편 많은 부분은 비밀리에 진행했다. 그리고 무엇보다도 성삼문 등 집현전의 젊고 유능한 학사들에게 백성을 위한 한글 창제의 당위성을 설파하며 그들의 전폭적인 지지와 에너지를 결집, 세계사에 우뚝 서는 한글을 창제했다.

당나라의 유명한 명의<sup>名醫</sup>이자 도사<sup>道士</sup>였던 손사막이 "담대하되 세심하게 챙겨야 하며, 많이 알되 행동은 바르게 해야 한다"라는 담대심소 지원행방<sup>膽大心小 智圓行方</sup>의 인간상이 최고의 경지라는 취지로 말했는데, 이 논리에 가장 부합한 모습을 보인 분이 바로 세종대왕이라 생각한다.

### 이승만, 박정희 두 분 대통령의 사진을 사무실 벽에 걸어둔 이유

한편 나는 국회의원일 때 사무실 벽에 이승만 대통령과 박정희 대통령의 사진을 걸어두고 있었다.

나는 두 분 대통령이야말로 대한민국의 근·현대사에서 오늘의 선진 대한민국을 있게 한 위대한 지도자라 믿고 있기 때문이었다. 음수사원<sup>飮水思源</sup>이라는 옛말이 있다. 물을 마실 때는 누가 그 샘을 팠는지 생각하며, 그 고마움을 잊지 말고 마시라는 가르침이다.

나는 어떤 사람이 좌파이고, 어떤 사람이 우파인가에 대해, 경험을 바탕으로 한 나름의 분류 기준을 가지고 있다.

바로 이승만 대통령과 박정희 대통령의 그 엄청난 공<sup>功</sup>은 깡 그리 무시하면서, 독재자란 이름으로 과過만 내세워 폄하하기 바쁜 자들은 좌파 성향이요, 그들의 공을 확실히 인식하며 음수사원의 교훈을 되새기는 이들은 우파 성향이라는 것이다. 그저 나만의 분류법이다.

물론 나는 이승만 대통령과 박정희 대통령의 독재정치와 관련된 여러 가지 무리했던 조치들마저 모두 옹호하는 것은 아니다. 다만 역사적 공과功過의 무게를 제대로 살펴보고 평가해야 한다는 것이다.

### 한미상호방위조약의 진정한 의미

나는 이승만 대통령이 실행했던 농지개혁, 초등학교 의무교육 실시, 한미상호방위조약 체결의 3대 정책은 보통의 철학과 통찰력으로는 꿈도 꿀 수 없었던, 그야말로 신화적神話的 정책이었다고 생각한다.

이승만 대통령의 이러한 3대 정책이 없었더라면 우리나라는 벌써 북한 김일성에 의해 적화赤化 통일이 되었을 가능성이 엄청 높다고 보는 견해에 나는 전적으로 동의한다.

이 중 한미상호방위조약에 대해서는 좀 더 자세히 살펴볼 필요가 있다. 이승만 대통령은 한국전쟁 휴전 직후인 1953년 10월 1일 미국의 아이젠하워 대통령과 '한미상호방위조약'을 체결했다. 그리고 이 조약에 의해 한미동맹이 맺어지고, 주한 미군이 태동되었다.

당시 세계 최강대국 미국과 전쟁의 폐허 속에서 허덕이던 세계 최빈국 한국이 대등하게 상호 방위를 한다는 조약이 체결된 것이다. 세계가 놀랐음은 물론이다.

이는 한미동맹의 중요성을 꿰뚫어 본 이승만 대통령의 국제적 안목과 미국과 갈등하면서까지 반공포로를 일방적으로 석방한 그의 결기決氣와 단호한 의지意志가 만들어낸 엄청난 개가라고 평가하지 않을 수 없다.

누가 뭐라 해도 한미동맹은 북한의 위협으로부터 대한민국을 안전하게 보호하는 초석이 되었다. 우리가 부담해야 할 대북한 안보비용을 크게 절감케 했음은 물론 안보 불안을 해소해 줌으로써 외국의 투자와 자본을 유치해 눈부신 경제성장을 이룩하는데 밑바탕이 되었음은 재론의 여지가 없는 역사적 진실이다.

지금이라도 한미동맹이 와해되면 안보 불안을 느낀 외국 투자자와 자본이 가장 먼저 철수함으로써 외환위기가 곧바로 닥칠 것이라는 이야기는 결코 낭설이 아니다.

그런데 공교롭게도 한미동맹에 대해 부정적인 자들 대부분은 6·25 전쟁과 연평도 포격, 천안함 폭침을 비롯하여 무자비한 살상과 숙청을 일삼은 김일성·김정일·김정은으로 이어지는 김씨왕조의 '신정神政 독재정치'에 대해서는 애써 모른 척하는 무리들이라는 공통점이 있다.

평생 미국 국적을 취득하지 않고 독립운동을 한 이승만이 친일파가 아니며 미국 괴뢰가 아님은 누구보다 잘 알고 있을 그들이 이승만에게 그러한 프레임을 씌우고 비난하는 진정한 의도는 무엇일까?

철저한 반공주의자인 이승만 때문에 북한에 의한 적화통일이 이루어지지 않았기 때문일까? 참으로 알다가도 모를 일이다.

한편 박정희 대통령이 '잘살아 보세'라는 공감력 있는 철학과 구호 아래 국민운동國民運動으로 확산시킨 새마을운동 정신과, 야당 지도자들의 결사반대에도 경부고속도로 건설을 관철한 그 강력한 리더십이 우리나라의 경제성장經濟成長을 빠르게 일궈낸 원동력이었음은 또 다른 명백한 역사적 진실이다.

선진국들이 산업혁명 이후 수백 년에 걸쳐 이룬 경제성장을 대한민국은 불과 30~40년 만에 이루어 내어 세계를 놀라게 했다. 그 '압축성장Compressed Growth'과 '한강漢江의 기적奇跡'에는 이승만, 박정희 두 대통령의 통찰력 있는 철학과 리더십이 있었기에 가능했음을 역사는 알고 있다.

## 4대 전략과 3대 관점으로 에너지를 결집하다

나는 제1부에서 경찰 재직 중 내 나름의 치안 철학을 정립하기 위해 수많은 노력과 고뇌를 거듭했다고 고백한 바 있다. 거기에는 무엇보다 경찰생활을 하면서 여러 가지 시행착오를 거치는 가운데 느꼈던 후회와 각성이 큰 바탕이 되었다고 했다.

그렇다. 그렇게 해서 존중·엄정·협력·공감이라는 4대 전략과 권한이 아닌 책무의 관점, 단면적·부분적이 아닌 입체적·종합적 관점, '우리가 모른다고 없는 것이 아니다'라는 관점 등 3대 관점이 정립된 게 사실이다.

이「4대 전략 3대 관점」중 가장 중요하면서 모든 가치의 바

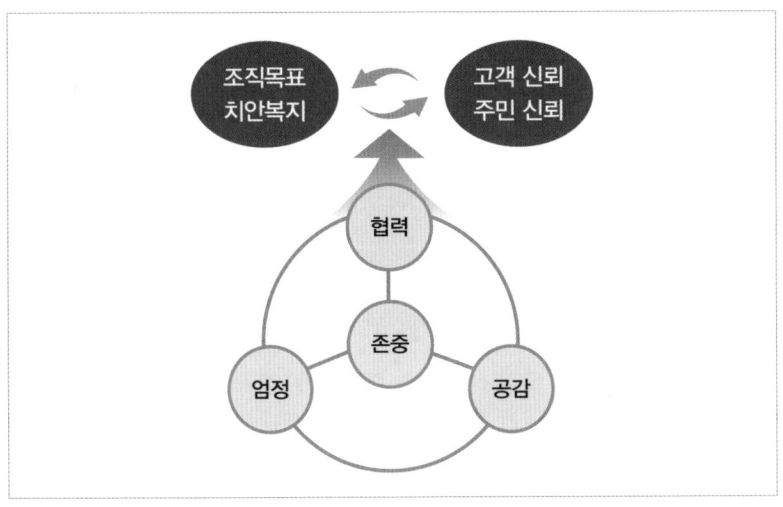

조직의 목표 달성을 위한 4대 전략체계도

탕을 이루는 핵심 가치는 바로 '존중尊重'이고, 이 존중은 이미 여러 차례 말한 바와 같이 그야말로 후회와 각성을 통해 정립된 내 철학 자체라 해도 과언이 아니다.

그리고 이러한 4대 전략과 3대 관점을 통해 최선을 다하면 내가 치안의 목표로 제시했던 치안복지治安福祉에 다가가고, 결과적으로 주민들에게 신뢰信賴를 얻게 된다는 순환 과정을 도표로 만들어 제시하기도 했다.

경찰 재직 때 정립된 이 4대 전략과 3대 관점으로 정리되는 나의 치안철학은, 국회의원 재임 시에도 변함 없었고, 앞으로도 영원히 나와 함께 할 나의 철학이다. 만약 누군가가 나에게 나의 철학을 보다 간단히 표현하라 한다면 나는 기꺼이 나의 좌우명이 바로 나의 철학이라 말할 것이다.

"한 그루의 나무로는 숲이 되지 않는다."

나의 이 좌우명에는 존중, 엄정, 협력, 공감이 녹아있고, 3대 관점이 숨 쉬고 있기 때문이다.

"당신의 철학은 무엇입니까?"

우리는 모두 이 물음에 대해 언제, 어디서든 답할 준비가 되어있어야 한다고 생각한다.

## 2
# 존중문화가 없는 조직은 사상누각이다

### 왜 '존중'이어야 하나

나는 존중이 조직관리에 있어서나 사회생활을 영위함에 있어서 가장 중요한 가치라고 확신한다. 그리고 존중은 선천적으로 덕장의 DNA를 타고난 사람만이 할 수 있는 게 아니라 누구나 해야 되는 책무責務의 개념으로 봐야 하는 가치라 생각한다.

그런데 왜 존중이 중요할까?

그 답은 아주 간단하다. 존중이 흐르는 문화가 있는 조직과 그 반대의 조직은 구성원 개개인의 삶의 질이나 조직의 성과 면에서 너무나 큰 차이가 나기 때문이다. 이는 가정에서도 마찬가지다. 이러한 사실은 모두 내가 직접 체감한 것이기도 하다.

이 '존중'을 현실 업무에 처음 구체적으로 적용한 때는 2010년 9월 충북경찰청장으로 발령받고 나서였다. 4대 전략 중 존중을 가장 중요시하면서, 존중의 속성을 인정·칭찬·예의·배려로 규정하고 '존중 그 자체를 업무로'라는 캐치프레이즈를 걸었었다.

이러한 존중은 부족함의 인식에서 싹튼다. 상대에 대한 인정은 자신의 부족함을 진실로 느낄 때 자연스레 찾아오는 것이다. 자기가 세상에서 제일 잘났다고 생각할 때, 다른 사람의 장점과 훌륭함이 보이겠는가. 상대를 인정하는 순간 칭찬은 저절로 나오게 된다.

노자는 『도덕경』에서 "귀함은 천함을 뿌리로 삼고, 높음은 낮음을 바탕으로 삼으며, 사람을 잘 쓰는 사람은 먼저 상대에게 낮춘다"라고 말했다.

불교의 수행에 있어서도 삼라만상을 배움의 스승으로 여기며 자신을 낮추고 비우는 하심下心을 중시한다. 『성경』에서도 누구든 자신을 높이면 낮아지고, 반대로 자신을 낮추면 높아진다고 말하고 있다. 소크라테스Socrates도 "너 자신을 알라"는 말을 강조했다.

이렇듯 동서고금을 막론하고 인간관계의 으뜸은 자신을 낮추는 처하處下와 상대에 대한 존중이라 가르치지만 사실 실천하기란 쉽지 않다. 특히 지위가 올라가고 권력이 강해질수록 안하무인眼下無人과 오만불손傲慢不遜으로 치닫기 쉽다.

사람의 성격이 바뀌면 운명이 바뀐다고 한다. 물론 사람의 천성은 정말로 바뀌기 어렵다. 나는 존중을 업무로 규정하고 실천해 가는 과정에서 행동주의行動主義 심리학자들의 관점을 많이 받아들였다.

진심이든 아니든 존중의 행태를 반복하다 보면 하나의 문화로 정착되고 그렇게 될 경우 자기도 모르는 사이에 존중의 마인드가 생활화되리라고 생각했기 때문이다. 나는 이 자리에서 존중과 관련된 몇 가지 이야기를 소개하고 싶다.

## 며느리와의 계약

이 첫째 이야기는 내가 행정고시를 준비하던 1985년 어느 날, 선택 과목인 심리학을 공부하던 중 심리학 석사 출신의 고교 동창 변대섭 친구에게서 들은 것이다(변 선생은 수업시간에 지도교수에게서 이 이야기를 들었다 한다). 그때는 행동주의 심리학을 공부한다는 차원이었으나, 존중을 핵심 가치로 인식하고 나서는 다르게 해석된 이야기다.

상당한 재력가의 집에서 성격이 드센 며느리를 보게 되었다. 집안이 하루도 조용할 날이 없자 평소 과묵한 시아버지가 어느 날 며느리를 조용히 불렀다.

"애야, 네가 우리집에 들어온 지 1년이 되었구나, 그래서 내가 너에게 한 가지 약속을 하려 한다."

"무슨 약속입니까?"

"앞으로 시부모를 비롯해, 너의 신랑과 시댁 식구들, 그리고 우리 집에 드나드는 손님에게 늘 미소를 띠며 훈훈한 표정을 짓거라. 네 속마음이야 어떻든 그들을 존중하는 모습을 보이면 너에게 내 재산의 절반을 주겠다. 단, 앞으로 2년 동안 그렇게 해야 한다. 만약 2년 후까지 그렇게 한다면 재산의 절반을 주고, 네가 이혼을 원한다면 즉시 허락해 주겠다."

깜짝 놀란 며느리가 말했다.

"아버님, 정말입니까?"

"내가 너에게 거짓말 하겠니. 지금 당장 계약서를 쓰자."

며느리는 자신이 손해 볼 일이 전혀 없어 즉시 계약서를 썼.

그러나 그날 저녁부터 약속한 내용을 실천하자니 영 쑥스럽고 어색했다. 하지만 2년만 꾹 참으면 거대한 재산이 자기 앞으로 오는데 못할 이유가 없었다. 그래서 신랑이 퇴근하고 집에 들어오는 순간부터 억지로이지만 따뜻한 미소를 지었다.

평소 쌀쌀맞게 대하던 시어머니와 시누이들에게도 마찬가지였다. 마음속으로는 거부감이 없지 않았으나 꾹 참고 만면에 웃음을 지으며 다정하게 대했다. 성격 드센 며느리가 갑자기 미소로 대하자 시댁 식구들은 처음엔 어리둥절했으나 기분은 좋았다.

그렇게 시간이 흐르고 며느리는 집안이 변해가는 것을 느꼈다. 신랑의 귀가 시간이 빨라지고 시어머니는 늘 며느리에게 다정하게 대했으며 시누이와 시동생들은 작으나마 선물을 끊임없이 사주는 것이었다. 방문하는 친척들과 손님들도 입을 모아 며느리를 칭찬했다.

며느리는 시아버지와의 계약에 의해 이를 악물고 일종의 '사업'을 하고 있는 것에 불과한데, 그 속사정을 모르는 사람들이 이토록 자신에게 잘 대해주니 한편으로는 가소롭고 한편으로는 미안하면서도 흐뭇한 감정이었다.

그렇게 시간은 계속 흘러가고 약속된 2년이 얼마 남지 않은 어느 날, 며느리가 시아버지 앞으로 오더니 갑자기 무릎을 꿇고는 울음을 터뜨렸다.

"애야, 갑자기 왜 우는 게냐?"

"아버님, 저는 이제 어떻게 사는 것이 참으로 소중하고 행복한 삶인지 깨닫게 되었습니다. 제발 계약은 없었던 것으로 해

주시고, 부디 저를 용서해 주세요."

행동주의 심리학자들은 행동이 바뀌면 성격도 바뀐다고 강조한다. 어떤 사람의 인지와 행동이 일치되지 않을 경우, 개체는 심한 갈등 상태에 놓이므로 이를 해소하기 위해서는 그 행동에 맞추어 인지체계, 즉 성격을 바꾸게 된다.

미국의 심리학자 페스팅거Leon Festinger가 주장한 인지부조화 이론Theory of Cognitive Dissonance의 핵심 내용이다.

재력가의 며느리는 처음에는 단지 '사업상 거래'로 위장된 훌륭한 행동을 했지만 그 행동이 오랜 시간 꾸준히 지속되어 주변 사람들로부터 인정을 받고, 칭찬과 사랑이라는 보상을 받았다.

이에 따라 자신도 모르는 사이에 가식적이었던 마음이 점차 진실한 마음으로 바뀌어가면서 품성 자체도 변한 것이다. "사람은 강물처럼 흐른다"라는 가르침에서 볼 때 결코 불가능한 일이 아니다.

## 왕자의 분노

두 번째 이야기는 실화라고 알려진 페르시아(지금의 이란) 왕자 이야기다.

옛날 페르시아에 영특한 왕자가 있었다. 그에게는 훌륭한 스승이 한 사람 있었는데 그의 임무는 왕자를 잘 가르쳐 훗날 뛰어난 왕이 될 수 있도록 하는 것이었다.

어느 날 스승은 왕자의 어떤 행동을 트집 잡아 특별한 이유도 없이 심하게 책망하고 벌을 주었다. 왕자는 자신이 아무런 잘못이 없는데도 벌을 받는 것이 억울하고 분했지만 어쩔 수 없었다. 이미 스승의 말을 반드시 따르라는 아버지 왕의 명령이 있었기 때문이었다.

세월이 흘러 왕자는 왕위를 물려받았다. 왕이 된 그는 즉시 스승을 불러다 놓고 냉엄한 말투로 물었다.

"예전에 내가 아무런 잘못이 없는데도 나를 부당하게 야단치고 벌을 주었소. 도대체 그 이유가 무엇이오?"

이에 스승은 천천히 대답했다.

"폐하의 자질이 뛰어나 곧 이 나라의 왕이 되리라 생각했습니다. 그래서 저는 '불의不義'가 한 사람의 인생에 얼마나 큰 상처를 남길 수 있는가를 폐하께서 몸소 체험해 깊이 깨닫기를 바랐던 것입니다. 이제 폐하께서도 그 아픔을 느끼셨습니다. 얼마나 가슴에 한恨이 맺히셨으면 왕위에 오르자마자 저를 불러 야단치시겠습니까. 이러한 감정은 모든 사람에게 마찬가지입니다. 앞으로 아무런 잘못이 없는 사람을 벌하지 않으면서 만백성을 공정하고 편안하게 잘 다스려 주시기를 바랄 따름입니다."

감동을 받은 왕은 스승에게 큰절을 올렸다. 그는 그의 통치 기간 중에 억울한 일로 고통을 당하는 백성이 없도록 최선의 노력을 기울였고, 백성들의 왕에 대한 칭송은 끝이 없었다.

## 시골 병사를 위한 축배

영국의 웰링턴A. Wellington 장군이 워털루 전투에서 나폴레옹 군대를 무찌르고 개선하였다. 왕은 성대한 환영 파티를 열었다. 그 환영연에는 영국의 귀족들과 사교계의 명사 등 유명한 사람들이 대거 초대되었다.

웰링턴 장군을 비롯한 워털루의 용사들은 연회장의 가운데에 당당하게 자리하고 앉았다. 드디어 요리가 나오기 시작하고, 각자의 테이블에는 음식을 먹기 전에 손을 씻기 위한 물그릇인 핑거볼finger bowl이 놓여졌다.

그런데 한 시골 출신 병사가 자기 앞에 놓인 핑거볼을 마시는 물인 줄 알고 들어서 훌쩍 마셔 버렸다. 순간 연회장의 사람들은 웃음을 터뜨리고 말았다. 그 시골 병사는 처음에는 영문을 모른 채 당황하다 사실을 알고 나서는 얼굴까지 빨개져 고개도 제대로 들지 못했다. 그때 웰링턴 장군이 손 씻는 물그릇인 핑거볼을 든 채 자리에서 벌떡 일어나 외쳤다.

"존경하는 신사 숙녀 여러분! 저 워털루의 용감한 병사를 따라 우리들도 이 축배祝杯의 잔을 비우지 않겠습니까?"

우레와 같은 박수가 쏟아졌다. 연회장에 있던 모든 사람들은 그 손 씻는 물그릇을 높이 들고 외쳤다.

"건배!"

웰링턴 장군의 진정어린 한 마디에 손 씻는 물그릇은 순식간에 축배祝杯가 되고, 그 손 씻는 물은 귀한 물로 바뀌었다. 그리고 참석자들은 하나가 되었다. 이심전심以心傳心, 마음에서 나와야 마음으로 통하는 것이다.

## 도끼는 잊어도 나무는 잊지 않는다

'존중'은 상대를 인정하고 칭찬하며, 예의도 갖추면서, 상대 입장에 서서 배려하는 것이다. 그런데 이 존중의 대척점에는 무엇이 있을까?

무시, 모욕, 경멸, 폄하, 차별, 편견, 소외, 경시, 냉대, 무관심, 적대 등일 것이다. 나는 이 존중의 의미를 설명할 때 반드시 인용하는 속담이 있다.

바로 "도끼는 잊어도 나무는 잊지 않는다."는 아프리카 스와힐리족의 속담이다. 이 속담은 내가 의도적으로 세계속담대사전을 샅샅이 훑어 찾아낸 것이다. 그리고 이 속담으로 인해 내가 또 한번 각성覺醒한 것도 사실이다.

그렇다. 찍는 도끼 자신이야 멀쩡하니까 잊어버리겠지만, 찍힌 나무는 그 상처를 잊지 않고 고스란히 간직하는 것이다. 도대체 나는 그동안 얼마나 많은 도끼질을 했을까?

일찍이 우리의 선인先人은 가르쳤다.

"받은 것은 돌에 새기고, 베푼 것은 물에 새겨라."

그런데 보통의 사람은 자신이 받은 것은 잘 잊어버리고, 자신이 베푼 것은 잘 기억하는 성향이 있다. 따라서 어떤 사람을 기억할 때, 자신이 그 사람에게 도끼질한 것과 도움을 받은 것은 모두 잊어버리고, 자신이 도움을 준 것과 그 사람에게 상처받은 것만 기억한다면 당연히 상대를 '나쁜 놈'이라고 볼 수밖에 없다.

현실에서 이 속담과 격언은 인간관계의 핵심을 짚어 준다고 생각한다.

나는 서울경찰청장 재직 시 서울청 산하 전·의경 내무반과 외벽에 예외 없이 "도끼는 잊어도 나무는 잊지 않는다"라는 속담이 적힌 현수막을 크게 걸어두게 했다. 그리고 수시로 이 속담을 복창케 하여 도끼질하고 싶은 고참들의 심리를 억제하는 장치로 활용케 했다.

실제 부대 내 가혹행위가 거의 발생하지 않는 등 큰 효과가 있었다는 것을 부대를 지휘하던 경찰 간부들과 전·의경들로부터 직접 들었다.

전의경 부대에 붙은 '도끼와 나무' 속담(2012)

## 구텐베르크의 금속활자와 존중의 대중화

나는 이 존중尊重의 가치는 너무나 소중하다고 생각한다. 중세 유럽의 구텐베르크J. Gutenberg는 대중성이 있는 금속활자를 발명하여 중세 유럽의 종교개혁과 르네상스 시대를 여는 데 결정적 역할을 했다.

나 또한 이 존중의 가치는 비전祕傳으로만 전수될 것이 아니라, 구텐베르크의 금속활자본처럼 하나의 틀이 되어 대량 전파되어야 한다고 생각했다. 그래서 존중을 「인정·칭찬·예의·배려」라는 일종의 '틀'로 만들어 보다 대중적으로 전파해서 확고한 하나의 문화文化로 정립하려 했다.

'존중 그 자체를 업무'로 보게 되면, 이를 실행하지 않을 경우 직무유기 내지 직무태만이 되며 이는 감찰 대상으로 전환되는 것이다.

"정말 더럽고 아니꼽지만 목구멍이 포도청이라 참고 일한다"가 아니라,

"힘이야 좀 들지만 서로 존중하는 분위기가 너무 좋아 보람을 느끼며 즐겁게 일합니다"라는 문화가 정착되어야 한다. 그래야 창의創意가 있고 혁신革新이 있는 것이다.

서울경찰청장으로 재직한 동안 최고의 업적을 스스로 꼽으라 한다면 나는 주폭시책 다음으로 존중의 업무로 추진한 기능 간 벽 허물기를 들고 싶다.

경찰서 수사 기능과 파출소의 지역경찰 간 존중문화 업무협약MOU을 체결하고 형사과 사무실에 "지구대, 파출소 직원 여러분! 환영하고 사랑합니다!"라는 글귀가 붙어 있으리라 그전에는 누가 상상이나 했을까?

그전에는 검사가 형사를 경시하듯, 경찰서 형사는 초동조치 서류를 들고 온 파출소 경찰을 경시하는 경향이 다분히 있었던 것이다.

# 3
# 엄정은
# 접점추진체로 구현된다

| 아내의 진단서,
| 엄정은 증거로 말할 뿐이다.

　　　　　　　내가 송파경찰서 형사과장으로 근무하던 1996년 5월 어느 날, 진정서 한 장이 접수되었다. 남편의 상습적인 가정폭력으로 인해 너무 힘들기 때문에 남편을 엄정 처벌해 달라는 내용이었다.

　그런데 진정서와 함께 첨부된 증거서류를 보고 나와 형사반장은 깜짝 놀랐다. 거의 2~3년 치에 해당하는 진단서를 수도 없이 첨부했던 것이다.

　이러한 경우 누가 상습적인 가정폭력이 아니라고 말할 수 있겠는가? 상습적으로 폭행당했다고 하는 '진술'만 있는 것과 진단서라는 '증거'가 제출된 것과는 진실에 대한 해석이 천양지

차다. 그 남편이 구속되었음은 물론이다. 그야말로 '티끌 모아 태산'이라는 말을 실감한 순간이었다.

이미 앞에서도 여러 차례 언급했지만 나는 경찰 재직 중일 때 직원들에게 늘 이런 말을 했다.

"경찰, 검사, 판사가 처벌하는 것이 아니라 증거가 처벌한다. 티끌이 모여 태산이 된다. 꺼진 불도 다시 보는 관점에서 제대로 증거를 수집해야 한다."

경찰뿐 아니라 공·사 어떤 조직이든 감사監査 조직을 가지고 있다. 엄정이 무너지면 모든 게 무너지는 것을 잘 알고 있기 때문이다. 법질서 유지를 책무로 하는 경찰 같은 조직에서는 더욱 더 엄정의 의미를 깊이 새겨야 한다. 법질서가 무너지면 사회적 약자 순으로 피해를 보고, 나쁜 놈 순으로 득을 보다가, 결국에는 모두 공멸共滅하기 때문이다.

## 「깨어진 유리창 이론」은 현실이다

1969년, 미국의 심리학자 필립 짐바르도P. Zimbardo는 고장난 자동차를 서로 다른 두 지역에 방치했다. 한 곳은 높은 빈곤율과 범죄로 악명 높았던 A지역이고, 다른 한 곳은 중산층 이상의 사람들이 거주하는 안정적인 B지역이었다. A지역에서는 몇 시간 만에 차량이 완전히 부수어지고 부속품이 약탈 당하는 등 무질서 상태가 지속되었다.

이에 반해 B지역은 며칠이 지나도 아무런 변화가 없었다. 그러나 짐바르도 연구팀이 의도적으로 자동차의 유리창을 깨트려 두자, 몇 시간이 지나지 않아 바로 A지역과 똑같은 약탈 사태가 발생했다.

1982년, 미국의 범죄심리학자 조지 켈링 G. Kelling과 제임스 윌슨 J. Wilson은 위 짐바르도 교수의 실험을 바탕으로 "작은 무질서를 방치하면 더 큰 사회적 혼란과 범죄로 이어진다"라는 「깨어진 유리창 이론」을 발표했다.

1994년 줄리아니 R. Giuliani 뉴욕시장과 함께 취임한 브래턴 W. Bratton 뉴욕 경찰국장은 당시 절망적인 뉴욕의 치안을 개선하기 위해 이 이론을 도입했다. 거액을 들여 뒷골목이나 지하철의 깨진 유리창을 새것으로 교체하는 한편 지하철 무임승차, 지나친 구걸, 노상방뇨 등 경범죄도 철저하게 단속했다. 이 과정에서 강력범죄의 경이적인 감소 효과를 가져왔다.

깨어진 유리창 이론을 들지 않더라도 무질서가 난무하는 환경에서는 타인의 무질서 행동에 쉽게 전염傳染되는 한편 자신의 책임이 분산分散된다는 심리 상태로 인해 자기도 모르게 거칠게 행동한다. 평소 합리적인 사람들마저도 집회시위 현장에서 과격한 행태를 보일 때는 그러한 심리가 작동되는 것이다.

범죄의 싹이 자랄 수 있는 심리적 공간을 제어하기 위해서는 사소하지만 주변의 흐트러진 환경을 정리하는 한편 경범죄도 처벌된다는 인식을 확실하게 심어주어야 한다. 특히 범법자의 나쁜 짓을 누군가 늘 지켜보고 있다는 인식의 각인刻印은 매우 중요하다. 이는 법집행기관만의 몫이 아닌 국민 모두의 책무다.

## 사랑에 빠진 사자

백수의 제왕인 사자가 어느 날 마을의 처녀를 우연히 본 후 그만 사랑에 빠지고 말았다. 그런데 불행하게도 처녀는 사자의 마음을 전혀 몰랐다. 사랑의 열병을 앓던 사자는 고민 끝에 처녀의 아버지인 농부를 찾아가 딸에 대한 사랑을 고백한 다음 위엄 있는 목소리로 청혼했다. 농부는 두려움을 애써 참으며 사자에게 말했다.

"늠름한 사자님께서 저의 못난 딸을 사랑한다니 정말 영광입니다. 저의 딸도 무척 좋아할 것입니다. 하지만 그 날카로운 발톱 때문에 저의 딸이 사자님과 포옹하고 싶어도 두려워서 못할 것 같군요. 저의 딸을 위해 발톱을 모두 빼주신다면 기꺼이 청혼을 받아들이겠습니다."

숲으로 되돌아온 사자는 고민에 휩싸였다. 그러나 결국 끓어오르는 사랑의 열정을 이기지 못하고 발톱을 모두 빼버렸다. 다음 날 발의 통증 때문에 비틀거리면서도 농부를 찾아가 약속을 지키라고 재촉했다. 이에 농부는 사자에게 부드럽게 말했다.

"사자님, 정말 고맙습니다. 이렇게 발톱을 모두 빼주시다니... 사랑을 받고 있는 제 딸이 감격하고 있습니다. 그런데 제 딸이 말하길, 사자님과 키스하고 싶어도 이빨이 너무 날카로워 무섭다고 하더군요. 이빨만 빼주신다면 바로 딸을 드리겠습니다."

다시 숲으로 되돌아온 사자는 정말 심각하게 고민했다. 그러나 뜨거운 사랑을 포기하고 싶지 않았다. 이미 발톱마저 빼버린 마당에 무엇을 더 아끼겠는가. 그리하여 이빨도 모두 뽑아버렸다.

그리고는 여전히 비틀거리는 발걸음으로 농부에게 갔다. 바람 새는 목소리로 딸을 달라고 했으나 농부의 태도는 돌변해 있었다. 딸을 주기는커녕 이빨과 발톱이 모두 빠져 용맹함이 사라진 사자를 몽둥이로 흠뻑 두들겨 패 멀리 쫓아버렸다.

이솝 우화에 나오는 이야기다.

사자가 백수의 제왕으로 군림할 수 있는 이유는 강력한 이빨과 발톱이 있기 때문이다. 어떤 이유에서든 날카로운 이빨과 발톱을 버리는 순간 이미 사자로서의 정체성을 잃어버린다. 숲속의 질서를 유지하는 힘을 잃어버린 사자는 이미 사자가 아니다.

공권력도 마찬가지다. 경찰을 비롯한 법집행기관에 국민의 생명과 재산을 지키고 공공의 안녕과 질서를 유지하기 위해 권한을 주었다. 그 권한은 선량한 주민의 행복한 일상을 짓밟는 범죄자들에게 엄정의 잣대를 적용할 것을 요구하는 책무와도 같다.

따라서 내 맘대로 버리고 포기할 수 있는 것이 아니다. 이러한 맥락에서 범죄자들을 위한 여러 복지제도가 마련된 것은 의미가 있지만 "범죄를 저지르면 벌을 받는다"라는 단순하고도 평범한 진리가 세워져야 법질서가 바로 서는 것이다.

## 현장 접점추진체의
## 정예화 여부가 승패의 분수령

강한 현장이 강한 조직을 만든다. 대민접점의 현장 직원이 강해야 강한 조직이 될 수 있다.

대한민국의 공권력을 우롱하는 부류는 크게 두 가지로 분류할 수 있다. 술의 힘을 빌려 상습적으로 경찰 등에게 폭력을 가하는 주폭酒暴 등 개인성이 강한 사회적 일탈자와, 불법 집회시 위로 악명을 떨쳐온 민노총을 비롯한 좌편향성 세력 및 법원 내부까지 침입해 폭력을 가한 극우세력 등 집단의 힘을 믿고 일탈하는 자들이다.

민노총이 문재인 정권 때, 백주 대낮에 회사 간부를 집단 폭행하는 것을 넘어 대검찰청을 점거하고 국회 담장을 무너뜨렸을 뿐 아니라, 진압하는 경찰과 경찰관서 내에서 취재하던 기자를 폭행한 그러한 불법 행태는 도를 넘어도 한참 넘었다.

적국을 점령한 점령군과 같은 이러한 안하무인 행태에 대해 공권력을 담당하고 있는 경찰과 검찰을 비롯한 법집행기관이 너무나 미온적으로 대처하던 모습이 빤히 눈에 보였으니 '이게 나라가 맞느냐'라는 한탄이 당시에 나왔던 것이다.

그런데 2025년 1월 19일 새벽, 믿을 수 없는 일이 대한민국의 수도 서울에서 일어났다. 윤석열 대통령에 대한 구속영장이 발부되자 일부 윤석열 대통령 지지자들이 이 영장을 발부한 서울서부지방법원에 난입해 무차별폭력을 휘두른 것이다.

진입을 막던 경찰관에 대한 폭행은 기본이고 영장을 발부한

판사에게 폭력을 가하기 위해 그를 찾는 모습과 컴퓨터 등 법원 시설물을 파괴하는 폭력 행각이 고스란히 TV 화면에 노출, 공개되었다. 이러한 폭력 행태는 공권력 경시를 넘어 법치주의 자체를 무너뜨리는 무질서의 끝판왕인 것이다.

민노총이든 일부 극우세력이든 왜 이들이 이렇게 발호할 수 있었을까?

"누가 감히 우리를 처벌해!"라는 심리가 깔려있기 때문이라 생각한다. 한마디로 행동의 전염傳染과 책임의 분산分散으로 정리되는 군중심리群衆心理의 작동과 '저항권抵抗權'이라는 달콤한 명분 등이 어우러져 개인의 이성을 마비시킨 결과라고 나는 진단한다. 이유 여하를 막론하고 법치주의를 파괴하는 이러한 불법적 폭력 행각에 대해서는 그 어떤 권력자가 그들을 비호하고 있더라도 엄정히 증거를 수집해 처벌해야 한다.

그러기 위해서는 그렇게 할 수 있는 접점추진체接點推進體를 구성하고 가동해야 하는 것이다. 그들이 발로 뛰고 씨름하는 가운데서 하나하나의 증거를 찾아내 구슬을 꿰어 보배를 만들 듯 전체의 틀을 마련해 가는 것이다. 확실한 증거 앞에 무슨 '빽'이 통한단 말인가.

주폭척결이 성공할 수 있었던 것도 '주폭수사전담반'이라는 접점추진체를 제대로 정비했기 때문이다. 접점의 추진체가 제대로 구성되지 않은 상태에서 윗선에서의 닦달은 그야말로 공염불이 될 수밖에 없다.

그리고 어느 정도 틀을 갖춘 추진체가 구성되어 있다 해도 구성원 개개인의 자긍심과 사명감 등에서 오는 강한 의지<sup>意志</sup>와 증거를 수집할 수 있는 역량<sup>力量</sup>이 갖추어져 있느냐에 따라 성과는 크게 달라진다. 바로 이러한 차이로 인해 지시만큼 곧바로 성과가 나타나기 어려운 것이다.

접점 부서의 추진체는 다양한 모습으로 구성될 수 있지만 그들이 제대로 일할 수 있는 환경<sup>環境</sup>을 조성해야 한다. 환경의 조성은 그야말로 리더의 몫이다. 환경이 워낙 열악해 인원이 충분히 확보되지 못하는 경우에는 직무분석을 정밀히 하면서 업무 조정을 하는 등 문제 해결을 위한 고민도 해야 한다. 문제가 있음을 알면서도 '알아서 하라'고 방치하는 것만큼 위험한 일은 없다.

어떤 경우든 정말 중요한 것은 추진체의 구성원을 정예화<sup>精銳化</sup>시키는 것이다. 정예화의 핵심은 자신이 하는 일에 대한 자긍심이다. 물론 자긍심을 느끼기 위해서는 평소 자신의 존재감에 대한 존중이 수반되어야 한다.

역사상 최대 제국을 이루었던 칭기즈칸의 부대는 놀랍게도

10만에 불과했다 한다. 그러나 군더더기를 없애버린 정예화된 그 부대는 세계를 정복할 수 있었다.

삼국시대 백제의 계백 장군이 이끄는 5천 명의 결사대 또한 5만의 신라군과 여러 차례의 싸움에서 연거푸 이겼다. 중과부적으로 결국에는 모두 전사했지만 계백 장군과 마음을 함께 한 백제 병사들의 정신력이 굳건하지 못했다면 애초 전투 상대도 되지 못했을 것이다.

접점의 추진체를 바라보는 시각은 입체적·종합적이어야 한다. 현안 때마다 약방의 감초처럼 동원되는 추진체는 과부하에 걸려 제대로 된 에너지를 발휘하기 어렵다. 어떠한 경우든 접점의 추진체가 자긍심을 느끼면서 의연하고 당당하게 법을 집행할 수 있는 판을 만들어주고 그것이 제대로 되었는지 세심하게 살펴야 한다.

이러한 접점추진체는 비단 엄정嚴正의 분야에서만 필요한 것이 아니다. 어떤 혁신을 이루고자 할 때도 그 혁신을 선도해가는 접점추진체가 필요함은 물론이다. 당연히 구성원들은 자율성과 창의성을 가지고 있는, 나름의 철학이 정립된 자들이어야 한다.

나는 충북경찰청장 재직 때는 김성훈 경정을 팀장으로 하는 치안만족관리팀을, 서울경찰청장 재직 때는 변민선 경정을 팀장으로 하는 쇄신팀을 가동했다. 충북경찰청과 서울경찰청에서 이룩한 놀라운 성과는 이들의 혁신적 선도에 의해 이루어졌다고 생각한다. 다시 한번 이 자리를 빌려 팀원 모두에게 감사한 마음을 전한다.

접점추진체의 개념은 법집행기관이 아닌 일반기업이나 단체에서도 마찬가지다. 어떤 조직이든 우수 인력을 모집해 적절히 배치하고 끊임없이 역량강화를 위한 교육 훈련을 시킴과 동시에 회사의 열렬한 '신도信徒'가 될 수 있도록 다양한 존중문화와 복지 시책들을 강구하는 것이 시대의 흐름이다.

분명한 것은 최고의 인센티브는 자신이 하는 일에 대해 조직 내·외부에서 인정받고 칭찬받는 것이다. 자긍심이야말로 사람을 움직이는 가장 큰 동력이기 때문이다.

## 믿더라도 확인해야

1980년대에 미국의 레이건 대통령은 소련의 고르바초프 서기장과의 정상회담을 마치고 조인식이 끝난 후 이렇게 말했다.

"믿더라도 확인해야 한다."

아이러니하게도 이 말은 러시아 속담이었다. 상대 나라의 속담을 사용해 서로가 신의를 가지고 약속을 이행해야 한다는 것을 은근히 강조한 것이다.

"믿더라도 확인해야 한다"라는 속담은 엄정의 측면에서 큰 의미가 있다. 기본적으로 믿음은 가지고 있되 항상 이를 확인한다는 메시지는 상대를 보호하는 측면도 있다. 요즈음 산업기밀이 누출되어 곤란을 겪는 기업이 얼마나 많은가? 특히 믿었던 경리계 직원의 횡령으로 망하는 기업들을 많이 보아왔다.

범죄를 저지른 자가 일차적으로 나쁜 것은 분명하지만 그 사람에게만 모든 책임이 있다고는 할 수 없다. 평소 점검하고 확인하는 기능이 체계적으로 작동되었다면 그러한 나쁜 생각을 가지려는 심리 자체를 막을 수 있다.

울타리가 망가지면 소는 우리에서 나간다. 소 잃고 외양간 고치기 전에 외양간의 울타리를 수시로 확인해야 한다.

# 한 그루의 나무로는
# 숲이 되지 않는다

## 못 박힌 도마뱀, 비행기보다 빠른 것, Ubuntu

**못 박힌 도마뱀**

1964년에 열리는 도쿄올림픽 준비를 위해 스타디움 확장공사를 할 때 실제 있었던 일이다. 지은 지 3년된 집을 헐기 위해 지붕을 벗기자 도마뱀 한 마리가 나타났다. 그런데 그 도마뱀의 꼬리는 못에 의해 나무 기둥에 박혀 있었다. 3년 전 집을 지을 때 정말 운이 나빠 못에 박힌 것으로 추정되는 상황이었다.

궁금한 것은 스스로 꼬리를 잘라버리고 도망갈 수도 없는 극한 상황에서 어떻게 3년 동안이나 죽지 않고 살아남았을까 하는 점이었다. 참으로 신기한 일이었다. 사람들은 그 이유를 알아보기 위해 철거공사를 중단하고 도마뱀을 지켜보았다. 잠시 후 다른 도마뱀 한 마리가 먹이를 물고 나타나 기둥에 박힌 도마뱀에게 먹여주는 것이었다. 그 도마뱀은 그렇게 하루에도 몇 번씩이나 먹이를 물어다 주었다.

두 도마뱀의 구체적인 관계는 알 수 없지만 소중한 동반자 관계임은 능히 짐작할 수 있다. 3년 동안이나 먹이를 물어다 주고 곁을 지켜준다는 것은 결코 쉬운 일이 아니다.

### 비행기보다 빠른 것

영국의 수도 런던에서 어떤 시골 마을까지. 예컨대 북쪽으로 600km 정도 떨어진 에든버러의 한 마을까지 가장 빨리 가는 방법에 대한 현상공모가 있었다. 다양한 방법이 제시되었으나 최고의 답으로 뽑힌 것은 '좋은 동반자와 함께 가는 것'이었다.

### Ubuntu

어느 날, 아프리카에 와 있던 영국 선교사가 놀고 있던 아프리카 어린이들에게 한 가지 제안을 했다.

"달리기 해서 일등하는 어린이에게는 과일이 든 바구니와 꽃을 주겠다."

어린이들은 열심히 달렸다. 그런데 들어올 때는 모두 손을 잡고서 동시에 들어왔다. 모두 다 공동 일등을 한 것이다. 왜 그렇게 들어왔느냐는 선교사의 물음에 어린이들의 대답은 한 단어였다.

"Ubuntu !"

그대가 있어 내가 있고 I am because you are, 우리가 있어 내가 있다 I am because we are는 말로 의미가 정리되는 Ubuntu(우분투) 정신은, 함께 하는 공동체 의식을 가장 잘 묘사한 아프리카의 대표 정신이다.

남아프리카공화국의 첫 흑인 대통령 넬슨 만델라 N. Mandela는 27년이나 옥고를 치르고도 자신을 핍박한 백인들을 용서했다.

국가를 위해 자신의 지지세력을 설득해 정치 보복을 하지 않았던 만델라 대통령이야말로 Ubuntu라는 아프리카의 '함께' 정신과, "태산은 한 줌의 흙도 버리지 않아 그렇게 높은 것이며, 강과 바다는 작은 물줄기라도 가리지 않았기에 그렇게 깊은 것이다"[6]라는 동양의 '포용包容' 정신을 진정성 있게 실천한 큰 정치지도자라 생각한다.

---

6  사마천의 『사기』 「이사열전」 중에서

## 왜 그렇게 많은
## 협약(協約)을 맺지요

                나는 협력의 가장 좋은 방법으로 협약協約을 들고 싶다. 물론 이 협약에는 상호존중이 전제되어야 한다.

  협약은 대등한 주체적 당사자로서 각각의 목표 달성을 위해 각자의 역할을 진지하게 고민하며 맺는 계약이다. 이러한 협약과정을 통해 상호 역할을 재인식하게 되는 것 자체가 상대에 대한 존중이 발동된 것과 다름없다고 생각한다. '재인식'이 바로 존중의 속성 중 하나인 인정認定 아니겠는가.

  제1부에서도 잠깐 언급했지만 충북청장과 서울청장 재직 중에 내가 직접 많은 협약을 맺었다. 산하 경찰서장 등 기관장들에게도 협약을 많이 맺도록 지도했기 때문에 당시 경찰관서에서 타 기관과 맺은 협약의 숫자는 다 헤아리기 어려울 정도로 많았다. 그만큼 많은 유관기관 및 주민들과 함께 동반자 관계로 일했다.

  이 자리에서는 내가 그때 맺은 협약이 지금도 효력을 발휘하고 있는 특별한 협약서 한 가지를 소개한다.

## 서울경찰청장 퇴임 직전 CJ CGV와 맺은 협약, "사라짐이 끝이 아닙니다"

2013년 3월 29일, 나는 CJ CGV 서정 대표와 협약을 맺었다. 이날은 내가 퇴임하기 3일 전으로, 이미 퇴임이 결정된 뒤였으나 즐거운 마음으로 임했다. 협약의 핵심 내용은 서울청 직원뿐 아니라 전국의 모든 경찰청 소속 직원들이 CJ CGV가 운영하는 영화관을 이용할 경우 큰 할인 혜택을 받을 수 있도록 한 것이다.

고마운 것은 협약을 맺은 지 12년이 지난 2025년 5월 지금까지도 이 협약의 효력은 유효하게 지속되고 있다는 것이다. 이 자리를 빌려 서정 대표와 CJ CGV 측에 감사드린다. 그리고 이 협약을 자기주도적으로 추진했던 당시 이경자 서울경찰청 복지계장의 열정과 노고에 대해 다시 한번 높이 평가하며 고마운 마음 전한다. 이경자 계장은 훗날 총경으로 승진하여 경기부천소사경찰서장을 역임한 후 퇴직하고, 2025년 현재 경기북부경찰청 자치경찰위원회 사무국장으로 일하고 있다.

나는 산을 좋아한다. 산에 오르면서 숲을 본다. 큰 나무, 작은 나무, 곧은 나무, 굽은 나무 그야말로 온갖 나무가 얽혀 숲을 이루고 있음을 본다. 아리스토텔레스Aristoteles가 강조하지 않

# 협 약 서 CGV

"서울지방경찰청"과 "CJ CGV"는 상호존중과 신뢰를 바탕으로 영화 문화예술 사업의 이해와 교류 및 상호이익 증진을 위해 다음과 같이 협약한다.

**제1조(목적)** 본 협약은 양 기관간 상호 적극적인 협력으로 상호 동반성장과 영화산업의 진흥을 촉진하고 경찰 구성원과 그 가족의 복지문화 실현을 목적으로 한다.

**제2조(기본운영 원칙)** 이 협약서에 명기된 사항은 상호 신의와 성실의 원칙에 입각하여 준수하여야 한다.

**제3조(협력내용)** 상호간의 협력범위는 다음 각 호로 한다.
 ① 서울지방경찰청 협력 사항
   - 경찰관 및 소속 직원에 대한 CJ CGV 할인혜택 사항 홍보
   - CJ CGV 영화상영 정보 내부게시판 이용 독려 및 기타 협력 등
 ② CJ CGV 협력 사항
   - (할인대상) 경찰관 및 소속 직원(동반 3인까지)
     ※ 경찰관, 전·의경, 일반·기능·별정·무기계약직 등을 포함
   - (할인혜택) 전국 CGV에서 1인당 5천원 영화관람 혜택 제공
     ※ 현장 발권시에만 해당되며, 제휴신용카드 중복할인 가능
     ※ 2D 일반영화에 한함 (3D 및 특별관 불가)
   - 기타 서울지방경찰청 주관 문화시책에 대한 편의 제공 등

**제4조(협약기간)** 이 협약은 협약일로부터 1년으로 하며, 협약 내용의 변경 또는 종료에 대한 명시적 의사가 없는 한 1년씩 자동 연장되는 것으로 한다.

**제5조(기타)** 본 협약서의 수정 및 보완할 필요가 있을시 양측의 상호 협의, 동의를 거쳐 서면에 의해 수정 또는 보완한다.

본 협약이 원만히 체결되었음을 확인하고 이를 증명하기 위하여 협약서 2부를 작성, 서명날인 후 각 1부씩 보관한다.

2013 년 3 월 29 일

서울지방경찰청장   CGV CJ CGV 대표이사

김용판              서정

아도 '사람은 사회적 동물'이고, 혼자서는 살아갈 수 없음을 우리는 모두 잘 알고 있다.

그래서 나는 한 그루의 나무가 숲으로 변화되는 과정을 시로 표현하고 싶었다. 하지만 정말로 역량의 한계를 느끼지 않을 수 없었다. 그럼에도 〈우리는 이제 숲이라오〉라는 부족한 시를 선보인다. 솔직히 말하면 한 그루 나무에서 숲으로 전환하는 과정을 표현하는 것이 너무나 어려웠다. 시간이, 세월이 필요함을 절실히 느꼈다. 인간사도 마찬가지일 것이다.

### 우리는 이제 숲이라오 / 김용판

한 그루 나무
세찬 바람에
잎새 떨구며 흐느낀다

작은 새 한 마리
휘청 나뭇가지에 놀라
푸드득 허공으로 날아올라 사라진다

서로를 모르던 시간 속

나무 곁에 나무가 자라고 있었다
뿌리로, 가지로, 순리 안고 다독인다
바람은 여전히 그 자리를 지나가지만
작은 새, 가지 위에 머물며 깃 고른다

이제 폭풍우 휘몰아쳐도
그들은 어깨 맞대며 삼삼오오 노래부른다
"우리는 이제 울창한 숲이라오"

# 5
# 담장을 허물 때
# 이웃은 다가온다

| 장님 거지와 팻말,
| 제 위왕과 미남 재상, 딸이 준 상장

### 장님 거지와 팻말

때는 바야흐로 만물이 소생하는 봄날이었다. 개나리, 진달래, 목련 등이 저마다 아름다움을 뽐냈다. 봄의 향기가 진동하는 어느 공원 입구에는 앞을 보지 못하는 거지 한 명이 팻말을 세워놓고 구걸을 하고 있었다. 팻말에는

"저는 장애로 눈이 보이지 않습니다. 저를 도와주세요."

라고 쓰여 있었다. 하지만 오전 내내 앉아 있어도 깡통에는 동전 한 닢 떨어지지 않았다. 그가 한숨을 내쉬며 세상 사람들의 야박함에 절망을 느끼고 있을 때 어떤 신사가 혀를 차며 다가왔다. 그는 주머니에서 펜을 꺼내더니 팻말 뒷면에 무언가

를 적은 다음 사람들이 볼 수 있도록 돌려놓고서 떠나갔다.

그런데 이게 웬일인가? 지나가던 사람들이 동전이나 지폐를 던져주기 시작한 것이었다. 깡통은 순식간에 차올랐다. 거지는 고마움과 함께 궁금증이 일었다. 도대체 팻말에 뭐라고 쓰여 있기에 사람들이 갑자기 적선을 한단 말인가. 궁금증을 참지 못한 그는 지나가는 사람에게 팻말에 무어라고 쓰여 있는지 물었다. 거기에는 그저 짤막한 한 구절만 적혀 있을 뿐이었다.

"봄은 왔지만 저는 봄을 볼 수 없습니다."

### 제 위왕과 미남 재상(宰相)

전국시대, 제나라 위왕威王 때 추기鄒忌라는 재상이 있었다. 그는 용모가 매우 준수하여 거리에 나서면 뭇사람들이 모두 바라보고 감탄할 정도였다. 어느 날 그는 거울을 들여다보며 아내에게 물었다.

"서공徐公이 대단한 미남자로 소문이 나 있는데 나와 그 사람 중 누가 더 잘생겼소?"

아내는 웃으며 대답했다.

"그야 당신이 더 미남이지요. 서공이 어찌 당신과 비할까요?"

아내의 말을 믿을 수 없다고 생각한 추기는 첩과 친구에게도 똑같은 질문을 했지만 모두 추기가 더 미남이라 말했다. 그러던 어느 날 서공이 추기의 집을 방문했다. 추기가 그를 이리저리 자세히 살펴보니 자신보다 훨씬 잘생겼다는 것을 인정하지 않을 수 없었다. 서공이 돌아간 뒤 추기는 이렇게 중얼거렸다.

"아내는 나를 사랑하기 때문에, 첩은 나를 두려워하기 때문에, 친구는 나에게 바라는 것이 있기 때문에 내가 더 잘생겼다고 대답했음이 틀림없다."

이튿날 추기는 제위왕齊威王을 배알하고 자신의 체험을 이야기하며 이렇게 말을 맺었다.

"지금 제나라는 대국입니다. 후궁들은 모두 왕을 사랑하고, 조정의 대신들은 모두 왕을 두려워하며, 왕께 남다른 대우를 받기를 바라는 무리들 또한 많습니다. 따라서 이러한 사람들에 의해 대왕의 총명이 가려져 있는 것은 아닌지 우려됩니다."

위왕은 그의 말에 공감共感해 다음과 같이 선포했다.

"오늘부터 제나라의 신민臣民은 누구든 과인의 잘못에 대해 직접 지적하는 자, 글을 올려 직간하는 자, 길거리에서 비판하는 자는 거기에 상응하는 '상賞'을 받으리라."

얼마 되지 않아 왕궁의 뜰은 위왕에게 간언하려 몰려온 사람들로 북적거려 시장을 방불케 했다. 1년이 지나자 더 이상 간언하는 사람이 없어졌다. 사람들이 할 말을 다 했기 때문이었다. 그리하여 제나라는 올바르게 다스려지고, 주변 나라에서도 사자를 보내 우러러보았다. 이를 두고 사가史家들은 "위왕은 군사를 사용하지 않고도 적국을 이겼다"라고 논평했다.

### 딸이 준 상장

충북경찰청장으로 재직 중이던 2010년 10월 어느 날, 충북 청주에서 가장 맛있고 건강에도 좋은 음식점을 소개한다는 지인을 따라간 곳이 상당구 서운동에 있는 자연산 버섯찌개 집이었다. 오랜 연륜이 느껴지는 소박한 실내가 무척이나 정겨웠는데 나의 눈에 띄는 것이 있었다.

벽 한켠에 걸린 작은 액자였다. 가까이 다가가 살펴보니 상장이었다. 그런데 상장의 내용이 특이했다. 대통령이나 국무총리가 주는 표창장도 아니요, 하다 못해 동네 통장이 주는 상장도 아니었다. 딸 두 명과 사위가 어머니에게 주는 상장이었다. 그야말로 이 세상에 하나뿐인 상장을 보게 된 것이다.

> ## 상장
>
> 오 정 재
>
> 위 사람은 지금껏 사랑과 정성으로 두 딸을 낳고 기른 어머니였으며,
> 독립심이 강하고 열정이 가득한 모습으로 신사임당 못지않은 '여성'의 힘
> 을 보여주었습니다. 어머니로서, 여성으로서 모범이 되었으므로
> 이에 표창하며 '오사임당'이라는 칭호를 선사합니다.
>
> 2009년 1월 18일
> 맏딸 선화, 사위 만호, 둘째딸 석천 올림

나는 궁금증이 일어 상장의 내역을 물었다.

30여 년 전 남편을 잃고 홀로 두 딸을 키운 어머니 오정재 여사의 고마움을 기리기 위해 딸과 사위가 준 상장이라는 것이었다.

오 여사의 사연은 이 땅의 많은 어머니들과 대동소이했으나 그 고마움을 기린 딸과 사위의 행동이 더 공감共感을 자아냈다. 어머니에 대한 무한한 사랑과 고마움을 가슴 깊이 새기며 상장을 만든 두 딸의 아름다운 마음을 느낄 수 있었다. 오정재 어머니는 힘든 세파를 헤쳐왔지만 딸과 사위가 만들어 준 상장에서

참으로 많은 마음의 위안과 에너지를 얻을 것이 분명하다.

## 공감이 있어야 소통이 온다

공사장에서 땀 흘리며 일하는 인부들이나 뙤약볕 아래에서 밭을 가는 농부들을 만나 마음속의 이야기를 들어야 할 때 어떻게 접근하는 것이 좋을까? 단정한 정장 차림에 향수 냄새를 풍기며 찾아온 사람과 작업복 차림에 막걸리를 사 들고 찾아온 사람 중 누구에게 속마음을 더 보여주겠는가?

물론 사람마다 기질과 개성이 다르기 때문에 차이는 있겠지만 최소한 상대를 배려하면서 눈높이를 같이 하려는 사람에게 마음을 열고 더 호감을 느낀다. 제대로 소통하기 위해서는 먼저 스스로의 벽을 무너뜨려야 한다.

하고 싶은 이야기가 있으면 모두 하라고 하면서 마음에 안 드는 이야기가 나오면 인상을 찌푸리는 상관 앞에서 마음속의 생각을 솔직하게 이야기할 직원은 거의 없다.

담장을 허물어야 이웃이 다가온다. 먼저 공감대共感帶가 형성되어야 소통이 제대로 된다는 말은 이런 점에서 설득력이 있다.

### 경청(傾聽)은 공감의 시작

"사람은 누구나 자기만의 십자가를 가지고 있다"는 말처럼 정도의 차이는 있을망정 말 못할 고민과 고뇌를 가지고 있다. 이러한 고뇌를 누군가에게 하소연하고 싶고 따뜻한 위로를 받고 싶은 마음은 인지상정이다.

예로부터 가장 훌륭한 대화 기술로 상대의 이야기를 잘 들어주는 경청을 꼽는다. 유명한 스피치 강사들은 이구동성으로 먼저 상대의 말을 이해하고 수긍하는 자세에서 마음의 문이 열리기 시작한다고 강조한다.

어떠한 자리에서든 남의 말은 듣지 않고 자신의 말만 되풀이하는 사람을 만나면 짜증이 나고 만남이 지루해진다. 나의 이야기에 다른 사람이 귀를 기울이지 않을 때 자존감은 무너지기 쉽고 공격적으로 변하기 쉬운 것이다. 반면 나의 이야기에 진지한 관심을 보이면서 열심히 들어주는 사람을 만나면 존중받고 있다는 느낌이 든다.

악성 민원인의 말을 열심히 들어주면 그 자체만으로도 민원이 해결되는 경우가 많다.

"아, 그러셨군요. 저런! 안타깝네요."

라고 맞장구 치면서 공감共感의 표정을 지으면 그는 나중에는 별다른 요구도 없이 '고맙다'라고 말하면서 자리를 떠난다. 이러한 점에서 공감의 진정한 시작은 진지하게 듣는 자세, 즉 경청傾聽에서부터 출발한다.

세상의 많은 문제가 '공감의 부족共感不足'에서 빚어지는 일이 부지기수다. 그 해결의 실마리를 진지하게 열심히 들어주는 것에서 찾을 수 있다. 하지만 남의 말을 진지하게 듣는 것이 말처럼 쉬운 것은 아니다.

특히 충고를 받아들이기란 정말 어렵다. 오죽했으면 세상에서 가장 쉬운 일은 남에게 충고하는 것이고, 가장 어려운 일은 남의 충고를 받아들이는 것이라는 말이 생겨났겠는가?

『우신예찬愚神禮讚』으로 유명한 중세 서구 철학자 에라스무스Erasmus는

"절대로 남에게 충고하지 마라. 상대가 진정성을 가지고 충고해달라고 조르고 또 조르기 전까지는"이라는 명언을 남겼다.

내가 지인들로부터 가장 많이 지적받으며 듣고 있는 충고가 바로 "자신의 이야기는 줄이고 남의 이야기를 많이 들어라"라는 것이다. 그런데 그게 참으로 쉽지 않다. 다만 노력할 뿐이다. 충고는 아무리 유익해도 내 귀에 거슬리기 때문에 진지한 모습으로 충고를 구할 때만 비로소 들을 수 있다.

이 점에서 제나라의 위왕은 참으로 대단한 사람임이 분명하

다. 그를 벤치마킹해서 충고를 받아들이는 진지한 '제도적 장치'를 모색하기를 나를 포함해 세상의 모든 사람들에게 진심으로 권유하고 싶다.

### 의미있게 알릴 때 공감은 시작된다

공감을 위해서는 경청과 함께 중요한 것이 의미있게 알리는 것이다.

기업의 마케팅 전략에서 브랜드 가치Brand value를 높이는 것은 매우 중요한 문제다. 브랜드 가치란 특정 상품이 가지고 있는 무형자산으로 브랜드의 지명도와 밀접한 관련이 있다. 어떤 상품에 대해 누구나 알 수 있도록 의미 있게 열정적으로 알리는 것이 브랜드 가치를 높이는 중요한 요인이 된다.

세상일은 진실 그 자체로 평가받지 못하는 경우가 많다. 어떤 대상에 왜곡된 정보가 반복적으로 주입되면 그 대상을 부정적으로 인식하기 쉽다. 이를테면 인터넷에서 허위 사실의 괴담이 그럴듯하게 포장되어 광속으로 퍼지면 사람들은 자기도 모르는 사이에 영향을 받는다.

나는 평소에 '의미있게 알릴 때 공감은 시작된다'라는 믿음으로 경찰이 하는 일, 또는 하고자 하는 일을 어떻게 의미있게 알릴 것인가를 두고 늘 고심했다. 가장 좋은 방법은 영향력 있는 언론에서 비중 있게 다루어주는 것이겠지만 이는 희망사항일 뿐 기대하기 어렵다. 또한 언론은 언론대로 주관이 있기 때문에 우리가 바라는 대로 홍보해 주는 것은 아니다.

부정적 내용은 확대도 되고 긍정적인 것은 작은 비중으로 다루어지는 경향도 있다. 기관·단체, 기업체 등에서 나름대로 사내신문 내지 홍보매체를 발행해 제한된 대상이지만 회사의 성과 등을 심층적으로 홍보하는 것도 이와 무관치 않다.

### 《경찰 25시》를 선보이다

이러한 맥락에서 만들게 된 것이 제1부에서 소개한 바 있는 《경찰 25시》라는 소식지 성격의 치안신문이다. 2001년 7월 대구 달서경찰서장에 부임하자마자 평소 구상했던 치안신문을 만들기로 하면서 이름을 공모했다. 그중 채택된 것이 당시 최덕기 경장이 제안한 《달서경찰 25시》다. 신문 형태를 갖춘 소식지로는 경찰에서 전국 최초로 발행되었다.

그 후 성동경찰서장 때는 《성동경찰 25시》로, 충북경찰청장 때는 《충북경찰 25시》란 이름으로 발행해 직원들과 주민들에게 많은 사랑을 받아왔다. 서울경찰청장 부임 후에도 역시 《서울경찰 25시》를 발간했다.

하지만 예산 문제 등으로 부수가 제한되기 때문에 더 많은 사람이 접할 수 없다는 점이 가장 큰 아쉬움이었다. 그런데도 직원들과 주민들에게 경찰이 하고 있는 일을 의미 있게 알림으로써 큰 공감대를 끌어내고 경찰의 브랜드 가치를 높이는데 적지 않은 역할을 했다.

《경찰 25시》는 다양하게 활용되었다. 먼저 직원 교육용으로 이만한 자료가 없다. '치안 포커스' 등을 통해 주요 치안 시책을 심층적으로 소개하기 때문이다. 나 또한 신문을 통해 직원들의 숨겨진 여러 활동 상황을 알 수 있었다.

소식지 성격의 치안신문《경찰 25시》

대외적으로는 정보관을 비롯한 파출소장들이 주민 접촉 활동을 하는데 유익한 자료로 활용되었다. 만나는 사람들에게 신문을 전달하면서 자연스럽게 치안 시책을 설명하기 때문에 정보활동의 주요 매개체 역할을 하는 셈이다. 그렇지만 무엇보다 큰 성과는 유관기관과 주민들에게 경찰의 활동을 의미 있게 전달함으로써 공감의 폭을 넓혀간다는 점이었다.

### 《의정보고 25시》를 선보이다

제21대 국회의원이 되어 2020년 5월 30일부터 의정활동을 시작했다. 매달 마지막 날 그달의 주요 활동 사항을 지역구 당원 및 주민들에게 온라인On-Line으로 보고했다. 이름은 《경찰 25시》를 벤치마킹해 《의정보고 25시》로 정했다.

총8면으로 구성되어 있고 특히 주요 활동은 지역주민들이 한눈에 볼 수 있도록 사진으로 압축 정리했다. 사실 4년의 주요 의정 활동은 이 《의정보고 25시》에 고스란히 담겨져 있다.

'의미 있게 알릴 때 공감은 시

《경찰 25시》를 벤치마킹한 《의정보고 25시》

작된다'는 말의 의미를 《경찰 25시》와 《의정보고 25시》를 통해 새삼 많이 느꼈었다.

## "한 수 배우러 왔습니다!"

**승계발전에서 창조가 나온다.**

승계 없는 역사는 없다. 승계는 앞 사람의 정책을 무조건 물려받는 것이 아니라 좋은 정책은 더욱 발전시키고, 실패한 정책은 폐기시키는 것이다. 그런데 앞 사람의 정책을 물려받으면 모방한다는 비난을 받을까봐 그러는 것인지 아무리 좋은 정책이라 하여도 이어받아 추진하는데 인색하다.

내가 충북청장으로 재직할 때 주폭척결의 성공 사례를 〈주폭척결백서〉로 만들어 전국 경찰관서에 배포했으나 지방청 차원에서 그 시책을 펼친 곳은 제주경찰청밖에 없었다. 제주경찰청에서는 신용선 제주청장의 지시에 의해 제주청 직원이 직접 충북경찰청에 배우러 왔었다. 나는 신용선 청장으로부터 "추진결과 제주도민과 직원들로부터 전폭적인 호응을 받았다, 덕분이다"라는 취지의 감사 전화를 받기도 했다.

경찰서 차원에서는 설용숙 대구북부경찰서장이 시행하여 주민들로부터 큰 호응을 받았다는 이야기는 전해 들었지만, 과연 다른 경찰서에서 제대로 시행했는지는 알 수 없었다. 물론 전국에서 문의 전화는 제법 왔었다는 보고는 받긴 했다. 어쨋든 경찰청과 지방경찰청 차원에서는 그들이 창안한 시책이 아니라 하여, 또는 그 의미를 잘 몰라서 큰 관심을 두지 않은 것은 사실이었다.

실제 내가 서울경찰청장 때 인사차 만났던 모 지방경찰청장으로 근무하다 퇴직했던 분에게 그때 왜 주폭척결시책을 펴지 않았느냐고 물었더니 대답이 충격적이었다.

"……부끄럽지만 솔직히 말씀드리면, 보내준 〈주폭척결백서〉를 보긴 했어도 어떻게 추진해야 할지 잘 몰라서 엄두를 내지 못했습니다……"

이 분은 내가 충북청장 때 모 지방경찰청장으로 있었고, 내가 직접 전화해서 주폭을 척결하면 시민들이 엄청 좋아할 것이라고 권유까지 했던 인연이 있었다.

나는 서울청장으로 부임했을 때 전임자의 정책을 면밀히 살펴 좋은 정책은 중단 없이 계속 시행해 나갔다. 전임 서울청장이었던 이강덕(2025년 현재 포항시장)청장이 시행했던 〈실종자 수색 전담반〉을 높이 평가하고 승계·발전시킨 것이 그 대표적 사례이다.

### "한 수 배우러 왔습니다"

승계의 관점에서 내가 적극적으로 추진한 시책은 '한배단 활동'이다. 한배단은 '한 수 배우러 가는 단체'의 약자로서 내가 작명作名한 것이다.

내가 최초로 한배단의 일원이 되어 한 수 배우러 간 곳은 캐논코리아 안산공장이었다. 충북경찰청장 재직 때인 2011년 2월 9일, 충북청 산하 각 경찰서의 혁신 선도직원 20여 명과 함께 직원 존중에 대한 노하우를 배우러 간 것이다. 혁신을 선도한 김영순 전무를 통해 직원 존중과 권한위임에 대한 세련된 기법을 배운 것 외에도 특히 눈에 띄는 것이 있었다.

하루의 성과를 '입식 테이블'에서 편하게 토의하며 진행하는 모습이었다. 나는 이를 벤치마킹하여 집무실의 탁자를 입식으로 교체하고 결재와 보고받는 공간뿐 아니라 간담회 자리로 의미있게 활용하였다.

그런데 안타깝게도 그 입식 테이블은 내가 충북청장을 떠나자마자 창고에 들어가는 신세가 되었다. 이후 내가 서울경찰청장으로 발령받았을 때 먼지에 쌓여있던 테이블을 관리전환 받아 서울경찰청으로 가져와서 재활용하였다.

특히 일주일에 몇 차례 있는 직원과의 간담회 때는 차를 함께 마시며 대화를 나누었다. 그러다 보니 어느덧 청장실 내의

'스탠드 바'로 소문이 날 정도로 의미를 부여받았다.

서울경찰청장 부임 직후 본격적으로 한배단을 실행했다. 한배단의 활성화는 서울경찰의 수준을 한 단계 높인 의미 있는 활동이었다. 기존의 관행에 얽매여 급속하게 변하는 환경을 따라잡지 못하거나 혁신적 아이디어 또는 효율적인 업무 프로세스를 창안하여도 담당자나 지휘관이 바뀌면 승계 발전되지 못하는 경우가 적지 않았다.

이러한 행태에 대한 진지한 성찰과 '우리가 모른다고 없는 것이 아니다'라는 관점에서 발상의 전환을 요하는 한배단을 적극 활용토록 한 것이다.

한배단은 조직 내부는 물론 일반기업이나 타 기관·단체에서 시행 중인 우수한 사례들을 발전적으로 벤치마킹하는 것을 뜻한다. 이러한 한배단 활동을 통해 기존 우수 시책의 승계 발전을 넘어 타 기관·단체의 우수 사례를 서울경찰의 실정에 맞게 새롭게 도입하여 치안 경쟁력을 향상시켰다. 이렇게 스스로 자세를 낮추어 적극적으로 배우는 과정에서 소통이 확대되고 치안복지治安福祉 창조에 대한 공감대 형성과 지지기반도 넓어졌다.

입식 테이블은 한배단 활동에서 벤치마킹한 것이다(2012년, 서울경찰청장실)

"한 수 배우러 왔습니다."

이 말이 사회 곳곳에 울려 퍼질 때, 우리 사회의 상생문화相生文化도 더욱 빨리 정착되리라 생각한다.

내가 경찰을 떠난 지도 2025년 현재 기준으로 12년이 지났지만 '한배단' 활동이 경찰관의 성과평가 항목에 들어가 있다는 말을 들었다. 반가운 일이다.

# 6

# 힘과 지혜는
# 책무(責務)에서 나온다.

## 휴가는 권리인가?
## 책무인가?

나는 내가 정립한 4대 전략과 3대 관점 모두에 대해 애정을 가지고 있다. 그런데 그중 책무의 관점에 대해서는 세상의 공인(公人) 등에게 특히 부탁드리고 싶은 마음이다.

책무란 무엇인가? 문자 그대로 보면 책임과 의무의 조합이다. 나는 책무란 '마땅히 해야 할 일'이라고 규정한다. 물론 이 책무에는 법적·도덕적·사회적 책무가 포함된다. 나는 진정한 에너지는 권한과 권력에서 나오는 게 아니라 책무에서 나온다고 믿고 있다.

공·사 조직을 막론하고 휴가를 가는 것은 즐거운 일이다. 하지만 휴가를 가겠다고 말하는 자체가 눈치 보이는 직장이라면 문제가 복잡해진다. 내가 일선의 경찰서장으로 있을 때 어떤 지방경찰청장은 이런 말을 했다.

"나는 이번 여름휴가를 가지 않는다. 경찰서장 중에서 휴가를 갈 사람은 나에게 직접 보고하고 가라."

이러한 경직된 분위기에서 어느 누가 선뜻 휴가를 가겠다고 하겠는가? 쉽지 않다. 이에 비해

"휴가 가는 것은 여러분의 권리다. 왜 자신의 권리를 행사하지 않는가?"

라고 말하며 편하게 휴가를 가도록 독려한 지휘관도 있었다.

그런데 나는 휴가 가는 것을 권리 측면에서 접근하지 않고 책무責務의 시각에서 바라보았다. 휴가라는 제도는 크게 볼 때 그 기간을 의미있게 활용함으로써 심신을 재충전해 일을 더욱 잘하자는 취지에서 만들어진 것이다. 이러한 관점에서 내가 서울청장으로 재직할 때는 경찰서장들에게 이렇게 말했다.

"휴가 가는 것은 여러분의 책무다. 휴가를 안 가려는 사람은 장기적으로 일을 열심히 안 하겠다는 직무태만자로 볼 수 밖에 없다."

결과적으로 휴가를 권리로 인식할 때보다 책무로 인식할 때 당당하게 갈 수 있는 것이다. 권리보다 책무에서 더 강한 에너지가 나오게 된 셈이다.

## 공인에게는
## 오직 책무만이 있을 뿐이다

제2부에서 살펴봤듯 내가 강력하게 추진했던 주폭척결시책이 큰 호응을 받고 성공할 수 있었던 중요한 이유 중 하나는 이 정책을 책무의 시각에서 접근했기 때문이다. 경찰관서에 와서 경찰관에게 폭력을 행사하는 성향의 주폭은 마을 주민이나 이웃들에게는 '오죽했겠느냐'라는 시각으로 주민의 입장에서 그 피해 사실을 입증해 처벌했다.

경찰의 중요한 기본 책무 중 하나는 폭력으로부터 선량한 주민들을 보호하는 것이지만 그전에는 주폭의 행패에 주민들이 얼마나 고통 받았을까? 하는 고민을 한 적이 거의 없었다. 솔직히 말하면 경찰 자신이 폭행을 당해도 속수무책인 상황에서 주민의 고통을 돌아볼 여지도, 경황도 없었다는 것이 정답이다.

주폭척결은 바로 마땅히 해야 할 일을 하지 않은 경찰의 직무태만 내지 직무유기에 대한 진지한 자기성찰自己省察, 즉 책무의 개념에서 출발했던 것이다.

공무원 등 공인에게 주어져 있는 권한과 권력은 모두 국민을 위해 사용해야 한다. 그 점에서는 바로 책무와 연결된다. 그래서 공인에게는 책무만이 있다고 주장하는 것이다. 나아가 공무원의 책무는 국민이 있는 한 영원한 책무다. 그 책무를 이행하려는 고뇌에서 에너지가 나오고 창조創造가 나온다.

지금 어떤 공인公人이 가지고 있는 권한과 권력은 전적으로 국민을 위한 '책무'의 관점에 서 있을 때 비로소 진정한 의미를 가지게 된다고 다시 한번 외쳐보고 싶다.

나는 책무의 의미를 보다 강조하고 싶어 〈천년 뿌리 책무로세〉라는 제목으로 시조 한 수首를 지어 보았다.

### 천년 뿌리 책무로세 / 김용판

마땅히 해야 할 일 책무는 잘 몰라도
내 권력 내 권한엔 어찌 그리 밝으신지
아서라, 화무십일홍 천년 뿌리 책무로세

# 7
# 관점이 달라지면 처방도 달라진다

## 목화 상인과 고양이

옛날 옛적 인도의 어느 지역에 목화 상인 4명이 동업을 하면서 창고에 목화를 가득 넣어두었다. 그런데 쥐들이 들끓어 고양이 한 마리를 구입했는데, 사람은 4명이고 고양이는 한 마리라 누가 주인이냐는 문제가 발생했다.

논란 끝에 고양이 발이 4개인 것에 착안해 고양이 우측 앞다리는 '갑'의 소유로 하고, 나머지 세 다리는 을, 병, 정의 소유로 하는 등 각 다리의 주인을 정하였다.

어느 날, 이 고양이가 우측 앞다리를 많이 다쳐 그 주인인 갑이 정성을 다해 치료하고 붕대를 감아주었다. 그런데 고양이 녀석이 난롯가에서 까불며 놀다가 그만 붕대에 불이 붙었다.

고양이는 창고에 뛰어들었고 목화는 모두 타버렸다. 상인들은 낙담했다.

그러다가 동업한 상인 중 갑을 제외한 나머지 을, 병, 정 세 사람이 갑을 상대로 손해배상을 청구하는 소송을 제기했다. 소송 이유는 무엇이었을까?

"갑은 고양이 우측 앞다리의 소유자다. 그는 자신의 소유인 우측 앞다리를 잘 관리해야 할 의무가 있음에도 그렇게 하지 않아, 우측 앞다리를 다치게 했다. 거기다 붕대에 감은 다리를 또다시 제대로 관리하지 않아 불이 붙게 되었고, 창고의 목화까지 다 태우게 되었다.

결국은 갑이 자신의 소유인 앞다리를 제대로 관리하지 않았기 때문에 화재가 발생해 이런 피해가 발생하게 되었으니 그 책임이 크다. 따라서 갑은 을, 병, 정이 입은 손해에 대해 배상해야 함은 마땅하다"라는 것이었다.

그런데 재판관은 정반대로 판결했다. 원고인 을, 병, 정 세 사람은 도리어 피고 갑에게 피해를 배상해야 한다는 취지의 판결을 내린 것이다. 판결 이유는 무엇이었을까?

"갑의 소유인 우측 앞다리는 많이 다친 상태이기 때문에 혼자의 힘으로는 움직이기 불가능하다. 고양이가 창고에 들어가게 된 것은 전적으로 을, 병, 정 소유의 멀쩡한 세 다리가 억지로 끌고 갔기 때문이다. 그로 인해 목화에 불이 붙어 갑의 피해가 발생한 것이다.

따라서 움직일 수 없는 갑의 다리를 억지로 끌고 간 멀쩡한 세 다리의 주인인 을, 병, 정은 갑이 졸지에 입게 된 피해에 대해 오히려 배상함이 마땅한 것이다."

재판관은 대부분의 사람들이 생각하는 것과 정반대의 판결을 내렸다. 그는 일반적 관점에서 벗어나 새로운 시각으로 사건을 보았다. 그런데 만약, 재판관이 내린 판결 이유와 똑같은 논리로 갑이 다른 3명을 상대로 소송을 제기했다면 그때도 재판관은 갑의 손을 들어 주었을까? 오히려 을, 병, 정의 손을 들어주지는 않았을까?

대답은 각자의 인식에 따라 다르다. 중요한 것은 관점, 즉 발상의 전환에 따라 결과가 달라진다는 점이다. 우리 삶의 모든 부분에서 올바르고 현명한 판단은 입체적·종합적 시각에서 나온다. 세상은 보는 각도에 따라 얼마든지 달리 보이고 해석이 다를 수밖에 없다.

해석이 다르면 처방 또한 다를 수밖에 없는 것이다. 그러므로 단면적이고 부분적인 시각에서 벗어나 입체적·종합적 관점으로 세상을 바라보아야 한다. 선입견, 편견, 고정관념 등 단면적·부분적 관점으로는 전체의 맥을 제대로 찾기 어렵다.

## 의사와 아들

아버지와 아들이 자동차를 타고 여행을 떠났다. 그런데 불행히도 아버지가 운전하던 차가 고속도로에서 교통사고를 당해 아버지는 현장에서 사망하고, 아들은 목숨이 위태로운 중상을 입었다. 부상이 몹시 심해 즉시 고도의 외과수술을 하지 않으면 생명이 위험할 수 있었다.

경찰은 신속하게 수소문해서 그 분야의 유명한 외과의사가 있는 병원으로 아들을 이송했다. 그런데 아뿔싸! 의사가 수술을 위해 응급실로 들어가 보니 실려온 환자가 바로 자기의 아들이었다. 그 의사가 소스라치게 놀란 것은 말할 나위가 없다. 도대체 아버지와 아들 그리고 그 의사와의 관계는 무엇인가? 분명 아버지는 고속도로에서 사망했는데 그 의사는 왜 자기 아들이라 하며 그리 놀랐던 것일까?

이 질문에 즉시 정답을 말하는 사람은 그리 많지 않다. '불륜'을 떠올리는 사람이 의외로 많았다는 일본 도쿄대의 실험결과가 있었다 한다. 그런데 정답은 '그 의사는 아들의 어머니'라는 것이다. 유명한 외과의사는 '남자'일 것이라는 선입견과 고정관념이 작동되어 어머니라고는 생각지 못하는 것이다. 죽은 아버지를 한 번 더 슬프게 만드는 이런저런 상상을 하게 되는 것이다.

인간의 고정관념과 편견을 깨기는 정말 어렵다. 오죽했으면 알베르트 아인슈타인이 "편견을 깨는 것은 원자핵 하나를 쪼개는 것보다 더 어렵다"라고 말하였겠는가?

인간의 선입견과 편견은 인간성 자체를 부정하기도 하고, 진실을 왜곡시키기도 하며, 선량한 한 사람을 가해자 혹은 범죄자로 만들기도 한다.

# 8

# 우리가 모른다고
# 없는 것이 아니다

## 구중궁궐이 몰라도
## 백성의 아픔은 있다

"우리가 모른다고 없는 것이 아니다"라는 말은 경찰 재직 중 내가 고심하여 만든 말이다.

언론에 크게 보도되지 않았다 해서, 어떤 큰 사건이 안 일어난 것은 아니다. 범죄는 늘 발생한다. 다만 우리가 모를 뿐이다. 범죄 피해를 입은 사람들 중에는 적지 않은 사람들이 신고를 하지 않는다.

- 수치스러워서요. 창피하잖아요.
- 보복 당할까 두려워 그냥 참고 맙니다.
- 오라 가라 귀찮게만 하고… 또 경찰을 믿을 수 있나요?

이러한 이유 등으로 신고되지 않는 범죄가 적지 않다. 심각한 범죄일수록 신고되기 어렵다는 사실을 결코 간과해서는 안 된다. 미신고는 특히 폭력과 관련해 많이 나타난다. 성폭력, 조직폭력, 학교폭력, 주취폭력 등이 대표적이다.

당시 나는 주민을 위한 치안복지 창조에 가장 중요한 것은 검거실적 등의 통계에서 1등을 하는 것이 아니라, 통계에는 잡히지 않는다 해도 '수치스러워서, 두려워서, 경찰을 믿지 못해서' 신고되지 않는 범죄를 척결하는 것이 더 중요하다고 생각했다.

그중 성공한 대표적 사례가 주폭척결시책이다. 이 시책은 언론에 부각되고 나서 취한 정책이 아니다. 그야말로 능동적으로 찾아가 밝혀내고 척결한 시책이라는 데 더 큰 의미가 있다.

제3부 주폭척결시책에서 잠깐 언급했듯 당시 이용훈 대법원장이 이 시책에 대한 이야기를 듣자마자 대뜸 "그러면 술장사 하는 사람, 장사되나"라고 말한 것은 주폭의 실태를 몰랐기 때문이다.

실제 구중궁궐에 있는 사람은 현장 접점에서 심각하게 벌어지고 있는 실제 상황을 알기 어렵다.

2012년 11월 5일 〈조선일보〉 선우정 기자(2025년 현재 조선일보 편집국장이다)가 쓴 칼럼 하나를 인용한다.

**"우리가 모른다고 없는 것이 아니다."**

지난 여름 강릉 경포대 백사장에서 순경 한 명에게 공권력의 위엄을 느꼈다. 주말 밤 8시쯤 아이와 함께 경포대 해변으로 산책하러 나갔을 때였다. 예전처럼 술로 난장판이 된 경포대였다면 가족과 나가지 않았을 것이다. 강릉경찰서의 노력으로 경포대 풍경이 달라졌다는 기사를 보았기 때문에 나갔다.

백사장에 들어섰을 때 눈에 보이는 경찰은 한 명이었다. 그 경찰이 시야에서 사라지면 다른 경찰이 눈에 들어왔다. 어디를 가든, 어디에 있든 경찰 한 명이 보였다. 경찰은 한 명뿐이었는데, 해변에서 술을 마시면서 괴성과 고함을 지르는 낯익은 장면을 보지 못했다. 공권력은 눈에 보이는 것만으로 사람을 켕기게 한다. 일탈하려는 사람에게는 특히 그렇다.

"그 정도로 공권력의 위엄 운운하느냐"고 말할 수도 있다. 하지만 이전의 경포대를 떠올리면 경찰 몇 명의 능력이 얼마나 거대한지 알 수 있다.

피서철 경포대 해변은 술판, 고성방가와 폭력, 전쟁터와 같은 폭죽 연기, 화약 냄새, 쓰레기가 난무하던 곳이다. 하루 최고 소주병 3,000여 개가 수거된 일도 있다. 누군가는 술 냄새 나는 경포대에서 소돔과 고모라를 떠올렸다는 이야기도 했다.

주폭은 기초질서 위반처럼 지난 수십 년 동안 묻혀 있던 문제였다.

"술에 취하면 누구나 저지를 수 있다"는 공범 의식 때문이었을까. 하지만 주폭 피해가 사회적 약자에게 집중된 것에 근본 원인이 있지 않을까 싶다. 술 마시고 깽판 치고 돈을 뜯는 무뢰배는 취약계층이 밀접한 변두리 지역에서 활개친다. 주폭이 내깔긴 난장판을 수습하는 사람들도 서민이다. 사회적 강자가 볼 수 없는 사각지대에 그들은 존재해 온 것이다.

"우리가 모른다고 없는 것이 아니다"는 김용판 서울경찰청장이 최근 출간한 책 제목이다. 경찰이 모르는 곳에서 서민을 울리는 범죄가 수없이 많다는 뜻이다. 김 청장은 경찰력을 주폭 단속에 집중해 언론과 함께 주폭을 사회 문제로 부각시킨 인물이다. 김 청장의 책을 읽으면서 이런 문장이 가장 마음에 들어왔다.

"구중궁궐에 있는 사람은 현장의 접점에서 심각하게 벌어지는 실제 상황을 전혀 모른다. 그러므로 현장에서 겪는 사람과 똑같은 온도로 이해하기 어렵다. 자신이 직접 당하지 않았기 때문이다."

공권력은 범죄 위협에서 벗어날 수 없는 구중궁궐 밖 서민들을 위해 존재한다. 김 청장의 말대로 공권력 행사는 치안복지이며 치안복지는 모든 복지의 바탕인 것이다.

경찰의 주폭 드라이브는 이 사회에 왜 공권력이 존재하는지를 증명했다. 경찰의 위엄은 이렇게 축적되는 것이다. 경찰은 더 큰 권한을 가질 때가 됐다. 인원도 늘려야 한다. 정당하고 강한 공권력은 선진국의 공통점 중 하나다. 국민도 마음에 품고 있던 '경찰 트라우마'를 잊을 때가 됐다.

## 정조대왕의 격쟁(擊錚:징 두드리기) 제도를 현대적으로 재해석해야

좌파와 우파를 막론하고 집권하면 큰 차이가 없다. 권력의 속성이 알게 모르게 그들의 눈을 멀게 하고 귀를 멀게 하기 때문이 아닐까 생각한다. 이러한 구중궁궐의 담을 허무는 가장 좋은 방법은 무엇일까? 나는 감히 이렇게 말하고 싶다.

"먼저, 보이지 않는다고 없는 것이 아니며, 모른다고 해서 없어지지 않는다는 관점을 가져야 한다. 나는 몰라도 억울한 사람은 있다. 정조대왕이 격쟁擊錚제도를 도입해 백성의 아픔을 들었듯, 제나라의 위왕이 방榜을 붙여 백성의 이야기를 들었듯 국민의 관점에서 들어야 한다.

이러한 관점에서 세상을 입체적·종합적으로 보려고 노력하는 자세야말로 구중궁궐이라는 편견의 벽을 허무는 가장 좋은 방책이다."

정조대왕은 백성의 목소리를 직접 듣기 위해 징을 두드리는 격쟁擊錚 제도를 정비하고 활용했다. 특히 환궁할 때까지 8일 정도가 소요되는 수원화성 행차 때에는 이 격쟁제도를 적극 활용했다. 행렬의 앞뒤에 징을 설치하여, 백성들이 이를 쳐서 억울함을 호소할 수 있도록 한 것이다.

정조대왕은 백성의 민원을 들으면 즉석에서 신하들에게 철저한 조사와 후속 조치를 지시했다. 이는 민심을 듣는 차원을 넘어 실질적인 지방행정의 개선으로 이어졌다. 징을 두드려 민원을 제기하는 격쟁제도가 적극적으로 활용되면서 지방 수령들은 심리적으로 크게 위축될 수밖에 없었다.

누가 임금 앞에 가서 징을 두드릴 줄 모르기 때문이었다. 징 소리로 대변되는 백성의 원성怨聲을 두려워하게 된 것이다.

내가 매달 개최한 〈김용판 의원과 함께하는 민원의 날 행사〉도 정조대왕의 이 격쟁제도를 참고한 면이 있었다.

나는 정조대왕이 격쟁제도를 보다 의미있게 잘 활용하여 애민愛民정책을 펼친 것처럼, 각 분야에서 우리나라의 지도자 위치에 있는 사람은 격쟁제도를 현대적으로 재해석할 필요가 있다고 생각한다. 그러면 자연스럽게 국민들의 이야기를 제대로, 진정성 있게 들으려는 마음가짐과 이를 가능케 하는 제도적 장치制度的 裝置를 마련하게 될 가능성이 높다고 보는 것이다.

이를테면 어느 당이 집권하든 대통령이 같은 당의 국회의원들에게라도 익명匿名으로, 대통령 자신에 대한 가감없는 비판과 조언을 제시할 수 있는 판을 깔아준다면 정말로 훌륭한 의견 내지 비판이 엄청나게 쏟아질 것이라 본다. 물론 야당 의원들에게까지 요청할 수 있다면 이는 금상첨화다. 이 정도 배포면 거의 제나라 위왕의 배포쯤 되지 않을까 싶다.

장자莊子가 말했듯 사람은 누구나 자신만의 강점을 가지고 있다. 내가 모른다고 없는 것이 아니다. 세상은 넓고 지혜로운 관점도 많다는 데 한 표 던진다.

## 9

## "자기주도형 행정문화를 강력 추천합니다."

"충북경찰의 브랜드 가치를
10배 높이겠습니다."

2010년 9월 8일, 나는 충북경찰청장에 취임했다. 주민대표들과 출입기자들이 지켜보는 가운데 가진 취임사에서 이렇게 말했다.

"나는 충북 경찰의 브랜드 가치가 내가 이임해 갈 때는 지금보다 10배는 높아져 있도록 하겠습니다. 일하는 방식을 바꾸어 그런 성과가 나올 수 있도록 할 것입니다. 직원들이 자율성自律性과 창의성創意性을 가지고 업무를 수행하는 자기주도형 근무를 도입, 시행할 것입니다."

그리고 1년 2개월이 지난 2011년 11월 중순, 충북청장을 떠나갈 때 당시 출입하는 기자들에게 물어보았다.

"내가 충북경찰의 브랜드 가치를 이임할 때는 10배 높이겠다고 말했는데, 기자들이 보기에 어떻습니까? 10배 높아졌다고 보십니까?"

기자들은 이구동성으로 대답했다.

"10배 더 높아진 것 같습니다."

그때는 자기주도형 근무뿐 아니라 충북에서 시작된 주폭척결시책이 완전히 성공리에 끝났기 때문에 언론에서도 그렇게 호평해 주었다 생각한다.

나는 사실 처음에는 '자율책임 성과경영'이란 말로 표현했는데 중간에 '자기주도형 근무'로 개칭했다.

충북경찰청에서 자기주도형 근무를 정착해 나가는 데는 우리나라 성과경영의 대가인 류량도 박사의 도움이 컸다. 당시 귀한 시간을 내어 현장을 지도해 준 류량도 박사께 이 자리를 빌려 진심으로 감사드린다.

자기주도형 근무는 전 직원들이 개인 목표를 기록한 미션카드를 각 사무실에 게시하고 자신과의 약속을 지키기 위해 자신의 책임하에 의미 있게 실천함으로써 개인 목표와 조직 목표 간의 조화를 이루는 것이다.

이러한 자기주도형 근무를 하기 위해서는 주민들이 진정으로 원하는 것이 무엇인지를 주민의 입장에서 먼저 고민해야 한다. 그리고 동료들은 무엇을 하고 있는지 알아야 한다. 동료 간의 소통이 필수 요건인 것이다. 그렇게 되면 지역 실정에 맞는 나름의 자기주도적인 근무 방향이 자연스레 나올 수밖에 없다.

여기서 잠깐 상급 부서의 역할에 대해 말하고 싶다. 상급 부서는 기본적으로 감독하고 통제하는 역할을 수행해야 하는 것은 맞지만, 더 중요한 것은 보다 많은 정보를 체계적으로 입수, 재정리하여 지원支援하고 조정調整하기 위해 존재하는 조직이라는 점이다. 상급 부서로서의 권한을 행사하기 이전에 이를 책무責務로 인식하는 자세가 중요하다.

## 자기주도형 근무는 주민의 시각에서 업무를 재해석하는 것

2011년 3월 9일, 충북경찰청에서는 각 지역의 주민대표 등 250여 명이 참석한 가운데 제1회 '치안복지 창조를 위한 경찰서간 경진대회'를 열었다. 이날은 경찰서장들과 권한위임 협약식을 개최한 후 3개월이 되는 날이었다.

부임한 지 3개월이 되던 2010년 12월 9일 경찰서장들이 지역 실정에 맞는 창의적 치안시책을 자율적으로 펼칠 수 있도록 각 지역 주민들을 초청해 권한을 위임하는 협약식을 맺으면서

3개월 후 '경찰서간 경진대회'를 열겠다고 천명했던 것이다.

당시 주민 대표로 축사한 오영식 충북경찰청 경찰발전위원장은

"김 청장이 약속한 것처럼 주민 위주의 치안시책이 이루어지는지 두 눈 시퍼렇게 뜨고 지켜보겠다."

라는 강력한 당부의 말을 남기기도 했었다.

드디어 주민으로부터 성과를 검증받자는 취지의 경진대회가 개최된 것이다. 발표자는 각 경찰서의 자체 대회를 통해 선발된 치안접점부서의 책임자인 지구대장 또는 파출소장이 총론이 아닌 각론 시책을 발표했다.

'전국 최초'란 수식어가 붙는 시책이 대부분이었다. 현장 직원들이 서로 지혜를 모아 주민의 입장에서 지역 실정에 맞는 창의적 시책을 찾아냈기 때문이다. 이동형 CCTV 활용, 마을보안관 제도, 관내 주민들의 차량에 식별 스티커를 부착해 선별 검문하기, 사전 신고된 빈집을 동영상 촬영하여 여행 중인 주민에게 보내주기, 무다이얼링 전화시스템 구축, 지적 장애인에 대한 관리카드 작성 등 주민의 감동을 이끌어낸 좋은 시책들이 많이 소개되었다.

심사단은 나기정 전 청주시장을 위원장으로 주민 29명, 2명의 경찰관을 위원으로 하는 등 주민의 관점에서 평가되도록 구

성했다. 나기정 심사위원장은 "경찰의 변화와 시도가 매우 놀랍다. 많은 관공서와 민간기업이 있지만 충북경찰의 변혁은 정말로 앞서는 것이다"라고 강평했다.

실제 이날의 경진대회는 각 경찰서 관할 주민들의 열띤 응원과 격려 속에서 '주민들의 축제이자 감동의 무대'로 장식되었다. "정말 대단하다"라며 감탄사를 연발하던 당시 강태억 정보실장과 전병순 경찰발전위원회 사무국장의 모습이 떠오른다. 대민접점에 있는 직원들의 자율성과 창의성이 존중받을수록 주민들의 행복감은 더욱 커질 수밖에 없는 것이다.

나는 서울경찰청장으로 재직할 때도 자기주도형 근무를 밀도 있게 추진했다. 부임과 함께 가장 강조한 것이 주폭척결과 자기주도형 근무 실행이었다. 3개월이 흐른 2012년 8월 9일 서울청 산하 31개 경찰서 대표로 뽑힌 지구대장과 파출소장들이 서울청 강당에서 사례 발표 겸 경연대회를 열었다.

충북에서와 마찬가지로 정말로 훌륭한 시책들이 많이 나왔다. 사실 자기주도형 근무는 절대 어려운 일이 아니다. 동료 상호간의 소통을 통해 지혜와 경험을 공유共有하면서 자신의 업무를 주민의 시각에서 재해석再解釋하고 추진하는 것이 전부라 해도 과언이 아니다. 사례를 발표하는 모든 경찰관들이 이 점을 공통으로 언급하는 모습을 보고 깊은 감동과 함께 고마운 마음을 금할 수 없었다.

나는 어떤 조직이든 존중이 숨 쉬는 가운데 개인의 자율성自律性과 창의성創意性이 보장되는 자기주도형 근무문화가 구성원 개개인의 자긍심을 높일 뿐 아니라 조직의 목표 달성에도 큰 도움이 된다고 생각한다. 이러한 문화는 다른 말로 신명나는 '판'이 깔린 것이라고 말할 수 있다.

판은 무엇인가? '살판났다', '한판 벌어졌다' 는 말에서 보듯, 판은 우리 삶의 열린 현장이며 터전이고 마당이다. 판은 시간과 공간을 아우르는 '바로 이 순간 이 자리'라는 의미의 순수한 우리말이다. 내가 충북청장과 서울청장으로 재직할 때 신바람 나는 판을 깔아주는 사람이라 하여 나를 '판 선생'으로 불러준 동지들께 진심으로 감사드린다.

나는 내 이름의 '판'자를 '신명나게 판 깔아줄 판'이라고 스스로 해석한 다음부터는 내 이름 '김용판'이 참 좋은 이름이라 생각하게 되었다. 그 전에는 '판'자가 들어가는 내 이름에 큰 애정을 갖지 못했음을 솔직히 고백한다.

## 10

# 성주 명예군민은
# 어떻게 되었나요

### 가야산 칠불봉과의 인연

나는 경북성주경찰서장으로 1998년 5월부터 2000년 1월까지 약 1년 8개월 근무했다. 성주경찰서장을 떠난 5년 후인 2005년 5월, 서울성동경찰서장으로 근무하고 있을 때 성주군청으로부터 뜻밖의 연락이 왔다.

가야산의 정상이 성주 지역에 있는 칠불봉임을 확인한 공적과 참외작목반별 자위방범대 구축을 통한 절도 감소 공적이 재조명되어 군의회를 거쳐 명예군민으로 결정되었다는 전언이었다. 직접 와서 명예군민증을 받아주었으면 좋겠다는 말에 나는 흔쾌히 수락하고 휴가를 하루 내어 성주로 내려갔다.

그날은 성주의 자랑인 천연기념물 제403호 '성밖숲'에서 송해 선생이 사회 보는 전국노래자랑 대회가 열리는 날이었다. 성밖숲은 수령 400~500년 왕버들 59그루로 이루어져 있는 성주의 최고 명소이다.

명예군민증은 전국노래자랑 대회에 나들이 온 수많은 성주 군민들이 지켜보는 가운데 당시 이창우 성주군수로부터 받았다. 일종의 명예훈장이라 할 수 있는 명예군민증을 받는 일은 결코 쉽지 않다. 성주군 역사에서 내가 2005년에 제4호를 받았고, 2025년 현재까지 2명이 더 받아 총 6명인 것으로 보아도 이를 짐작할 수 있다. 나는 성주군 명예군민이 된 인연에 대해 늘

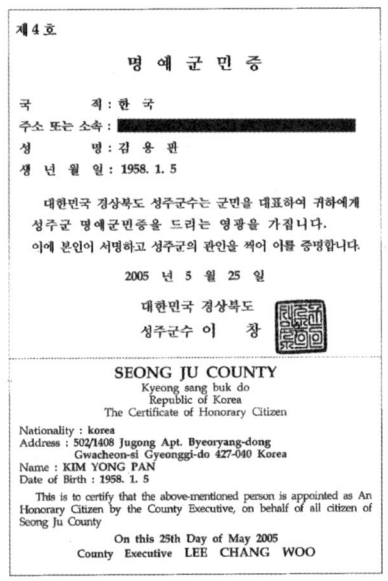

성주군 명예군민증(2005.5)

감사한 마음이다.

여기서 명예군민이 되게 한 두 가지 공적에 대해 간략히 언급하고자 한다.

먼저 참외작목반별 자위방범대 구축을 통한 절도감소 공적에 대해 소개한다. 성주는 전국 최대 참외 농산지이다. 1999년 초여름 어느 날, 관내 어떤 참외 농가에서 1년 동안 지은 참외를 아침에 출하하기 위해 밤샘 작업해 박스에 담아놓고 새벽녘 집으로 잠깐 들어간 사이에 모두 없어진 사건이 발생했다. 잠깐의 틈을 이용해 농부의 1년 노동을 몽땅 훔쳐간 것이다.

현장으로 가보니 피해 농민은 망연자실한 채 눈물만 흘리고 있었다. 그 눈물이 안타깝기는 해도 절취당한 농작물을 되찾기란 거의 불가능에 가까웠다.

이 사건을 계기로 도입한 시책이 참외작목반별 자위방범대自衛防犯隊 구축이었다. 기존의 젊은 사람 위주로 구성된 자율自律방범대가 있었지만 그 인력으로는 넓은 지역을 살피는 데 한계가 있었다.

새롭게 편성된 자위방범대는 참외작목반별로 농민들 중에서 당번을 정해 밤새 불침번을 서는 개념으로 편성한 것이다. 70대 노인도 동참했다. 마을 방범 사무실에는 경광등을 부착하고 경찰도 수시로 순찰을 돌았음은 물론이다.

지역 내 기관·단체의 명망있는 분들도 자신이 거주하는 지역의 방범대를 격려 방문하는 등 지역사회가 한마음으로 범죄에 대응했다. 발대식 때 노인분들이 제복을 차려입고 경찰서장인 나에게 거수경례를 붙이던 모습이 지금도 생생하다. 자위방범대 조직 후에는 마을에 절도 사건이 전혀 발생하지 않았으며, 밖에 몰래 쓰레기 버리던 얌체 행동도 사라졌다. 처음에는 못마땅하게 생각했던 일부 어르신들도 전화를 걸어와 "너무 고맙다"는 말을 연발했었다.

다음으로 가야산 정상이 성주 지역 내에 있는 칠불봉임을 확인한 공적이다. 성주군청에서는 실제 이 공적으로 나에게 명예군민을 주었으리라 짐작하고 있다.

사람들이 많이 찾는 명산名山의 정상이 어디냐는 것은 등산객뿐 아니라 지역의 브랜드 가치를 가꾸어야 하는 자치단체 입장에서도 매우 중요하다. 그 산을 통해 지역을 보다 의미있게 홍보할 수 있는 마케팅 수단으로 유용하기 때문이다.

가야산은 행정구역상 경상남도인 합천군과 경상북도인 성주군에 두루 걸쳐 있다. 예로부터 해동 8경의 하나로 꼽혀왔으며 최치원 선생의 전설을 품고 있는 영산靈山이다.

당시 정상으로 알려진 1,430m의 상왕봉이 합천군 쪽에 위치해 있었을 뿐 아니라 팔만대장경으로 유명한 해인사가 합천에 있었기 때문에 보통 '합천 가야산'으로 통칭되었다. 여기에 대한 성주 군민들의 불만은 엄청났다. 가야산에서 성주 지역이 차지하는 면적이 훨씬 더 넓다는 이유였다.

나는 성주경찰서장으로서의 근무가 서장으로서는 초임이었을 뿐 아니라 아내 김명수의 고향 또한 성주군 용암면이었기 때문에 보다 각별한 애정을 가지고 근무에 임하려 노력했다.

그때는 이미 '제대로 된 치안 활동을 통해 주민의 삶의 질과 행복감을 증진시키는 것이 치안복지'이며, 이 치안복지를 치안의 목표 개념으로 해야 한다는 생각을 나름대로 정립해가는 중에 있었다. 이러한 맥락에서 주민의 입장에서 보다 적극적인 치안행정을 펼치려 노력했고, 가야산 정상과 관련된 것도 그 일환으로 이루어졌다.

당시 김건영 성주 군수는 기관장 모임이 있을 때마다 이런 취지의 말을 자주 했다.

"가야산 면적의 60~70%나 성주군에 걸쳐 있는데 어떻게 합천 가야산이라고 하느냐, 성주 가야산이라고 부르는 게 온당하다."

그런데 성주군의 이러한 주장에 대해 가야산을 관리하는 국립공원관리공단의 입장도 같았을까? 아니었다. 공단관리사무소의 관점은 전혀 달랐다. 가야산 국립공원 관리소장은 나에게 이렇게 말했다.

"합천군에 있는 매화산 등을 제외하면 성주군의 주장이 맞지만 매화산도 엄연히 가야산의 한 봉우리인 남산제일봉이며, 가야산국립공원의 관리지역에 있기 때문에 성주군의 주장에는 동의하기 어렵다."

합천군 쪽에서도 관리사무소와 같은 입장임은 물론이었다. 이러한 흐름 속에서 칠불봉과 상왕봉을 포함한 가야산 등반 10회를 마친 나는 1999년 5월 중순경 조용하게 성주군과 국립공원관리공단에 각각 '가야산 정상 봉우리 정밀 측정 협조'라는 제목의 공문을 하나 보냈다.

핵심 내용은 가야산의 정상이라는 상왕봉에서 칠불봉을 바라보면 칠불봉이 더 높아 보인다는 탐방객(등산객)들의 의견이 적지 않다는 점, 상왕봉이 가야산의 정상이라는 측정은 일제강점기 때 이루어진 기록이라는 점, 탐방객뿐 아니라 지역주민들도 가야산의 정상이 과연 상왕봉이 맞는지에 대한 의구심을 적지 않게 가지고 있다는 점 등을 들어 이를 해소하기 위해서는 공신력 있는 기관에서 두 개의 봉우리 높이를 정확히 측정하여 공개하는 것이 좋겠다는 취지의 공문이었다.

당시 칠불봉은 가야산 국립공원 관리사무소 측에서 거의 관심을 가지고 있지 않았기 때문에 지지대 등 보조시설이 전혀 없었다. 오르기가 쉽지 않은 미지의 봉우리 상태였다.

성주경찰서로부터 공문을 접수 받은 가야산관리사무소 측과 성주군청 측에서는 두 봉우리의 상대 높이를 자체 측정했다. 그 결과 칠불봉이 더 높은 결과로 나타나자 지도 제작을 담당하는 공신력 있는 기관인 국립지리원에 정밀 측정을 각각 의뢰하였고, 국립지리원에서는 이 민원을 받아들여 정밀 측정하게 되었다.

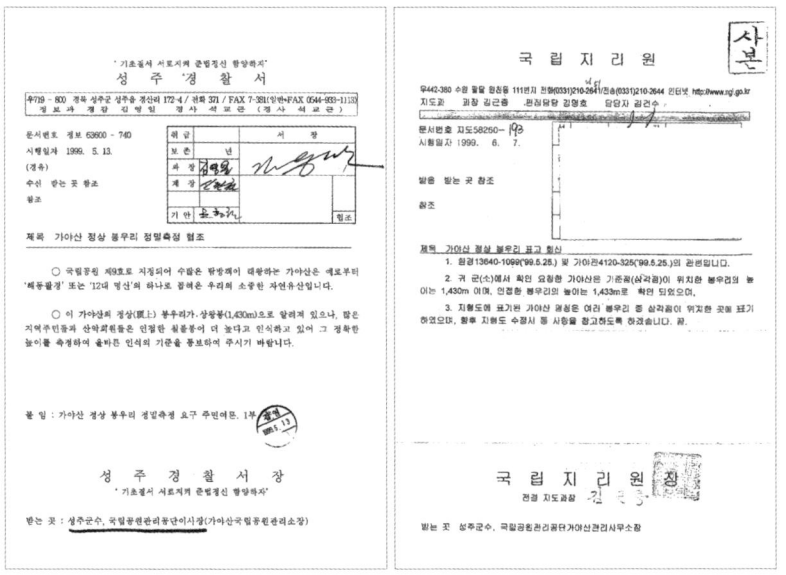

성주 군청과 국립공원관리공단에 보낸 협조 공문(1999.5)

어떤 결과가 나왔을까?

국립지리원에서는 가야산 상왕봉의 높이가 1,430m이며, 칠불봉의 높이는 3m가 더 높은 1,433m로 확인되었다는 공문을 성주군청과 가야산관리사무소 양측에 통보하였다.

성주경찰서는 1999년 6월 중순경 양 기관으로부터 이 내용의 국립지리원 회신 공문을 받았다. 경찰서에서 두 기관으로 협조 공문을 보낸 지 정확히 한 달 만에 이루어진 일로서 쾌거라면 쾌거였다.

그런데 가야산 정상 논란 문제는 그렇게 하여 모두 끝난 것이 아니었다. 그로부터 5년 후인 2004년에 성주군과 합천군의 최고봉 논란이 재연된 것이다. 2004년 2월 재측량 요청을 받은 국토지리정보원(전 국립지리원)은 첨단과학적 기법으로 재측정하였으나 가야산 최고봉 논란에서 칠불봉이 가장 높은 봉우리임이 다시 한번 확인되었다.

산의 어느 봉우리가 최고봉이냐의 논쟁은 어찌 보면 인간의 부질없는 다툼일 수도 있다. 더욱이 경찰서장이 범죄 예방에도 바쁠 텐데 그런 일에도 관여하는지에 대해서는 의구심이 들 수도 있다. 그런데 지역사회는 그 지역만의 고유한 특성과 문화를 가지고 있다. 이는 주민과 함께하는 지역사회 경찰활동에 중요한 준거가 된다.

가야산 정상이 어디인가 하는 문제는 성주 군민들이 안타까워하면서 제대로 알고 싶어 하는 범지역적 문제 중 하나였다고도 할 수 있었다. 그렇지만 칠불봉이 몇 미터 더 높다 해서 가야산이 바뀌는 것은 없다. 해인사가 있고 상왕봉이 있는 합천 가야산이면서, 칠불봉이 있는 성주 가야산이기도 하다.

매일신문사에서 2008년에 편찬한 『상생의 땅 가야산』에는 나의 인터뷰 내용이 이렇게 나와 있다.

"가야산은 신령스러운 기운을 가진 산인만큼 앞으로 많은 분들이 가야산을 찾아 좋은 기운을 듬뿍 받아가시기를 바랍니다."

## 칠불봉 바위 틈 용송과의 인연

칠불봉 정상 아래 바위틈에는 그야말로 고고한 기상의 소나무 한 그루가 있다. 등산객들의 손이 쉽게 닿을 수 있는 곳은 아니다.

나는 성주경찰서장 재직 때 당시 성주경찰서 자율방범연합대장이었던 구교강 대장과 자주 가야산을 찾았다. 그러던 어느 날, 이 멋진 소나무에 내 이름의 '용'자를 넣어 '용송'이라 부

가야산 정상 칠불봉과 용송앞에서 필자(2024.6)

르겠다는 객기를 부렸다. 구교강 대장도 웃으며 좋다고 화답했다. 그 후 나는 언제든 가야산에 오를 때마다 용송에 막걸리를 따르며 내 나름대로 우정을 다져왔다.

2025년 지금, 성주군 군의원으로 활동 중인 구교강 의원이나 용송을 아는 내 지인들은 가끔 가야산에 오를 때 용송에 막걸리를 주었다는 소식을 전해 왔다. 그저 반가울 따름이다. 나는 칠불봉 용송과의 인연과 그 고고한 기상을 한 편의 시로 표현해 보았다.

### 칠불봉의 용송, 바람을 노래하다 / 김용판

가야산 하늘에 닿은 봉우리
칠불이 앉아 명상을 한다
그 절벽 끝 바위 틈 뚫고
소나무 한 그루 홀로 서 있다

혹독한 세월에도 비바람에도 꺾이지 않는 너
나는 내 이름에서 한 글자 떼내어
너에게 주었다 용, 그래서 용송!

"너는 어찌 이토록 강인한가?"
용송은 대답하지 않는다
다만 푸른 향기로 속삭일 뿐
"바람과 함께 의연히 살아가며
내안의 나를 지켜 왔노라"

제5부

# 나의 人生, 나의 꿈

인생은 왕복 차표를 발행하지 않는다

# 영원한 월배 촌놈,
# 입춘날 세상에 나오다

## 의기(義氣)의 소년,
## 각성(覺醒)의 청장년기

입춘은 4계절의 처음인 봄이 시작되는 날이다. 그래서인지 예부터 입춘대길立春大吉이라 하였다. 그런데 재미있는 현상은 적지 않은 사람들이 입춘立春, 우수雨水, 곡우穀雨, 하지夏至 등의 24절기를 음력으로 알고 있다는 사실이다.

24절기는 태양의 황도상 위치에 따라 계절적 구분을 하기 위해 만든 것으로 그 날짜가 전부 양력이다. 하루 이틀의 차이가 있기는 해도 24절기는 고정되어 있다. 그럼에도 사람들이 음력으로 오해하고 있는 까닭 또한 옛날에는 모두 음력을 사용했으니까 음력일 것이라는 일종의 고정관념 때문이 아닌가 싶다.

나는 전형적 농촌인 경북 달성군 월배면 도원동(현재 달서구 도원동)에서 1957년(호적에는 1958년으로 되어있다) 입춘날 태어났다. 어른이 되어서 들었지만 옛날에는 아이가 입춘날 태어나면 동네 잔치를 한 곳도 있었다 한다. 그만큼 입춘날은 좋은 기가 충만한 날이라는 뜻일 것이다.

내가 태어난 도원동은 비슬산 자락에 있는 시골 중의 시골이었다. 중학교 3학년 때인 1972년에 비로소 전기가 들어왔을 정도였다. 내 고향 월배는 1981년 대구시가 직할시로 승격되면서 달성군에서 빠져나와 대구직할시 달서구로 편입되었다.

내 밑에 남동생을 둔, 4남 2녀의 다섯째로 태어난 나는 어릴 때부터 책읽기를 좋아하는 문학소년이면서 의기義氣가 넘치는 골목대장이었다.

1970년 월배초등학교를 졸업하고 달성군 화원면에 있는 달성중학교에 입학했다. 당시 입학제도가 변경되어 그해부터 대구 시내 중학교가 평준화되면서 대구시 외의 타 지역에서 입학은 불가능해졌기 때문에 달성중학교에 시험을 통해 입학하게 된 것이다. 수석입학을 하지 못했다고 실망하던 6학년 담임선생님의 섭섭해 하던 얼굴이 지금도 선명하게 떠오른다.

1911년생인 나의 아버지(김덕수)는 비록 제대로 된 교육을 받지는 못했지만, 기억력이 탁월하고 기氣가 센 자수성가한 농부였고, 1916년생인 어머니(김점조)는 바다처럼 넓은 마음을 가진 인자한 분이셨다. 두 분 다 각각 도원동과 월성동에서 태어난 월배 토박이였다.

자신이 공부를 하지 못한 데 대한 한(恨)이 많았던 아버지는 아들들만은 모두 대학에 보내고 싶어 했고 아버지 어머니 두 분 모두 정말 부지런히 일하여 어느 정도 재산을 모았다.

초등학교와 중학교 통지표에 적힌 나의 학교생활에 대한 평이 '두뇌는 명석하나 주의가 산만하다'이었을 정도니 내가 생각해도 공부보다는 무협소설 등에 빠져 학창시절을 보낸, 참으로 개성 강한 소년이었다.

솔직히 내가 입춘날 태어났다는 것을 알게 된 것은, 나이 마흔 무렵 지인의 소개로 어떤 도학자를 만나고 나서였다. 그리고 그때부터 입춘과 봄에 남다른 애정을 느끼게 되었다.

영국의 유명한 낭만파 시인 셸리Shelly의 시에 나오는 "겨울이 오면 봄은 멀지 않으리"라는 구절을 늘 암송하던 것도 그 무렵이 아니었나 생각한다. 이 말은 묘한 힘을 가지고 있다. 다윗왕의 반지에 새겨져 있었다는 '이 또한 지나가리라'는 말과 상통하는 면이 있어 힘들고 어려울 때 내게 큰 힘이 되었다.

초등학교 6학년 이후 지금까지 통틀어 내 인생에서 무협소설, 담배, 술 3가지를 모두 끊은 시기는 1985년에 있었던 행정고시 1차 합격한 날로부터 그 이듬해인 1986년 2차 시험 치를 때까지가 유일하다. 담배는 제대하면서 끊었지만 술과 무협소설은 지금도 즐기고 있다.

당시 딸을 둔 가장의 입장에서 나는 절박했다. 그래서 그 좋아하던 무협소설과 술을 그 기간만은 금하겠다고 맹세하며 공부했고, 그것을 지켜냈다. 어머니가 권한 정월대보름 귀밝이 술도 마시지 않았을 정도로 독하게 결심했다. 그리고 1986년 30회 행정고시에 30살의 나이에 우수한 성적으로 합격했다. 내가 행정고시에 합격했다는 소문이 들리자 고등학교 친구 한 명이 이렇게 말했다.

"와~! 그 용판이가 합격했네. 신선한 충격이다."

그렇지만 초등학교와 중학교 친구들은 오히려 내가 고시에 너무 늦게 붙었다고 말했을 정도니 고등학교 친구들과는 보는 관점이 달랐다. 어쨌든 결혼했고 적지 않은 나이에 시험에 합격했다는 소식은 친구들에게 좋은 이야깃거리가 되었다.

## 주폭(酒暴)개념 창시로 경찰에 빚진 마음을 덜다

고시특채를 거쳐 1990년 경정으로 경찰에 투신할 수 있었다. 많이 부족한 데도 경정警正이라는 높은 계급으로 경찰에 들어온 것을 고마워하면서도 한편으로는 일반직원들에게 늘 미안한 마음을 갖고 있었다.

그래서 더욱 치안철학이 있는 경찰 지휘관이 되려 노력했고, 치안의 목표 개념도 경찰서장 때부터 치안복지治安福祉로 설정했다. 그러나 그것이 결코 쉬운 일은 아니었다.

충북경찰청장 때 제시한「치안복지 창조하는 열정의 충북경찰」이라는 슬로건을 본 당시 음성 출신의 임호선 총경(2025년 현재 2선 국회의원)이 "치안복지는 100년 쯤 후에나 쓸 수 있는 용어일 텐데…"라며 걱정했을 정도로 그 개념에는 많은 의미가 담겨있는 것이다.

초임인 경북성주경찰서장 재직 시 참외작목반별 자위방범대 구축, 대구달서경찰서장 때 경찰사警察史 최초로「범죄감시 주민신고 프로그램Neighborhood Watch Program」도입, 서울성동경찰서장 때「BPR Business Process Reengineering 프로그램」도입 등 철학 있는 치안을 하려 노력했고, 모두 경찰청 차원에서 우수 사례로 인정했을 만큼 큰 성과가 있었다.

특히 성동경찰서장 때 이룩했던 고소·고발·진정 등 민원사건 처리절차 개선과 도난盜難 사건 처리절차 개선이라는 혁신 성과는 경찰청에서 전국 경찰관서에 하달하여 모두 개선토록 했다.

이러한 성과를 가지고 한국능률협회가 주관하는 제2회 대한민국 개선 스킬경진대회에 응모, 은상을 수상했다. 당시 고생했던 주진희 경무계장과 이병철 경위 등 BPR 팀원들에게 감사드린다.

하지만 여전히 부족함을 느끼고 있었는데 충북경찰청장 때 주폭酒暴개념을 창시한 후 드디어 일반 경찰직원들에게 빚진 마음을 덜 수 있었다. 이러한 취지의 말은 충북청장으로 있을 때 공식적으로 한 바 있다.

내가 듣는 내 성격의 장점은 "긍정적이고 열정적이다, 솔직하고 정이 많다, 신의와 의기義氣가 있다" 등이다. 단점으로는 "고집이 세고 강하다, 급하며 직설적이다"라는 말을 많이 들었다.

그렇다. 내가 단점이 있다는 것은 나도 인정하고 있다. 특히 직설적 성격으로 인해 본의 아니게 상대에게 큰 상처를 준 적도 적지 않다. '도끼'가 된 것이다. 내 의도가 아무리 좋더라도 상대의 마음이 다치고 영혼에 상처가 났다면 이미 그 의미는 퇴색된 것이다. 진정한 고수라면 상대의 마음을 아프게 하지 않고서도 그 목적을 달성할 수 있을 것이다.

나로 인해 상처를 받았던 사람들에게는 이 자리를 빌려 미안한 마음을 전하고 싶다. 이러한 직설적 성격을 개선하고자 노력하는 과정, 즉 후회後悔와 각성覺醒의 과정을 통해 나의 4대 전략 중 '존중尊重'이 싹텄다 해도 과언이 아니다.

나는 경찰 재직 중 직원들과 간담회를 많이 가졌다. 함께 대화를 나눠본 직원들이 이구동성으로 하는 이야기가 있다.

"청장님은 정말 무섭다고 들었는데 직접 뵈니 너무 다릅니다. 정말 소탈하고 편안한 느낌을 많이 받았습니다. 저도 이제부터는 청장님의 이런 면을 동료들에게 많이 전하고 싶습니다. 청장님께서도 더 많은 직원들을 만났으면 좋겠습니다."

내가 존중의 DNA가 부족하여 뿔은 하나 달고 태어났는지 모르지만 그 뿔을 제거하기 위해 부단히 노력한 것만은 사실이다.

2012년 11월 15일, 서울경찰청장 재직 때 〈헤럴드경제〉와의 인터뷰 중 기자가 아내(김명수)에게 하고 싶은 말을 물었고, 나는 이렇게 말했다.

"가끔은 나의 급한 성격 때문에 힘들었을 것이다. 하지만 그때마다 아내는 현명하게 잘 대처해 주어서 싸움 자체가 일어나지 않았다. 특히 내가 군복무 하는 동안 시아버지의 병수발을 잘 했고, 두 딸을 모두 훌륭하게 키워준 것에 대해 진심으로 고맙게 생각한다."

그 마음은 2025년 지금도 변함이 없다.

2025년 필자의 생일 때 가족들과 함께

## 2
## 국민의힘 보좌진 협의회에서 준 감사패의 의미

나는 경찰 지휘관과 제21대 국회의원을 거치면서 그동안 정말 많은 감사패를 받았다. 그중에서 가장 소중한 것 딱 한 가지를 꼽으라면 큰 망설임 없이 국민의힘 보좌진협의회에서 준 감사패를 들고 싶다.

이 감사패는 국회에서 근무 분위기가 가장 좋은 의원실의 국회의원에게 주는 것이라 하니 그 의미가 작지 않은 것이다. 그저 고마울 따름이다.

나의 보좌진들은 정말 열심히 나를 보좌했다. 입법복지立法福祉를 기치로 한 나의 철학에 공감하고 법안 발의에 심혈을 기울였다. 제3부에서 잠깐 언급했지만 제21대 국회 4년간 총 132건의 법안 발의에 그중 46건이 국회 본회의를 통과한 실적은 그렇게 쉬운 것이 아니다.

내가 사용한 의원회관은 633호였다. 633호의 공식 시$^{詩}$는 나태주 시인의 '먼 길'이었다. 그리고 이 시를 암송하지 못하는 직원은 아무도 없었다.

**먼 길 / 나태주**

함께 가자 먼 길

너와 함께라면 멀어도 가깝고
아름답지 않아도 아름다운 길

나도 그 길 위에서 나무가 되고
너를 위해 착한 바람이 되고 싶다

김도훈 수석보좌관을 비롯한 박수철, 김태하, 박병규, 위현서, 권혜진, 김정환, 류진희, 이예지, 박준영, 박진원, 김지혜, 윤수빈, 장미 등 서울 보좌진들에게 이 자리를 빌려 감사드린다.

그리고 대구 사무실 홍경호 사무국장을 비롯한 백종욱, 최유리, 김민수, 김인숙 등 지역구의 보좌진들에게도 감사드린다. 모두들 기본 업무 외에 사무실 공식 시$^{詩}$인 '먼 길'을 외우느라 수고 많이 했음을 잘 알고 있다.

 아울러 내가 서울경찰청장 재직 때 나를 보좌했던 홍석환 부속실장을 비롯한 김형기, 이서영, 오승주, 박진호 등 부속실 직원들에게도 감사드린다. 내가 힘든 재판을 받고 있을 때도 변함없이 나와 함께하며 보여준 그 의리義理는 결코 쉬운 것이 아니며, 누구나 할 수 있는 것도 아니다.

국민의힘 보좌진 협의회의 감사패(2021.7.8)

## 3

# 영월 법흥사에서의 38일, 그리고 나의 꿈

- 수필가 등단 작

나는 2015년 4월, 월간 《문학세계》를 통해 수필가로 등단했다. 「영월 법흥사에서의 38일, 그리고 나의 꿈」이란 수필이 등단 당선작이었다.

"... 김용판의 작품은 체험과 타당성이 겸비된 작품으로 감동을 줄 뿐 아니라 힘든 상황에서도 의연하고 유유자적한 극복정신을 나타내고 있다..."라며 호평해 준 심사위원분들에게 다시 한번 감사드리며 내 글의 전문을 이 자리에 소개한다.

**영월 법흥사에서의 38일, 그리고 나의 꿈**

2013년 4월 2일 서울경찰청장을 마지막으로 공직을 퇴임한 이래 거의 2년 가까이 진행된 재판 과정은 한마디로 험난한 여로였다.

누구보다도 자존감과 명예심을 가지고 스스로를 지키며 살아온 내가, 2012년 12월 제18대 대통령 선거를 앞두고 발생한 이른바 '국정원 여직원 댓글 사건'에서 증거를 은폐하고 축소토록 지시했다는 혐의를 덮어쓴 채, 법정의 피고인으로 내몰린 사태는 내 자신이 감내하기 어려운 경악과 충격 그 자체였다.

물론 나를 위해 기도해주는 사람이 있었고 내 스스로도 마음의 평정과 신체 단련을 위한 노력을 게을리하지 않았다. 하지만 솟구쳐 오르는 분노 등으로 인해 나의 심신은 이미 너무나 지쳐가고 있었다. 심신을 충전시킬 시간이 절실히 필요해진 것이다.

이렇게 하여 머무르게 된 곳이 강원도 영월군 수주면 사자산에 위치해 있는 법흥사라는 절이다. 1심에 이어, 2심(항소심)에서도 무죄판결을 받은 지 한 달이 조금 지난 2014년 7월 13일 입산하여, 8월 19일 하산할 때까지 법흥사에서의 38일은 정말 새로 태어나기 위한 나름의 치열한 시간이었고, 너무나 의미 깊은 나날이었다.

마침 법흥사의 주지인 삼보三寶 스님은, 1998년 내가 경북성주경찰서장으로 있을 때 알게 된 인연이 있는 분으로 호쾌한 성품의 내공이 깊은 큰스님이다.

영월 법흥사는, 부처님의 정골頂骨 진신 사리를 모신 우리나라 5대 적멸보궁寂滅寶宮 중의 하나이기 때문에 참배객의 발걸음도 끊이지 않는 유서 깊은 사찰이다. 특히 소나무 숲으로 둘러싸여 있는 사자산은 문자 그대로 사자의 모습을 하고 있으며, 적멸보궁에 비친 사자산 연화봉의 모습은 신비하기조차 한 곳이다.

사실 나는 종교적으로 보면 불교가 맞지만 비교적 종교 색채는 적은 편이다. 경찰서장이나 지방경찰청장을 하는 동안에 기독교 목사님들이나 가톨릭의 신부님들과도 허물없이 친하게

법흥사의 삼보 주지스님과 함께(2014.7)

잘 지낼 수 있었던 것도 이러한 나의 성향과 무관치는 않다고 생각된다. 실제 평소 성경에 나오는 자기 낮춤에 대한 누가복음의 구절 등을 즐겨 인용했기 때문에 어떤 목사님으로부터는 "기독교 신자시죠?"라는 말을 듣기도 하였다.

어쨌든 산사에서의 생활은 수련의 나날이라 해도 과언이 아니었다. 숙소에서 15분 정도쯤 오르막길을 걸어야 있는 적멸보궁에 하루도 빠짐없이 들러 매일 밤 108배 기도하고, 숙소에 와서는 『금강경』을 읽고 사경寫經하였다.

중간에 몇 번이나 그만둘까 하는 유혹도 있었지만 끝내 이를 물리치고 38일간 108배 기도를 계속할 수 있었음을 지금도 뿌듯하게 생각한다. 그러고 보면 어머니 49재齋 때인 1999년 6월 초, 성주 대흥사에서 3,000배를 하며 어머니의 명복을 비는 기도를 한 이후 제대로 기도한 경우는 이때가 처음이었다.

기도할 때마다 내가 가장 많이 외운 주문은 '비하자인항세마卑下慈忍降世魔'라는 경구였다. 조계종 포교원장으로 있는 정산지원 스님께서 알려주신 것으로 왠지 내 마음에 꼭 들었기 때문에 평소에도 암송하는 경구였다.

"스스로를 낮추어라, 자비를 베풀어라, 참고 또 참아라,

그러면 세상의 모든 마귀와 장애를 항복시킬 수 있다."

아무리 생각해도 이것보다 나에게 더 절실히 필요한 경구는 없을 것 같아 이 경구의 의미를 깊이 새기면서 기도했다.

낮에는 법흥사가 있는 사자산을 비롯해 인근에 있는 많은 산을 오르내렸다. 2014년 여름, 도시에서는 유독 덥다고 아우성 칠 때도 산과 산사는 시원하기 짝이 없었다.

그러던 어느 날, 법흥사 주변 외딴 계곡에서 돌탑 3개와 앉아서 참선할 수 있도록 만들어진 좌대를 발견하게 되었다. 누군가는 일념으로 돌탑을 쌓고, 또 누군가는 자신을 위해서든 남을 위해서든 어떤 간절한 마음으로 기도할 수 있는 좌대를 쌓았으리라는 생각이 스쳐가며 이 장소를 발견한 것이 큰 인연으로 생각되었다.

그 무렵에는 나의 지인이 "물에는 6대 미덕이 있다"라고 알려준 이후라 계곡에 흐르는 물이 예사롭지 않게 보일 때였다.

물의 6대 미덕은 "물은 아래로, 아래로, 흘러내리는 겸손함이 있고, 가다가 막히면 피해서 돌아가는 지혜가 있다. 이 그릇 저 그릇에 다 담길 수 있는 융통성이 있으며, 구정물도 마다하지 않는 포용력이 있다. 단단한 바위도 뚫고 마는 인내와 끈기가 있고, 유유히 흘러 마침내 바다를 이루는 큰 꿈이 있다"라는 것이다.

이 좌대와 돌탑을 발견한 이후 낮에는 운동을 마치고 어김없이 여기 와서 계곡 물소리를 들으며 명상에 잠기었다. 때로는 계곡물을 보며 어떤 고승이 읊었다는 시를 읊조리기도 했다.

계간불능유득주溪澗不能流得住
경귀대해작파도竟歸大海作波濤

계곡의 물은 흐르고 또 흘러서
마침내 큰 바다에 이르러 파도를 만든다.

그러던 어느 날, 나는 특이한 경험을 하게 되었다. 그날은 2014년 8월 10일, 음력 7월 15일로 조상들에게 기도를 드린다는 백중날이었는데 비도 조금씩 내렸다. 변함없이 물의 미덕을 생각하며 명상에 잠겨 있었는데, 내 마음 깊은 곳에서 격동이 일며 눈물이 하염없이 솟구쳐 나오는 것이었다.

나의 부족함이 떠오르고 내 주위의 좋은 사람, 좋은 인연이 얼마나 많이 있는지에 대한 자각이 끊임없이 일어나면서 눈물 또한 그치지 않았다. 누군지 모르지만 좌대를 만들어 준 사람에게도 고마운 마음이 있었다. 그 좌대는 나에게 밝음을 주었다는 의미에서 '밝을 금昑'을 넣어 금선대昑禪臺라 불렀다.

내 일생에서 그런 감동의 눈물을 그렇게 많이 흘려보기는 그 날이 단연 처음이었다. 물론 그동안 살아오면서 억울함과 분노의 눈물을 흘릴 때도 있었고 감격의 눈물과 슬픔의 눈물을 흘릴 때도 있었다. 그렇지만 백중날 그날 내가 흘린 눈물만큼 내 영혼에 충격을 준 눈물은 결코 없었다.

금선대 전경(2014.8)

지금도 그 의미를 확실히 알 수는 없지만 어떤 감동과 조그마한 깨달음의 눈물이 아니었을까 하는 생각을 조심스럽게 해 볼 뿐이다. 다만 당시의 기억을 되살리며 나 자신에게 이렇게 자문해 본다.

"앞으로 너의 꿈은 무엇이냐?"

일찍이 백범 김구 선생은 관상학을 공부하다가 '상호불여신호 신호불여심호相好不如身好 身好不如心好' 구절을 보고 큰 감동을 받았다 한다. "얼굴(관상) 좋은 것보다 몸 좋은 것이 낫고, 몸 좋은 것 보다 마음 좋은 것이 낫다"라는 글귀를 보고 어떻게 하면 '마음 좋은 사람'이 될 것이냐는 화두를 쫓다보니 독립운동을 하게 되었다는 이야기가 『백범일지』에 나온다.

지금의 내 마음이 김구 선생의 마음과 비슷하다고 하면 오만일지도 모르지만 정말로 후반기 남은 인생에서 '마음의 근육'이 제법 있는 '좋은 사람', '좋은 남자'로 남고 싶은 것이 나의 꿈이다.

과연 이 꿈은 이루어질 수 있을까?

피터 드러커Peter Drucker는, 미래를 예측하는 가장 좋은 방법은 미래를 창조하는 것이라고 하였다. 나는 이 말에 깊이 공감한다.

이제 그 험난했던 재판도 2015년 1월 29일 대법원에서의 무죄확정판결로 종결되고, 새로운 일상으로 돌아와 생활하고 있지만, 나는 영월 법흥사에서의 38일의 추억과 감동을 잊지 않고 있다.

실제 어려운 일에 부닥칠 때마다 그때 흐르던 눈물의 기억이 불현듯 떠오르며 새삼 용기를 얻게 되는 것을 볼 때, 이는 정말로 시련 속에서 얻은 귀한 선물이 아닐까 하는 생각을 하게 된다.

'앉은 자리가 꽃자리'라고 어떤 시인이 말하였듯, 세상의 인연은 참으로 묘한 것 같다. 일희일비一喜一悲하지 않는 여유로운 삶의 모습이 문득 그리워진다.

- 월간《문학세계》 2015년 4월

# 문화경찰에서
# 문화예술인을 꿈꾸며

## 왜
## 문화경찰인가?

일찍이 백범 김구 선생은 '나의 소원'에서 문화국가를 강조했다.

"… 오직 한없이 가지고 싶은 것은 높은 문화의 힘이다. 문화는 우리 스스로를 행복하게 할 뿐 아니라 남도 행복하게 할 수 있는 힘이 있기 때문이다. 문화 행위로서 인의仁義, 자비慈悲, 사랑의 인간정신을 고양시켜야 한다."

우리 민족은 신바람의 DNA를 가진 민족이다. '대장금'에서 '말춤', 그리고 BTS의 인기 등 세계적 한류 현상을 보면 "앞으로 대한민국은 문화가 밥 먹여 줄 것이다"라는 말이 설득력 있게 들린다.

나는 경찰 업무 자체가 딱딱하기 때문에 경찰관에게 무엇보다 문화적 소양이 필요하다고 생각했다. 주민과 공감하기 위해서는 가슴을 먼저 열어야 하는데 가슴을 열게 하는 방법으로 문화적 접근만큼 좋은 것이 없기 때문이다.

문화적 접근법으로 가장 먼저 선택한 것이 경찰관 각자 시詩 한 수 외우기 운동이었다. 시는 함축된 언어 속에 인간만사의 희로애락이 담겨져 있고, 사람의 감성을 가장 자극하는 매개체이기 때문이다.

먼저 서울경찰청 간부 한 사람이 회의 시작 전에 시 한 수를 외우도록 하였으니 갑자기 시를 외워야 할 처지에 놓인 간부들은 짧은 시 찾기에 여념이 없었다. 우리나라의 유명 시 중에서 짧은 시란 시들은 모두 등장했을 것이다. 비록 외울 때는 힘들었지만 모임의 건배사 등을 통해 시를 외운 보람을 확실히 느꼈다는 이야기는 많이 들었다. 시를 외우니 사람을 달리 보고 경찰을 달리 보더라는 것이다.

사실 경찰 재직 중 시詩와 관련된 인연은 훨씬 오래 전에 있었다. 2006년 2월 3일, 서울성동경찰서 대강당에서는 〈경찰과 함께하는 새봄맞이 시詩 낭송회〉가 개최되었다. 내가 경찰서장

2006년 2월 5일 '성동서 시낭송 한마당 성료'

으로 있던 성동서의 전·의경 200여 명과 이 행사를 주최한 사단법인 세계문인협회(이사장 김천우) 회원 등 모두 250여 명이 참석, 열띤 경연을 벌였다. 이 행사는 당시 시위 진압에 동원되어 고생하던 전·의경들을 격려하는 의미가 있었다.

전·의경들이 직접 지어 낭송한 시의 수준이 상당했다고 기억된다. 특히 '상생의 횃불을 들고 가자'라는 시를 짓고 읊은 의경은, 농민시위 진압 참가자로 "살인자 되고 싶지 않았다"는 내용을 담고 있어 청중의 심금을 울렸다.

88세로 심사위원장을 맡았던 황금찬 원로 시인이 낭랑한 목소리로 한용운의 '님의 침묵'을 낭송하던 모습이 생생히 떠오른다. 정말 시와 시 낭송의 힘을 처음으로 느낀 감동의 자리였다. 그런 좋은 자리를 마련해 준 김천우 시인께 진심으로 감사드린다.

서울경찰청 직원 존중문화콘테스트(2012.10.31)

　서울청장 재직 후반기였던 2012년 10월 31일, 나는 서울청 3만 4천여 명 직원들이 가진 다양한 재주와 끼를 발산할 수 있도록 「서울경찰문화한마당」 행사를 열었다. 여기에는 경찰관, 전의경, 경찰가족뿐 아니라 순직경찰 유가족, 소년소녀가장, 다문화가정 등 많은 주민들이 함께 하여 즐거운 시간을 보냈다. 자연스럽게 소통과 화합의 장이 마련된 것이다.

　우리 서울청 직원들은 박현빈, 티아라 등 초청된 가수보다 한 수 위가 아니냐 할 정도로 빼어난 판소리 등 노래 솜씨를 뽐냈다. 이런 재주를 가진 직원들이 공원에서 색소폰을 연주하는 등 공원 정화에도 적극 동참하였다.

　내가 서울경찰청장 퇴임 이후인 2014년 여름 강원도 영월에 있는 법흥사에서 심신수련을 하고 있을 때 그 지역의 대표적 관광명소인 김삿갓면에 갔다. 거기서 나는 김삿갓 파출소 소장인 전준철 경감이 주민들에게 색소폰을 가르치면서 공감 치안을 실행하고 있는 광경을 보고 깜짝 놀랐다. 전준철 경감은 내가 서울은평경찰서 형사과장으로 근무할 때 형사로서 나와 함께 근무한 인연이 있다.

나중에 박선규 영월군수를 만날 기회가 있었는데 전준철 소장에 대해 입이 닳도록 칭찬하는 것을 들었다. 색소폰을 통한 주민과의 공감 활동으로 완벽한 치안을 확보하고 있고, 주민과의 소통이 너무나 잘 된다는 것이었다. '문화의 힘은 정말 대단하구나' 하는 것을 새삼 느끼는 순간이기도 했다.

돌이켜보면 나는 내가 좋아하는 시 몇 개를 외운 덕에 과분한 칭찬을 받은 적이 있다.

> 하늘에는 별이 살고
> 땅에는 꽃이 살고
> 가슴에는 사랑이 산다

위 시는 2004년 서울 성동경찰서장 재직 때 내가 지은 시이지만, 솔직히 건배사나 가벼운 행사 때의 축사祝辭용으로 지은 것이라 시라고 부르기에는 민망한 수준이다. 어쨌든 이 시는 시중에 정말 많이 퍼져 있지만 처음 지은이가 김용판임은 분명한 사실이다.

2006년 경무관으로 승진하여 주중국한국대사관의 참사관으로 발령 받았다. 중국 공안부公安部의 간부와 상견례를 할 때 무슨 말을 할까 고민하다 이 시를 중국어로 번역하여 인사말로 갈음했는데 반응이 예상외로 호의적이었다. 번역은 이렇게 하였다.

천상유성 天上有星

지상유화 地上有花

인간유정 人間有情

그런데 내가 지은 위 시는 여태까지 제목을 정하지 않았었다. 이제 시를 지은 지 20년이 지난 2025년 지금 이 책을 쓰면서, 이 시의 제목을 '별과 꽃, 그리고 사랑'으로 정했다. 차제에 이 시를 보강해 이 자리에서 새로이 선보인다.

### 별과 꽃 그리고 사랑 / 김용판

하늘에는 별이 살고

어둠 속에서도

빛을 잃지 않고

땅에는 꽃이 살고

눈보라 속에서도

다시 피어난다

우리네 가슴에는 사랑이 모여 살고

뜨거운 눈물 속에서도

꽃 피고 새 노래한다

## 문화예술인을 꿈꾸며

　　　　　　　　나는 공직생활을 하는 동안 축사를 비롯한 인사말을 할 때, 짧지만 그 상황에 맞는 시구詩句를 많이 활용했다. 건배사도 대부분 시를 활용해서 했다. 그래서 시인은 아니지만 시인보다 시를 더 잘 활용하는 사람이라는 평을 듣기도 했다.

　2025년, 그동안 조금씩 써두었던 시詩를 모아 10년 전에 수필가로 등단했던 월간 《문학세계》에 응모, 운이 좋아 당선이 되었다. 부족한 필력임에도 어쩌다 수필가이자 시인詩人이 된 셈이다.

당선작은 이 책에서 소개한 바 있는 '주폭酒暴은 아니되오', '별과 꽃 그리고 사랑', '우리는 이제 숲이라오' 3편이다. 성찰과 단상의 진수가 탁월한 시편이라고 높이 평가해 준 심사위원들께 감사드린다. 특히 조금은 뚝배기 같은 '주폭은 아니되오'를 좋게 봐주심은, 우리 사회의 주폭 문제를 함께 고뇌하는 마음이 담긴 것 같아 정말 고마운 마음이다.

돌이켜보니 제21대 국회의원 첫 시작이 문화와 관련되었음을 새삼 알게 되었다. 제21대 국회의원 임기 시작은 2020년 5월 30일부터였다. 그리고 국회 개원식은 6월 5일에 있었다. 그런데 개원식 하루 전인 6월 4일, 나의 국회의원 사무실에 귀중한 손님이 찾아왔다.

영남문학 회원으로 국회의원이 된 나를 정식으로 취재하기 위해 대구에서 올라온 영남문학 회원 일행이었다. 종합문예지 《영남문학》 발행인發行人이자 시인, 수필가, 평론가로 열정적으로 활동 중인 장사현 선생을 비롯하여 박치명 시인, 정연실 시인, 이정하 시인, 홍정숙 선생 등 다섯 분이었다. 그때 내 사무실 소회의실 벽에는 영남문학 회원으로 시인이자 화가인 변영주 교수가 그린 대형 그림이 걸려 있었다.

장사현 선생과의 인연은, 내가 수필가로 등단했던 종합문예지 월간《문학세계》발행인인 김천우 시인의 소개로 시작되었다. 어려운 여건에서도 문화·예술인의 저변 확대를 위해 열정을 쏟고 있는 장사현·김천우라는 문예계의 큰 지도자들과의 인연 덕분에 나는 정말로 훌륭한 문인文人들을 많이 알게 되는 행운을 가졌다. 참으로 고마운 인연因緣이라 생각한다.

시 낭송가이자 프리랜서로 활동 중인 정연실 시인이 나를 인터뷰했고, 인터뷰 내용은 2020년《영남문학》여름호에, 「냉철한 지성과 따스한 감성의 위의威義를 갖춘 국회의원 김용판 수필가」란 제하에 실려 있다. '위의威儀'란 위엄과 의기를 말하는데 나에게는 많이 과분한 말이다. 감사할 따름이다.

나의 남은 인생에서 내가 무엇을 할 것인가에 대한 답은 그 인터뷰 내용에 있음을 새삼 알게 되었다. 그 부분을 발췌해 본다.

정 : 정치인으로서 문화예술에 대한 견해와 문화예술 발전에 대한 뜻이 있다면?

김 : 사람의 행복지수를 높이는데 문화예술 분야만한 게 있겠습니까? 문화예술은 사람을 웃게 하고 또 함께 울게 하는

힘이 있지요. 문화예술의 수준이 그 나라의 수준이라 해도 과언이 아닐 겁니다. 우리나라의 K-문화가 우리나라의 브랜드 가치를 세계에 얼마나 높이고 있습니까?

당연히 문화예술 발전에 큰 관심이 있습니다. 제가 국회의원으로서 힘이 될 수 있는 부분이 있다면 그 역할을 하고 싶습니다.

그동안 영남문학 구성원으로서 마땅히 해야 할 책무를 소홀히 한 것 같아 송구합니다. 바로 창작활동을 못했다는 점입니다. 앞으로 틈틈이 기고도 하면서 대외에 영남문학을 알리는 홍보대사 역할도 마다하지 않겠습니다.

정 : 정치와 문학에 대하여 참고로 더 하실 말씀이 있다면?
김 : 정치나 문학이나 우리의 삶의 질을 높이는데 본래의 목적이 있다고 생각합니다. 어떤 이념에 편향되지 않는 균형 감각과 뜨거운 열정이 필요하다는 데도 공통점이 있다고 생각합니다.

나의 인터뷰 내용 중 "영남문학에 틈틈이 기고도 하겠다"라는 다짐은 국회의원 임기 4년 내내 전혀 지키지 못했다. 이제야말로 정말 지켜야 할 때가 되었다고 생각한다.

문학은 '함께 울게 하는 힘'이 있다고 한다. 공명共鳴이 바로 공감共感이다. 세상의 이야기를 함축된 시어詩語로, 담담한 글로, 그림으로, 노래로서 세상 사람들을 울고, 웃고, 감동케 하는 사람을 나는 문화예술인으로 정의하고 싶다.

그리고 나의 향후 인생도 그런 문화예술인의 삶을 흉내라도 내어 살아간다면 참 좋겠다는 생각을 해보는 것이다. "꿈이 있으면 행복하다"라는 말이 불현듯 떠오른다.

영남문학 발행인 장사현 선생 등 영남문학 회원 일행 국회 방문(2020.6.4)

## "네가 정말로 나를 살리려 하는구나…!"
## 나를 바라보는 어머니의 눈에는
## 눈물이 그렁했다.

### 정성이 지극하면
### 돌 위에도 꽃이 핀다

동지섣달 긴긴밤이 짧기만 한 것은

근심으로 지새우는 어머니 마음…

가지 많은 나무에 바람이 일 듯

어머니 가슴에는 물결만 높네…

〈모정의 세월〉이란 대중가요의 가사 일부분이다. 이 세상에서 어머니의 사랑을 그리워하지 않는 사람이 어디 있을까.
　나의 어머니는 긴긴 세월을 힘든 농사일과 집안일을 하면서 자식들을 키우느라 고생이 이루 말할 수 없었으나 다행히 일흔이 넘으실 때까지 큰 병에 걸리지는 않았다.

그러나 1992년, 77세였을 때 예기치 않은 상황이 발생했다. 경북대 병원에서 수술이 불가능한 '말기 폐암'이라는 진단을 내렸다. 이제 할 수 있는 일은 임종을 기다리는 것뿐이었다. 참으로 하늘이 무너지는 소식이었다.

아버지는 내가 군 복무중일 때 75세로 이미 세상을 떠났다. 그동안 어머니의 속만 썩인 나였는데 제대로 효도 한번 하지 못한 채 사랑하는 어머니를 그렇게 보낼 수는 없었다.

나는 그 바쁜 경찰 생활 중에서도 어머니를 살리기 위해 혼신의 노력을 기울였다. 그 무렵 나는 자연치유요법에 심취해 있었고, 이 분야의 선각자를 몇 분 알고 있었다. 그분들의 조언을 종합하여 내가 체계적인 일과표를 작성하였고, 4남 2녀의 우리 형제와 형수, 자형 등 모두가 한마음이 되어 정성으로 간병했다.

그 결과 어머니는 건강을 회복하셨고 그때로부터 7년이 지난 후인 1999년 84세를 일기로 영면하셨다. 그때 내가 '하늘의 뜻'이라고 여겨 포기했다면 평생을 두고 후회의 눈물을 흘렸을 것이다.

나는 어머니를 살리기 위해 자연치유요법을 실천했고 그때의 경험을 모아 『내 병은 내가 고친다』라는 건강서를 출간해 화제가 되었다. 그 책은 1994년 7월 서울기획에서 초판이 발행되었고, 1999년에 우리출판사에서 『내 건강비법』으로 재간행되었다. 현직 경찰이 자신의 체험을 바탕으로 건강서를 집필하자 〈중앙일보〉를 비롯해 많은 언론에서 내 이야기를 소개했다. 다음은 월간 잡지 〈QUEEN〉(1994. 9)에 실린 기사의 일부분을 간략히 인용한 것이다.

> **병원에서도 포기한 어머니를 '자연치유건강법'으로 완치시킨 현직 경찰 김용판 경정의 '사랑의 임상록'**
>
> "녹즙, 숯가루, 생채식으로 이뤄진 특별 식단으로 어머니의 생명을 책임졌습니다."
>
> 한 현직 경찰이 의학서 〈내 병은 내가 고친다〉를 펴내 화제다. 서울지방경찰청 형사부 수사지도관으로 근무하는 김용판(38)이 바로 그 주인공, 의과대나 한의대 문턱 한번 밟아본 적 없지만 난치병에 걸린 자신의 어머니를 살려야겠다는 집념으로 평소에 연구해오던 '자연치유건강법'이라는 나름의 의학적 지식을 통해 어머니를 완치시킨 김용판 경정, 그 사랑의 치병기를 담았다.
>
> 1992년 10월 9일 대구, 현직 경찰관 김용판 어머니 김점조 여사(77세)가 갑자기 쓰러졌다. 곧 대구에서 제일 좋은 종합병

원으로 보내졌다. 병원 진단 결과는 심한 뇌출혈이었다. "수술을 해야 희망을 가져볼 수 있습니다"라는 의사의 말에 가족들은 회의 끝에 병원측 의견을 따르기로 했다.

그런데 수술 직전 문제가 발생했다. 수술을 위한 기초검사 과정에서 김점조 여사에게 또 다른 악성질환이 있는 것으로 드러난 것이다. 병원측은 수술이 불가능한 말기 폐암이라는 결론을 내렸다.

"당시 어머니는 전혀 거동을 못했습니다. 뇌를 강하게 자극 받고 있기에 고통 또한 이만저만 아니었고요. 대변도 바로 못 누어 옆으로 누워서 보았으며 가끔 당신의 어머니를 찾을 정도였습니다."

소생을 기대하기 어렵다는 최후통첩이 내려진 어머니를 모시고 집으로 돌아오지 않으면 안 되었다. 그러나 평소 인체가 갖고 있는 자연치유력에 남다른 관심을 가지고 있던 김 경정은 절망보다는 오히려 강한 투지를 불태웠다.

"반드시 어머니를 완치시키고야 말리라."

자연건강법의 선각자들과 대가로부터 많은 배움을 얻었고 300여 권에 달하는 국내외 주요 의학서 및 건강서를 섭렵한 나름의 의학 전문가로 자처한 김 경정이었기에 그 투지는 사실 남다른 것이었다. 숱한 의학 편력의 여정 속에 구체적 방법론에는 아직 자신이 없었지만 대략 나름의 결론(깨달음)을 얻고 있었다.

"피가 맑고 잘 순환되면 만병이 예방되고 치유된다. 어떤 증상이 있으면 이는 자연치유를 위한 생명 활동이다. 증상이 곧 요법이다."

바쁜 경찰관 일로 직접 어머니를 돌보지 못했던 김 경정은 형수님과 아내(김명수)를 비롯한 며느리 4명과 2명의 누나를 한자리에 모아 자신이 어머니를 살리겠으니 일과표 등 지침대로 잘 따라줄 것을 부탁했다. 그동안 그가 보고 배우고 익힌 각종 자연치료법을 철저히 어머니에게 시행할 계획이었던 것이다...

- 월간《QUEEN》, 1994년 9월호

그때 나는 자연치유요법의 광신자 같은 모습이었다. 어머니를 위해 진통제 처방을 받아 왔느냐는 친척 형님의 말에 대해 다음과 같이 단호하게 말한 것이 그 단적인 예다.

"치료를 포기할 때 진통제 처방을 쓰는 것이지 우리 어머니에게는 필요 없습니다. 자연요법 그 자체에 진통 효과가 있습니다."

지금이라면 도저히 이렇게 말하지 못했을 것이다. 경북대병원에서 구급차에 실려 달서구 도원동 집으로 퇴원해 가는 도중 차 안에서 내가 반드시 어머니를 살린다고 확신에 찬 소리를 거듭했을 때 옆자리에 있던 큰 누나(김옥선)는

"그러다가 잘못되면 동생 네가 모든 욕을 얻어먹는다. 너무 자신있다는 소리는 하지 마라."

정말 누나 말처럼 그 결과가 좋지 않았더라면 나는 엄청난 비난에 휩싸였을 것이다.

자연치유요법의 일환인 숯관장, 숯열탕 목욕을 시켜드리며, 돌미나리와 민들레를 뜯기 위해 온 들판을 다니는 등 정말 가족 전부가 정성으로 자연치료에 임하였다. 그렇게 시작한 지 열흘쯤 지났을까, 어머님께서 눈물을 글썽이며 내 손을 겨우 잡고 힘겹게 말씀하셨다.

"네가 정말로 나를 살리려 하는구나!"

그 말을 듣는 순간 어머니의 마음이 열리고 있었음을 느끼며 내 눈에도 눈물이 어렸다.

"그래 우리들의 정성이 어머니에게 교감되고 믿음을 가지게 된 이상 어머니는 반드시 완쾌될 것이다. 바로 어머니 자신의

대생명력인 자연치유력에 의해…"

　이러한 정성어린 자연치유법의 결과 얼마 못 살 것이라는 어머니는 병원 측의 진단이 무색하게 보름 만에 숙변을 빼고 한 달 만에 걸을 수 있게 되었다. 마침내 뇌출혈을 털고 일어났으며 평소 어머니를 괴롭히던 심한 기침도 눈에 띄게 나아졌다.
　의사와 주변 사람들은 건강을 회복한 어머니를 보고 기적이라 입을 모았지만 나는 그렇게 생각하지 않았다. 내가 제시한 자연치유요법에 따라 온 가족이 한마음으로 정성을 기울였고, 그것이 어머니에게 교감됨으로 인해 어머니 자신의 대생명력이 살아난 덕분이라는 것을 알고 있었기 때문이었다.
　"정성이 지극하면 돌 위에도 꽃이 핀다"는 속담 그대로였다.
　처음 책을 출간한 1994년 여름 어느 날, 나는 KBS의 〈전국은 지금〉 생방송에 출연하게 되었다. 진행자는 장은영 아나운서였다.

중앙일보 인터뷰 기사(1994년 8월 3일)

어머니가 낫게 된 가장 중요한 것 한 가지를 말해 달라던 물음에 이렇게 대답했다.

"누나와 형수, 집사람, 제수씨 등 간병하는 사람들의 정성이 어머님에게 교감交感되었기 때문에, 어머님 자신의 대생명력이 되살아 난 것이 결정적이었다 생각합니다."

따지고 보면 자식들을 믿은 어머니 자신이 치병의 일등공신이었던 것이다. 어머니를 치료하는 동안 가족들의 우애와 사랑이 깊어진 것은 또 하나의 소득이었다.

## 어머니, 빛이 보이는 밝은 길을 따라 편하게 가세요

그로부터 7년이 지난 1999년 4월 22일, 경북 성주경찰서장으로 근무하면서 서장 관사에서 자고 있을 때 소쩍새가 몹시도 울었다. 그 소쩍새 울음소리에 잠을 깼는데, 어머니가 마치 나를 부르는 것 같았다. 그때가 새벽 3시쯤이었다.

어머니는 달서구 도원동에 있는 동생네 집에서 함께 있었는데 위독한 고비를 몇 차례 넘긴 상태였었다. 그야말로 쉬지 않고 달려가 어머니를 보았을 때는 형들과 누나들은 모두 지쳐 자고 있었고 어머니만이 눈을 뜨고 계셨다.

그때가 새벽 3시 40분이 채 못 되었다. 당신의 손도 제대로 못 들 정도로 쇠약했던 어머니가 어디서 그런 힘이 나왔는지 내 손을 잡으시고 내 얼굴에 비비면서 미약한 목소리로

"판아……판아……"

하면서 나를 불렀다. 나를 기다리고 있었던 게 틀림없었다. 나는 직감적으로 임종을 예감하고 어머니께 속삭이듯 이야기했다.

"어머님의 일생은 너무나 훌륭했습니다. 자식들을 다 잘 키우셨고 평생 덕德으로 이웃을 살피셨습니다. 지금 밝은 빛이 보이시죠, 그 밝은 길을 따라 어머니 편하게 가세요…"

내 말을 들은 어머니는 조용히 눈을 감으시고서 평화롭게 영면하셨다. 그때가 1999년 4월 22일 새벽 4시 12분이었다.

내가 그렇게 어머니에게 말씀드렸던 것은 인도의 고승 파드마 삼바바Padma Sambhava가 쓴 『티벳 사자의 서』라는 책의 내용이 떠올랐기 때문이다. 그 책은 죽음의 순간 갖는 마지막 생각, 즉 상념이 환생의 성격을 결정짓는다는 것을 너무나 구체적으로 설명하고 있었다.

어머니를 입관할 때 쏟아지던 그 많은 눈물은 도대체 어디서 온 것이었을까? 참으로 많이도 울었었다.

# 5

# 건강이 최고의
# 선(善)이다

## 100세의 손기창 명예회장을 예방하고
## 인생과 건강에서 동기부여를 받다

"천하를 얻은들 건강을 잃으면 무슨 소용이 있는가"라는 말은 건강의 중요성을 웅변한다고 생각한다. 나는 지역사회에서 경영철학이나 건강 측면에서도 정말로 존경받고 있는 한 분의 원로에 대해 잠깐 말씀드리고 싶다. 바로 손기창 경창산업 명예회장이다.

나는 2022년 7월, 국민의힘 대구시당위원장에 취임하자마자 제일 먼저 경창산업 창업주인 손기창 명예회장(당시 100세)을 찾아뵙고 인사드렸다. 경창산업(대표 손일호)은 1961년 종업원 7명의 자전거 부품 공장에서 시작해, 코스닥에 상장되어 있는 임직원이 1천여 명인 대구의 대표적 자동차 부품생산 중견 기업이다.

나는 정도경영正道經營으로 지역사회에서 깊은 존경을 받고 있는 손기창 명예회장의 바로 그 좌우명이자 인생철학인 '정도正道'와, 100세 나이에 골프Golf를 치는 전설적인 건강 이야기를 비롯한 여러 고견을 듣고 싶어 방문했던 것이다.

그리고 매일 8시 전에 출근한다는 사실을 알게 되었고, 유머를 섞으며 편안하게 대화를 이끄는 모습을 보고서는 '이러한 성실함과 여유로움이 성공과 장수의 비결이 아닐까' 하는 생각이 불현듯 들었다. 인생의 절대 고수이며 스승이라 할 수 있는

손일호 경창산업 회장, 손기창 명예회장, 필자, 오세구 성창실업 대표(2022.7.8)

손기창 명예회장과의 만남은 긴 시간은 아니었지만 너무나 많이 느끼고 배운, 의미있는 시간이었다.

그런데 정말 중요한 것은 그때의 인연이 지금 이 순간에도 나의 건강관리와 후반기 인생 설계에 어떤 영감을 주고 있다는 사실이다. 이 자리를 빌려 진심으로 손기창 명예회장과 경창산업측에 감사드린다.

2025년 3월 현재 103세인 손 명예회장님의 건강을 기원한다.

## 이미지(Image) 요법과 자기충족적 예언

나는 제3부에서 황톳길 맨발 걷기를 소개한 바 있는데, 이를 다시 한번 강추하고 싶다. 중요한 것은 아는 것이 아니라 실행하는 것이다. 그래서 옛 선각자는 백지불여일행百知不如一行이라 했다. 백 가지 건강 지식을 가지고 있는 것보다 한 가지 황톳길 맨발걷기 실행이 월등히 낫다는 데 한 표 던진다.

황톳길 맨발 걷기와 함께 정신요법인 이미지 요법도 추천하고 싶다. 특히 난치병과 싸우고 있는 분이 있다면 반드시 실행할 것을 강력하게 권고하고 싶다.

### 이미지(Image) 요법

자기가 그렇게 되기를 바라는 바람직한 결과의 이미지를 마음속에 선명하게 그리는 '이미지의 형상화Imaging'는 엄청난 힘을 가지고 있는 심리요법이다. 이를테면 암환자의 경우 백혈구에 의해 암세포가 파괴되면서 암이 완치되는 모습을 그리는 식이다. 자연치유력自然治癒力의 특공대 역할을 하는 백혈구白血球의 이미지를 강하게 하기 위해 백혈구를 활활 타오르는 태양으로 묘사할 수도 있다.

그 태양이 암세포를 녹여버리는 모습을 손으로 직접 그리면서 이미지화Imaging하는 것이 효과를 배가시킴은 물론이다. 많이 그리면 그릴수록 효과가 좋기 때문에 그야말로 수도 없이 그리기를 추천한다.[7]

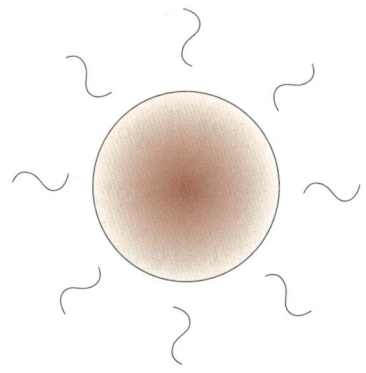

---

[7] 칼 사이몬트 외, 박희준 역 《마음의 의학과 암의 심리치료》, 정신세계사.

특히 태양의 에너지를 받으며 운동한 후 심호흡을 하면서 백혈구의 왕성한 활동 모습을 선명하게 그리는 것이야말로 이미지 요법의 백미白眉라 생각한다. 이렇게 그리는 모습이 꿈에서까지 나타난다면 그 효과는 자기도 모르게 나타나고 있음을 전문가들은 이구동성으로 말하고 있다.

### 자기충족적 예언(Self-fulfilling prophecy)

"자기에게 예언된 방향으로 성격 등 생활 방식이 이루어진다"라는 메르톤T. Merton의 자기충족적 예언 이론은 이미지 요법과 일맥상통한다.

실제 청소년기의 성격 형성에 이 자기충족적 예언은 많은 교훈을 주고 있다. 감수성이 예민한 시기에 선생님이나 부모의 한마디 한마디는 날카로운 바늘이 되어 심장을 찌를 수도 있고, 미래의 희망에 부풀게 하는 복음이 될 수도 있는 것이다.

쭉 찢어진 눈매를 '못되게 생긴 눈'이 아니라 '정기를 담은 봉鳳의 눈'이라고 불러주는 현명한 예언자가 되어야 한다. 긍정적인 자기충족적 예언은 건강 측면에서도 정말 중요하다 생각한다.

| 우리 시대
| 건강의 기인(奇人)들

내가 쓴 건강책 개정판의 이름은 『내 건강 비법』이다. 이 책의 추천사를 쓴 이성호 대활한의원 원장은 내가 인정하는 명의 名醫다. 늘 한 수 배우러 가는 자세로, 우리나라의 숨은 기인, 그 사람이 설혹 한의사가 아니라 해도 찾아가서 배우는 모습에서 진정한 고수 高手의 품격을 많이 느꼈다. 나도 함께 따라가 본 적이 있다. 내가 주장한 한배단 활동과 완전히 같음을 보고 절로 고개가 끄덕여졌다.

2025년 최근까지 자신의 한의원에 오는 난치병 환자에게 내가 쓴 건강책을 권하고 있을 정도로 자연치유요법에도 깊은 관심을 가지고 있는 열린 마음의 한의사라 생각한다.

이성호 원장이 홀연 대구를 떠나 강원도 속초에서 잠깐 대활한의원을 열었고, 거기서 맺은 인연을 나에게 소개한 분으로 김정곤 회장이 있다. 그런데 이분은 건강 분야가 아닌, 내가 강조하는 존중 尊重을 이미 온몸으로 실현하고 있는 또 다른 기인 奇人이었다.

김정곤 회장은 행정고시 대선배로서, 경제부처와 청와대의 고위공무원으로 있을 때는 나라의 정책을 선도했고, 민간 분야로 뛰어들어서는 첨단기술 기업 3곳을 코스닥에 성공적으로 상장시킨 전설을 남긴 분이다.

처음 보았을 때부터 타고난 덕장 같다는 느낌을 받았지만 내가 특히 감동받은 것은 자신의 지분을 직원들에게 무상無償으로 증여贈與할 정도로 따뜻하면서도 열린 리더십을 실행하고 있음을 알고 나서였다. 존중의 마인드와 깊은 통찰력洞察力을 가지고 있는 열정적 리더Leader와 함께 일하는 젊은 직원들은, 주인의식主人意識을 가지고 소신있게 일할 수밖에 없고 자연스레 회사와 더불어 성장하리라 생각된다.

자신이 가진 것을 사회에 환원한다는 것은 결코 쉬운 일이 아니다. 바다처럼 큰 포용력을 가지고 있는 김정곤 회장과 이성호 원장 같은 기인이사奇人異士들을 보면 참으로 세상은 넓고, 배울 것도 많다는 것을 깨닫게 된다.

아울러 나는 이 자리를 빌려 또 다른 기인奇人 한 명을 소개하고 싶다.

머지션MAGICIAN이라는 신비한 기구를 만들어 낸 윤영수 선생이다. 나는 나의 책에서 "기혈氣血이 맑고 잘 순환되면 만병이 물러간다"라고 강조했다. 우리가 마시는 산소와 영양분은 모두 피를 통해 60조 개나 된다는 우리 몸의 각 세포에 전달된다. 피가 제대로 돌지 않으면 아프고, 병이 올 수밖에 없는 것이다.

그런데 윤영수 선생은 오랜 고뇌와 연구 끝에 자석의 자기$^{磁}$$^{氣}$를 활용하는 자연 치료기구인 머지션을 만들어냈다.

"피가 막힌 곳은 아프고, 피가 통해지면 통증이 없어진다. 통증이 없어지면 바로 치료된 것이다"

머지션을 통해 이 이치$^{理致}$를 직접 체험해 보면 정말 놀라게 된다. 나도 처음에는 많이 놀랐다. 그야말로 '꿩 잡는 게 매'라는 말이 떠오르는 순간이었다.

"피가 잘 돌면 아플 이유가 없다"라는 윤영수 선생의 논리는 내가 건강책에서 강조한 나의 논리와 완전히 일치한다. 다만 그는 머지션이라는 직접적 수단을 통해 막힌 피가 잘 돌도록 뚫어주는 특별한 노하우$^{Know-how}$를 가지고 있다는 것이다.

그 머지션은 이제 나의 일상에서 언제나 함께하는 건강 지킴이 동반자가 되었다. 인연이 있어 윤영수 선생을 만나 보면 그가 매일처럼 법화경$^{法華經}$을 사경$^{寫經}$하는 내공의 고수임을 알게 될 것이다.[8]

---

[8] 네이버에서 〈머지션연구원〉을 검색하면 블로그에서 보다 많은 정보를 공유할 수 있다.

| 맺음말 |

## "나뭇가지가 흔들릴 때는 바람을 보라"

떨어지는 꽃잎에도 향기는 있다.
꽃잎이 떨어지는 것은 자연의 섭리이지만 꽃이 남긴 향기는 여전히 존재한다. 누구나 살아가면서 실패도 하고, 성공도 한다. 특히 실패했을 때, 마치 모든 것이 끝인 것처럼 보일 때도 있겠지만 끝날 때까지 끝난 것이 아니다.

나뭇가지가 흔들릴 때는 나뭇가지만 볼 것이 아니라 바람을 살펴보아야 한다. 세상사에 어찌 원인 없는 결과가 있으랴.
그리고 또한 우리는 알고 있다.
바람에 나뭇가지가 흔들린다 해도 뿌리 깊은 나무는 그 바람에 쓰러지지 않는다는 것을.
다시 스스로에게 조용히 물어본다.

"그대의 철학은 무엇인가?
그대의 꿈은 무엇인가?"

스스로 철학을 다듬어 가고 언제나 꿈을 꾸고 있는 사람은 행복하다.
그리고 행복한 일은 매일 있다.

# 찾아보기(인명)

| | | | |
|---|---|---|---|
| 강대식 | 193~194 | 김성훈 | 99, 247 |
| 강태억 | 295 | 김수환 | 69, 73 |
| 계백 | 247 | 김여정 | 130, 132 |
| 고르바초프 | 360 | 김연재 | 53 |
| 고명욱 | 202 | 김영삼 | 125 |
| 공자 | 37, 119 | 김옥선 | 346 |
| 관음성 | 53 | 김용판 | 20, 50, 62, 103, 112, 120, 143, 145~146, 155~156, 158, 160, 162, 183, 194, 199, 200, 210, 256, 278, 287, 289, 296, 307, 321, 335, 338, 343, |
| 구교강 | 305~306 | | |
| 구텐베르크 | 236 | | |
| 국민수 | 103 | | |
| 권영진 | 191, 205 | | |
| 권칠승 | 198 | 김원석 | 69, 73 |
| 권혜진 | 319 | 김인숙 | 319 |
| 김건영 | 301 | 김일성 | 220, 222 |
| 김구 | 328, 330 | 김점조 | 312, 343~344 |
| 김기문 | 188 | 김정곤 | 355~356 |
| 김난도 | 78 | 김정은 | 132, 222 |
| 김덕수 | 311 | 김정일 | 222 |
| 김도훈 | 201~202, 319 | 김정환 | 319 |
| 김명수 | 301, 316, 345 | 김지혜 | 319 |
| 김민수 | 319 | 김진열 | 191~192 |
| 김성모 | 115 | 김창룡 | 151 |

| 김창수 | 117 | 밀 | 22 |
| --- | --- | --- | --- |
| 김천우 | 332, 338 | 박근혜 | 5, 137, 145~147, 149, 154~155 |
| 김태하 | 319 | | |
| 김형기 | 320 | 박병규 | 319 |
| 김형욱 | 98~99 | 박상근 | 93 |
| 나기정 | 294~295 | 박선규 | 334 |
| 나태주 | 52~53, 319 | 박수철 | 319 |
| 노자 | 226 | 박수현 | 191 |
| 노형욱 | 198 | 박영수 | 154 |
| 다윗 | 51, 312 | 박재형 | 202 |
| 당태종 | 215 | 박정환 | 202 |
| 도척 | 141~142 | 박정희 | 216, 219~220, 222 |
| 돈키호테 | 18~19 | 박준영 | 319 |
| 레이건 | 248 | 박진원 | 319 |
| 류량도 | 292 | 박진호 | 320 |
| 류진희 | 319 | 박치명 | 337 |
| 리홍재 | 35 | 박현빈 | 333 |
| 마야 보발레 | 135 | 박희준 | 353 |
| 만델라 | 252 | 배지숙 | 202 |
| 맹형규 | 115 | 백승엽 | 115 |
| 메르톤 | 354 | 백종욱 | 319 |
| 문기태 | 201 | 베르길리우스 | 21 |
| 문재인 | 5, 41, 130~131, 137, 140, 145~147, 153~156, 159~160, 167, 190~191, 244 | 변대섭 | 227 |
| | | 변민선 | 248 |
| | | 변영주 | 337 |

| | | | | |
|---|---|---|---|---|
| 브래턴 | 240 | | 신기남 | 149 |
| 비너스 | 21 | | 신용선 | 270 |
| 사마천 | 141, 252 | | 신원식 | 171 |
| 산초 | 18~19 | | 신진희 | 199 |
| 삼보(三寶) 스님 | 323 | | 아리스토텔레스 | 254 |
| 서공 | 259~260 | | 아에네이스 | 21 |
| 서기석 | 103 | | 아이젠하워 | 220 |
| 서정 | 254 | | 안키세스 | 21 |
| 서정혁 | 210 | | 양상훈 | 115~116 |
| 서준배 | 185 | | 에라스무스 | 265 |
| 선우정 | 285 | | 염수정 | 109 |
| 설용숙 | 270 | | 영락제 | 217 |
| 성삼문 | 218 | | 오세구 | 351 |
| 세르반테스 | 18~19 | | 오승수 | 320 |
| 세종 | 216~219 | | 오영식 | 294 |
| 셸리 | 312 | | 오웅진 | 88 |
| 소병철 | 185 | | 오정재 | 262 |
| 소순영 | 68 | | 원세훈 | 148 |
| 소크라테스 | 226 | | 원종진 | 202 |
| 손기창 | 350~352 | | 웰링턴 | 232~233 |
| 손범구 | 202 | | 위현서 | 319 |
| 손일호 | 350~351 | | 유창해 | 91 |
| 솔로몬 | 51 | | 윤갑근 | 87~88 |
| 송해 | 297 | | 윤권근 | 202 |
| 송희순 | 74 | | | |

| | | | |
|---|---|---|---|
| 윤석열 | 6, 41, 88, 126~127, 131, 137, 149, 153~156, 158~159, 161~168, 171, 176, 178, 186, 191, 244 | 이예지 | 319 |
| | | 이용훈 | 103~104, 285 |
| | | 이인기 | 108 |
| | | 이인열 | 116 |
| 윤수빈 | 319 | 이재명 | 166~167 |
| 윤영수 | 356~357 | 이재수 | 159 |
| 윤종기 | 40 | 이정익 | 93 |
| 윤희근 | 185 | 이정하 | 337 |
| 을지문덕 | 112 | 이정희 | 145~146 |
| 이강덕 | 271 | 이준석 | 165~168, 177 |
| 이강석 | 48 | 이창우 | 298 |
| 이건희 | 125~126, 143, 176 | 이철수 | 110~111 |
| 이경자 | 254 | 이철우 | 191 |
| 이기용 | 103 | 인요한 | 176~178 |
| 이대열 | 49 | 임승운 | 93 |
| 이명박 | 114~115 | 임이자 | 191 |
| 이병철 | 315 | 임혜숙 | 199 |
| 이복현 | 161~163 | 임호선 | 314 |
| 이서영 | 320 | 장미 | 319 |
| 이성호 | 355~356 | 장사현 | 337~338 |
| 이솝 | 243 | 장은영 | 347 |
| 이순신 | 112, 155 | 장자 | 4, 33, 290 |
| 이승만 | 216~217, 219~222 | 전병순 | 295 |
| 이시종 | 33, 103~104, 111 | 전준철 | 334 |
| 이심 | 93 | 정창근 | 202 |

| | | | |
|---|---|---|---|
| 전태선 | 202 | 칭기즈칸 | 246 |
| 전해철 | 151, 157~158 | 칼 사이몬트 | 353 |
| 정산지원 | 324 | 칼라일 | 22 |
| 정연실 | 337~338 | 탁정운 | 204 |
| 정조 | 288~289 | 톨스토이 | 23, 25 |
| 정천락 | 202, 204 | 티아라 | 333 |
| 제위왕 | 260 | 파드마 삼바바 | 349 |
| 제임스 윌슨 | 240 | 페스팅거 | 230 |
| 조국 | 154 | 플라톤 | 141 |
| 조봉환 | 198 | 피터 드러커 | 328 |
| 조지켈링 | 240 | 하금열 | 114 |
| 조현배 | 40 | 하태경 | 165 |
| 주진희 | 315 | 한덕수 | 184 |
| 주호영 | 169~171, 193~194 | 한동훈 | 184, 186 |
| 줄리아니 | 240 | 호라티우스 | 25 |
| 짐 바르도 | 239~240 | 홍경호 | 319 |
| 최교일 | 87 | 홍석환 | 320 |
| 최기영 | 113 | 홍정숙 | 337 |
| 최덕기 | 267 | 홍준표 | 168, 191, 193~194, 199, 207~212 |
| 채동욱 | 149 | | |
| 최만리 | 218 | 황금찬 | 332 |
| 최병오 | 42~43 | 황봉용 | 199 |
| 최유리 | 319 | 황석진 | 185 |
| 추경호 | 193 | | |
| 추기 | 259~260 | | |